● 国家社科基金青年项目
　"生态文明视域下自然资源统一确权登记制度研究"
　（批准号：21CFX047）成果

● 辽宁大学亚洲研究中心亚洲问题研究项目
　"'一带一路'背景下全球能源治理的中国方案"
　（批准号：Y202307）成果

国家出版基金项目
NATIONAL PUBLICATION FOUNDATION

● 生态文明法律制度建设研究丛书

协同与治理：
区域环境治理法律制度研究

XIETONG YU ZHILI
QUYU HUANJING ZHILI FALÜ ZHIDU YANJIU

韩英夫 ● 著

重庆大学出版社

图书在版编目（CIP）数据

协同与治理：区域环境治理法律制度研究 / 韩英夫
著. -- 重庆：重庆大学出版社, 2023.4
（生态文明法律制度建设研究丛书）
ISBN 978-7-5689-3807-5

Ⅰ.①协… Ⅱ.①韩… Ⅲ.①区域环境—环境综合整
境治—环境保护法—研究—中国 Ⅳ.①D922.682.4

中国国家版本馆CIP数据核字（2023）第094555号

协同与治理：区域环境治理法律制度研究

韩英夫 著
策划编辑：孙英姿 张慧梓 许 璐
责任编辑：许 璐 版式设计：许 璐
责任校对：邹 忌 责任印制：张 策

*

重庆大学 出版社出版发行
出版人：饶帮华
社址：重庆市沙坪坝区大学城西路21号
邮编：401331
电话：（023）88617190 88617185（中小学）
传真：（023）88617186 88617166
网址：http://www.cqup.com.cn
邮箱：fxk@cqup.com.cn（营销中心）
全国新华书店经销
重庆升光电力印务有限公司印刷

*

开本：720mm×960mm 1/16 印张：14.75 字数：202千
2023年4月第1版 2023年4月第1次印刷
ISBN 978-7-5689-3807-5 定价：88.00元

丛书编委会

主　任：黄锡生

副主任：史玉成　　施志源　　落志筠

委　员（按姓氏拼音排序）：

邓　禾　　邓可祝　　龚　微　　关　慧

韩英夫　　何　江　　卢　锟　　任洪涛

宋志琼　　谢　玲　　叶　轶　　曾彩琳

张天泽　　张真源　　周海华

作者简介

韩英夫，男，辽宁抚顺人，辽宁大学法学院副教授，硕士研究生导师，辽宁大学环境资源与能源法研究中心研究员，法学博士。兼任中国自然资源学会资源法学专业委员会副秘书长，辽宁省环境与资源保护法学会副秘书长。

近五年在《法学评论》《法律科学》《政法论丛》《中国政法大学学报》《北方法学》《资源科学》等核心期刊发表学术论文十余篇，多篇文章被人大复印报刊资料转载或获奖。撰写著作3部。参编教材2部。获全国"第七届励青环境法学奖"三等奖，辽宁省社科联社科青年社科成果奖二等奖。

主持国家社科基金青年项目、中国法学会部级项目（结项评级"优秀"）、辽宁省社会科学规划基金青年项目、辽宁省社科联经济社会发展项目、沈阳市社科联重点项目，辽宁大学亚洲研究所（韩国崔钟贤学术院）青年项目，辽宁大学人文社科类青年基金项目。

总　序

　　"生态兴则文明兴，生态衰则文明衰。"良好的生态环境是人类生存和发展的基础。《联合国人类环境会议宣言》中写道："环境给予人以维持生存的东西，并给他提供了在智力、道德、社会和精神等方面获得发展的机会。"一部人类文明的发展史，就是一部人与自然的关系史。细数人类历史上的四大古文明，无一不发源于水量丰沛、沃野千里、生态良好的地区。生态可载文明之舟，亦可覆舟。随着发源地环境的恶化，几大古文明几近消失。恩格斯在《自然辩证法》中曾有描述："美索不达米亚、希腊、小亚细亚以及其他各地的居民，为了得到耕地，毁灭了森林，但是他们做梦也想不到，这些地方今天竟因此成了不毛之地。"过度放牧、过度伐木、过度垦荒和盲目灌溉等，让植被锐减、洪水泛滥、河渠淤塞、气候失调、土地沙化……生态惨遭破坏，它所支持的生活和生产也难以为继，并最终导致文明的衰落或中心的转移。

　　作为唯一从未间断传承下来的古文明，中华文明始终关心人与自然的关系。早在5000多年前，伟大的中华民族就已经进入了农耕文明时代。长期的农耕文化所形成的天人合一、相生相克、阴阳五行等观念包含着丰富的生态文明思想。儒家形成了以仁爱为核心的人与自然和谐发展的思想体系，主要表现为和谐共生的顺应生态思想、仁民爱物的保护生态思想、取物有节的尊重生态思想。道家以"道法自然"的生态观为核心，强调万物平等的公平观和自然无为的行为观，认为道是世间万物的本源，人也由道产生，是自然的组成部分。墨家在长期的发展中形成"兼相爱，交相利""天志""爱无差等"的生态思想，对当代我们共同努力探寻的环境危机解决方案具有较高的实用价值。正是古贤的智慧，让中华民族形成了"敬畏自然、行有所止"的自然观，使中华民族能够生生不息、繁荣壮大。

中华人民共和国成立以来，党中央历代领导集体从我国的实际国情出发，深刻把握人类社会发展规律，持续关注人与自然关系，着眼于不同历史时期社会主要矛盾的发展变化，总结我国发展实践，从提出"对自然不能只讲索取不讲投入、只讲利用不讲建设"到认识到"人与自然和谐相处"，从"协调发展"到"可持续发展"，从"科学发展观"到"新发展理念"和坚持"绿色发展"，都表明我国环境保护和生态文明建设作为一种执政理念和实践形态，贯穿于中国共产党带领全国各族人民实现全面建成小康社会的奋斗目标过程中，贯穿于实现中华民族伟大复兴的中国梦的历史愿景中。党的十八大以来，以习近平同志为核心的党中央高度重视生态文明建设，把推进生态文明建设纳入国家发展大计，并提出美丽中国建设的目标。习近平总书记在党的十九大报告中，就生态文明建设提出新论断，坚持人与自然和谐共生成为新时代坚持和发展中国特色社会主义基本方略的重要组成部分，并专门用一部分内容论述"加快生态文明体制改革，建设美丽中国"。习近平总书记就生态文明建设提出的一系列新理念新思想新战略，深刻回答了为什么建设生态文明、建设什么样的生态文明、怎样建设生态文明等重大问题，形成了系统完整的生态文明思想，成为习近平新时代中国特色社会主义思想的重要组成部分。

生态文明是在传统的发展模式出现了严重弊病之后，为寻求与自然和谐相处、适应生态平衡的客观要求，在物质、精神、行为、观念与制度等诸多方面以及人与人、人与自然良性互动关系上所取得进步的价值尺度以及相应的价值指引。生态文明以可持续发展原则为指导，树立人与自然的平等观，把发展和生态保护紧密结合起来，在发展的基础上改善生态环境。因此，生态文明的本质就是要重新梳理人与自然的关系，实现人类社会的可持续发展。它既是对中华优秀传统文化的继承和发扬，也为未来人类社会的发展指明了方向。

党的十八大以来，"生态文明建设"相继被写入《中国共产党章程》和《中华人民共和国宪法》，这标志着生态文明建设在新时代的背景下日益规范化、制度化和法治化。党的十八大提出，大力推进生态文明建设，把生态文明建设放在突出地位，融入经济建设、政治建设、文化建设、社会建设各方面和全过程，努力建设美丽中国，实现中华民族永续发展。党的十八届三中全会提出，必须建立系统完整的"生态文明制度体系"，用制度保护生态环境。党的十八届四中全会将生态文明建设置于"依法治国"的大背景下，进一步提出"用严格的法律制度保护生态环境"。可见，生态文明法律制度建设的脚步不断加快。为此，本人于2014年牵头成立了"生态文明法律制度建设研究"课题组，并成功中标2014年度国家社科基金重大项目，本套丛书即是该项目的研究成果。

本套丛书包含19本专著，即《生态文明法律制度建设研究》《监管与自治：乡村振兴视域下农村环保监管模式法治构建》《保护与利用：自然资源制度完善的进路》《管理与变革：生态文明视野下矿业用地法律制度研究》《保护与分配：新时代中国矿产资源法的重构与前瞻》《过程与管控：我国核能安全法律制度研究》《补偿与发展：生态补偿制度建设研究》《冲突与衡平：国际河流生态补偿制度的构建与中国应对》《激励与约束：环境空气质量生态补偿法律机制》《控制与救济：我国农业用地土壤污染防治制度建设》《多元与合作：环境规制创新研究》《协同与治理：区域环境治理法律制度研究》《互制与互动：民众参与环境风险管制的法治表达》

《指导与管控：国土空间规划制度价值意蕴》《矛盾与协调：中国环境监测预警制度研究》《协商与共识：环境行政决策的治理规则》《主导或参与：自然保护地社区协调发展之模式选择》《困境与突破：生态损害司法救济路径之完善》《疏离与统合：环境公益诉讼程序协调论》，主要从"生态文明法治建设研究总论""资源法制研究""环境法制研究""相关诉讼法制研究"四大板块，探讨了生态文明法律制度建设的相关议题。本套丛书的出版契合了当下生态文明建设的实践需求和理论供给，具有重要的时代意义，也希望本套丛书的出版能为我国法治理论创新和学术繁荣作出贡献。

2022 年 9 月 于山城重庆

前　言

　　基于生态系统的整体性、传导性和环境要素的流动性特征，近年来，生态环境空间管控、跨界环境污染防治等区域环境治理议题强势凸显。区域环境治理突破了传统上以行政区为行权疆界、依行政层级逐层配置政府公权力的"辖区治理"范畴，转而以生态关联重构政府间的环境治理关系。诸如建立重点区域污染联防联控机制、设立区域环境治理机构、地方政府间签订区域环境保护合作协议、制定生态功能区划等制度与实践，均彰显了政府在区域环境治理领域的有益探索。这些探索深刻改变了传统"辖区治理"带来的碎片化权力运行逻辑。在此基础上，以区域（生态区）为全新治理单元，在区域范围内重新整合治理力量并推行协同性治理的区域环境治理法律制度之完善，受到理论界与实务界的普遍关注。

　　区域环境治理具有相对独特的法律特征与运行机理。生态环境整体性特质的嵌入要求政府间环境治理行为应走向"协同"。一方面，以生态系统辐照范围和环境要素传输范围为空间疆界的"生态区"往往超出单一地方政府的管辖范围，区域环境事务作为区域内地方政府的共同事务，引发了地方政府间横向关系的协同性塑造问题。另一方面，区域环境事务作为共同上级政府乃至中央政府的管辖事项，必然关涉沿自上而下向度的权力纵向协同过程。可以说，区域环境治理目标是在政府间横、纵向协同治理的交互作用下最终实现的。通过对现行文本与实践的类型化梳理可以发现，区域环境治理既体现为设立一定形式的区域性环境治理组织，并根据组织化程度进行相应职能设置，又可从治理行为的视角分为中央政府的直接治理行为、中央政府对地方政府的间接调控和授权性分权行为，以及地方政府间签订区域合作协议等差异化行为方式。就此而言，现行区域环境治理的制度文本大体是沿组织法规范和行为法规范两条进路来塑造政府间区域环境治理关系。

目前，我国区域环境治理法律制度的规制作用仍极为有限。在纵向协同层面，区域环境治理成效的取得主要依赖中央政府的命令式、运动式和干预式的权威治理手法，地方政府处于被动的政策响应者地位，未能突破辖区治理中层级管控模式的传统框架，呈现出"重管控，轻协调"的调整思路。在横向协同层面，地方政府间的合作仍处于典型的"弱关系"状态，区域合作协调机制的普遍缺失导致地方政府仍主要依赖主观意愿和非制度化磋商维系横向环境治理关系，治理效果较为有限。更进一步地，政府间横、纵向治理的协同困局是以下因素共同作用的结果。第一，在组织载体层面，中央设立的区域环境治理机构（如流域管理机构、区域环境保护督查中心[1]）权威不足、职能有限，无法对区域环境事务进行统一而有效的协调。地方政府间主要依凭组织化程度较低的联席会议展开磋商和合作，共识事项往往难以获得真正执行。第二，在横向合作方面，集中体现为地方政府间区域环境保护合作协议的法律地位模糊，由此带来协议本身对缔约主体的约束力不足、协议内容难以获得切实履行等法律问题。第三，作为推动政府间环境治理行为走向协同的重要法律保障，以衡平区际利益为核心的横向生态补偿机制尚未形成，利益补偿和激励机制未能与联防联控机制等管控手法形成有效衔接和有益补充。第四，在治理目标上，试图通过设置污染物排放总量以及总量指标的层层拆解，来实现传统污染物排放强度的属地控制。由于没有充分考虑污染物的跨地区流动和交互影响等因素，以及跨地区增益性治理活动在排放指标中的抵扣问题，总量控制目标亟待完善与革新。此外，在责任承担上，区域环境责任共担理念尚未形成，协同问责机制和区域内部责任分担机制缺失，未能为区

[1]　以下简称"区域环保督查中心"，现"督查中心"已更名为"督察局"。

域性的治理行为建立相契合的责任承担方式。

上述治理困局表明，我国区域环境治理法律制度规范尚不完善，有必要从法学理论层面系统剖析上述制度困局的深层致因。从法律关系的视角切入，区域环境治理法律制度旨在围绕以下三重法律关系展开其规制脉络：中央政府（上级政府）与地方政府（下级政府）间的纵向协同关系；地方政府间的横向协同关系；政府与社会公众间的外部监督关系。进一步地，"权威""利益"和"权利"这三项关键要素是决定三重法律关系能否有效运转和区域环境治理成效优劣的驱动性内核。其中，"权威"要素是中央政府纵向上推进统一性协同治理的保障，"利益"要素是地方政府间进行横向合作式协同治理的动力，"权利"要素是政府的权力式治理获得正当性和民意基础的底线。当前治理困局的深层根由在于制度设计上对"权威"要素的过度强调以及对"利益"和"权利"要素的关注不足。实际上，"权威"要素自身的内在局限需要在与横向协同关系中的"利益"要素和外部监督关系中的"权利"要素的交互性检视中进行修正和克服。从根本上，区域环境治理法律制度规范意旨的实现取决于三项关键要素间嵌套式互动关系的确立。这一关系集中体现在：区域环境治理是中央政府依"上位权威"制定的法规政策目标纵向拆解细化的过程，而这是通过地方政府之间以利益平衡为内生动力的横向合作协调机制落实的。同时，区域环境利益的公共属性使其构成一个"民主性议题"，政府在区域环境治理及其权力行使过程中有必要适时吸纳社会公众的环境利益诉求并建立行政和司法上的权利救济与保障渠道。

在区域环境治理法律制度的完善方向上，首先，在基本原则层面，应当坚持区域平等原则，以凸显公平和利益平衡的基本理念；坚持中央权威与地方合作相结合的原则，以有效统领政府间纵向与横向协同关系；坚持公众参与原则，以权利保障促进权力监督。其次，在具体制度设计上，应以政府间协同治理行为的合法性塑造为核心，构建区域环境治理协同立法制度；以强化职权配置推进统一治理为核心，建立多层次的区域环境治理机构；以破解政府间横向合作法律依据缺失为核心，完善区域环境保护合作协议的法律规制；以利益衡平为核心，完善区域生态补偿制度；以权责相适应为核心，构建"共担与分担"相结合的区域环境治理责任制度；以权利保障为核心，建立多元化的权利救济渠道与公众参与机制。

书稿的落成总有其独特的时代背景，近几年来我国所采取的跨区域联动、分区管控等治理实践，生动地诠释了区域性治理议题的重要意义，更为生态文明领域的区域环境治理提供了研究的素材与给养。本书的完成除本人的勤勉外，尚汇聚了佟彤讲师、杨晓婷博士的辛劳。本书各章撰写分工如下：

第一章　韩英夫

第二章　韩英夫　佟彤

第三章　佟彤

第四章　韩英夫

第五章　韩英夫　杨晓婷

本书的完成需要感谢诸多师友的指导与支持。特别感谢重庆大学黄锡生教授对书稿的细致指导；感谢辽宁大学郭洁教授、闫海教授对本书提出的宝贵意见；感谢史玉成教授、施志源教授、落志筠教授、任洪涛副教授、冯帅副教授、蒋云飞讲师、何江讲师对本书的建议。感谢崔佳宁硕士参与书稿的编撰以及她在书稿校对过程中所做的大量细致工作。感谢出版社编辑老师对本书出版给予的宝贵支持。

韩英夫

2022 年 12 月

目　录

第二章　区域环境治理法律制度的演进与逻辑

第三章　区域环境治理法律制度的类型化梳理及现实困局

第四章　区域环境治理法律制度现实困局的理论解析

第五章　我国区域环境治理法律制度的完善方向

第六章 结 语

主要参考文献

第一章　区域环境治理的基础理论分析

在本书中，我们所要讨论的主题是区域环境治理作为一项因应于环境整体性的新型环境治理模式，所具有的独特内涵与特征、源流与现状，以及作为区域环境治理主要力量的中央与各级地方政府，为实现区域环境治理目标所采取的"纵向""横向"协同治理措施和权利保障话语下行权的合法性塑造，同时还包括了针对这些治理措施在规范与类型、困境与实践、理论与逻辑、制度与模式等方面所面临之法律问题的分析与讨论。

首先，本书的研究立基于一种法学的视角。文中所要谈论的主题并不是停留于政府主导下区域环境治理的模式、结构、绩效与策略等传统社会科学议题（这些议题对公平、正义或权利等价值和原则疏于关照，只希望知道人们做或不做某件事情将带来何种功用和效果），而是以此为基础探讨政府治理行为的正当性与合法性、治理过程中权力配置与规制、地方政府联合行动与中央政府领导权威间的合宪性问题、政府决策过程、政府治理中的公众参与和正当性程序等。其次，本书的研究始终以政府的治理行为为研究轴心，聚焦于中央政府与地方政府之间和地方政府与地方政府之间联合行动的法律控制。无论人们是否愿意，都必须承认这样一个现实，"（在中国）环保靠政府，政府是环境公共物品的主要提供者，以政府为主导是我国环境治理的基本原则"[1]。这一论断在具有强烈"公共品格"的区域环境治理中体现得尤为明显。再次，本书的研究是描述性的。环境领域已经成为世界各国改革与实验的前沿阵地，我们的研究重点将集中于区域环境治理的实践轨迹和具体运行，立基于规范文本和既有实践，力求研究的实证性，以避免"天马行空""宏大叙事"之行文弊病。最后，本书的研究是解释性的。这种解释性研究是相对于构建性研究而言的。本书将试图把研究的重点建立于现行法的规范性分析基础上，通过解释和发掘既有规范中的制度资源，来探寻治理模式和治理过程的法治化途径，摒弃那种全盘否定既有治理模式和制度传统，并试图构建全新治理模式的激进策略——全盘否定以往的"革命"性构建将会对现行制度体系造成过大冲击，使整个社会负担过重的制度成本，并易于衍生"规制悖反"等次生性问题。

第一节　区域环境治理的概念厘定

"区域环境治理"是由多个概念叠加而成的概念用语，这个较为宏大的议题和其他复杂社会治理议题一样，与具体问题的讨论场域、学科视角以及社会治理的模式和理念密切相关。概言之，"区域环境治理"是区域议题和环境议题在现代政府治理语境下持续性相互作用的产物。"区域环境治理"概念是"区域"概念嵌入现代环境治理议题的产物。从称谓上理解"区域环境治理"，学者大多赋予其跨界环境保护、跨界污染治理等具体化意义。[2]然而，要全面、准确理解"区域环境治理"的内涵，必须从以下三个层面加以把握：第一，"区域+环境"构成了区域环境治理的两项基本要素。一方面，"区域"概念的意涵决定了本书所要探讨的主题并非传统意义上以行政区域为限

[1]　蔡守秋.从环境权到国家环境保护义务和环境公益诉讼［J］.现代法学，2013，35（6）：13.
[2]　黄策，王雯，刘蓉.中国地区间跨界污染治理的两阶段多边补偿机制研究［J］.中国人口·资源与环境，2017，27（3）：138.

定的"辖区调整"，而是针对"区域"这一全新管控单元的整体式调整路径。在这一意义上，区域环境治理概念的提出因应于传统"辖区治理"及其所衍生的政府行权壁垒。另一方面，"环境"概念的生态意涵决定了本书所称之区域是因应于生态环境整体性的"生态区"概念。换言之，在"问题场域"上，本书所使用的"区域"概念指向于环境治理的具体场域，它始终与环境问题的个性化特征紧密关联，并被注入特定的"生态意涵"。第二，"法律问题研究"的学科视角决定了本书的研究并不关注区域本身的自然或人文特征、经济上的区位优势、文化共同体等他项因素，而是关注区域环境治理过程的法律控制。第三，"政府协同治理"的研究视角决定了本书所使用的"区域环境治理"概念并非泛化地指向于一切社会力量的治理行为，而是在政府治理这一维度上所展开的中央和地方政府间、地方政府与地方政府间的协同治理策略与模式、规范与制度。总之，在进入本书有关区域环境治理问题的具体论述之前，我们有必要对中心语"区域环境治理"概念的内涵与外延加以界定，并以此明晰本书的讨论范围与场域、问题与对象等前提性问题。

一、区域概念的多维分析

"区域"（region）概念由来已久，它是一个具有复杂内涵和宽广外延，并涉及多学科、多领域、多层面的综合性概念。[1]严格来说，"区域"概念本身并不具有十分清晰和固定的内涵，它总是随着讨论场域的变化而呈现一张普罗透斯般的多变面庞。"区域"既可以与具体的空间地理单元相结合构成地理学的研究疆域，也可以与特定的社会议题相结合构成区域经济学的研究范畴，还可以与一定时期内的政治关系、公共管理关系、法律关系等上层建筑相结合构成政治学、管理学、

---

[1] 公丕祥. 还是区域法治概念好些：也与张彪博士、周叶中教授讨论［J］. 南京师范大学报（社会科学版），2016（1）：5.

法学的研究场域。正如学者指出的那样，"区域"概念具有较强的相对性和弹性，在不同视角和不同语境下有着不同的意涵与定位。[1]

（一）传统地理学中的"区域"概念

"区域"作为学术研究概念是以地理学为开端走入学者视野的。依照《简明不列颠百科全书》的界定，区域是指有内聚力的地区。根据一定标准，区域本身具有同质性，并以同样标准与相邻诸地区、诸区域相区别。在地理学的研究场域中，"区域是一个具有具体位置的地区，在某种方式上与其他地区有差别，并限于这个差别所延伸的范围之内"[2]。传统区域地理理论始终以区域及区域间的差异性特征作为主要研究对象并将地理学定义为："描述和解释作为人类世界的地球各地方之间变异特性的科学"[3]。英国地理学家迪金森（R. Dickinson）指出，"区域概念是用来研究各种现象在地表特定地区结合成复合体的趋向"[4]。在中国古代存在着相同的区域性地理思想，《尚书·禹贡》采用"分区（州）记述"的形式将全国划分为 9 个区（九州），对不同区域的人文和自然现象予以详细记载。一般而言，在传统地理学研究中，"区域"的内涵和外延亦如其所指向的特定空间一样，可大可小而又纷繁复杂。从广义上来说，地球表面任何具有某种内在联系（如民族宗教、文化认同、利益联合等）的特定空间区块都可划归入同一"区域"，甚至在科技发达的未来世界，超出地球的整个宇宙或是某一星系、某一恒星群也将依凭彼此间的某种关联组成更为广阔的宇宙区域。

需要注意的是，地理学在关注特定空间区块地理问题的"地方志"式研究的同时，亦十分强调和重视区域间的相互关联。古罗马区域地

---

[1] 黄爱宝.区域环境治理中的三大矛盾及其破解[J].南京工业大学学报(社会科学版),2011,10(2): 50.

[2] R.哈特向.地理学性质的透视[M].黎樵,译.北京:商务印书馆,1963:129—130.

[3] 苗长虹.从区域地理学到新区域主义:20世纪西方地理学区域主义的发展脉络[J].经济地理, 2005,25(5):594.

[4] 蔡之兵,张可云.区域的概念、区域经济学研究范式与学科体系[J].区域经济评论,2014(6):6.

理思想代表人物斯特拉波（Strabo）曾指出，地理学的全部思考不应限于一个地方的形状和大小之观察，而要关注它们之间的互相联系。由此，地理学视域下的"区域"概念蕴含着系统性和联系的观点，其不仅涵盖因某种内在关联所结成之区域本身的特殊之处，而且探讨不同空间系统与空间联系。[1]

（二）区域经济学中的"区域"概念

区域经济学者认为，"区域"是"能够在国民经济分工体系中承担一定功能的经济区"[2]。得到区域经济学者广泛认可的《全俄中央执行委员会直属俄罗斯经济区划问题委员会拟订的提纲》将"区域"界定为由自然资源禀赋、文化积累、生产生活传统而结成的"国民经济总链条中的一个环节"。不难看出，相较于传统地理学而言，"区域"在经济学词典中被赋予了"生产要素"那般的经济理性之考量，并由此形成了传统经济学的一个新分支——"区域经济学"。于此，"区域"概念不再是单纯意义上的空间表达，而是以不同区域间的经济关系为研究重心。概括来说，区域经济学依循经济思维和经济效率最大化的理念，以人们普遍认可的经济理性作为价值指引，来分析和判断区域经济发展和不同地区之间的区域性经济关联等社会议题，包括区域经济一体化与专业化、产业集聚、区域经济体中增长极的极化与扩散、外围对中心区域的经济依赖等。在这样一种观点下，经济学视域下的"区域"已经全然超越了地理意义上的客观存在，其侧重于描述和分析区域背景下的经济问题，并提出了经济区位、集聚、增长极、中心区等相关概念，从而由区域本身特性和区域关系的地理学研究，转向区域空间位置所标识的经济差别、区域分工、产业集聚等区域之间经济关系的研究。

---

[1]　熊梅.地理学区域研究与区域历史地理学的取向［J］.地理科学进展，2013，32（8）：1298.
[2]　安树伟.中国区域经济学发展三十年［J］.学术界，2008（5）：266.

（三）现代公共管理学和政治学中的"区域"概念

现代公共管理理论和政治学理论认为，"区域是一种客观的空间地理存在，人类社会的任何生产、生活和管理活动，都必须以一定的区域空间作为载体和依托，政府的公共行政和公共管理活动亦不例外"[1]。公共管理学和政治学有关区域的全部研究总是与社会公共管理效能、行政权的行使、央地政治关系等本学科核心议题紧密相连的。在这样一种研究场域下，"区域"概念与"行政区"概念形成了一种对立统一的内在关联。某种意义上来说，公共管理学和政治学视野中的"区域"概念就是相对于行政区概念而提出的。一般认为，"行政区"主要是一个政治学或行政学概念，"是指国家管理的行政单元，它既可以指一个国家，也可指一个国家内部的不同行政区划"[2]。与此相对，"区域"通常被视为一个超出单一"行政区"的更大空间范围的地理存在。这一更大范围的地理空间存在可以是基于经济的、政治的、文化的以及其他因素形成的，并构成对传统行政区划范围的质疑与挑战。

进一步地，这一有关国土空间范围重新划分界定的问题在强调行政权运行的学科研究场域中被严重复杂化了。伴随全球化、区域经济一体化趋势的日益增强，行政区及其衍生的行政权运行的辖区限制，形成了对区域公共事务管理的刚性约束，即所谓的"辖区治理"现象。[3]一般认为，"行政区"概念是国家权力的空间或者地域的分割和配置，它构成了行政权力行使的地域边界。[4]基于这一认识，在"行政区"概念被"区域"概念所代替的具体情形中，国家权力与"区域"范围结成了全新的地域分割与配置。以长三角地区为例，经济利益的纽带将上海市和周边其他行政区划结成了全新的国土空间区域，从而引发了不同地区政府部门管理权限的冲突与协调问题。由此可见，公共管

---

[1] 黄伟如.跨区划公共经济管理的理论与体制构建思考［J］.理论月刊, 2010（7）：90.
[2] 黄爱宝.区域环境治理中的三大矛盾及其破解［J］.南京工业大学学报(社会科学版),2011,10(2)：50.
[3] 陈瑞莲.论区域公共管理研究的缘起与发展［J］.政治学研究, 2003（4）：84.
[4] 彭彦强.区域经济一体化、地方政府合作与行政权协调［J］.经济体制改革, 2009（6）：138.

理学和政治学研究中的"区域"概念总是被赋予一种国家权力的背景设置，其本质是国家权力与地域空间的两相结合。于此，区域被视为"一个基于行政区划又超越于行政区划"的公共管理单元。

（四）多维视域下"区域"概念的小结与归纳

从"区域"概念的多维分析视角来看，"区域"脱胎于标识区域自然特征和人文特征的古典地理学，并在区域经济学和公共管理学等近代理论研究中，焕发出全新的生命力。具体来说，传统自然地理视域下的空间地理单元，在进入现代社会科学的研究领域后，与社会中的经济问题、文化问题、公共管理问题相结合，形成了经济区、文化区、行政区等全新概念。通过向传统区域概念注入经济理性、文化传播和管理效能等现代社会科学考量要素，"区域"一词已由古典地理学中有关空间特征的单纯描述，演变为以不同区域间相互关联为研究重心的社会科学用语。区域分工、区域一体化、区域共治等现代区域性议题，在经济效能、管理策略、央地政治关系、区域文化联系、制度与法律控制等不同学科、不同场域中，广泛地被讨论着。本书认为，"区域"概念具有明显的空洞性与易变性特征。"区域"一词总是泛化地指向于一个空间单元式的模糊影像，并随讨论场域和研究视角的变化而被赋予不同的"精神内核"。可以说，进入现代社会科学视域下的"区域"总是因讨论场域和研究视角的不同而被注入各种具体化的概念意涵。因此，任何有关"区域"概念的学术探讨都必须清楚地界定研究的范围和场域、限定研究的路径和视角。对"区域"概念的界定和把握应尽量避免宏观的、抽象的、空泛化的思维，而应坚持一种具体化的、问题式的研究理路。[1]

承上，有关"区域"概念的厘正不应是绝对抽象化的"理论速写"，而应该是源于问题场域、学科场域以及研究视角的具体化观点：①在

---

[1] 赵胜才.论区域环境法律［M］.北京：光明日报出版社，2009：43.

一般意义上，本书的"区域"概念因应于传统"辖区治理"及其面临的碎片化治理困局。本书的"区域"概念是相对于"行政区"概念而言的，是超出行政区划范围的多个行政区域基于特定关联或共同利益的需要，所组成的更大范围上的空间地理单元。②作为下文的伏笔和铺垫，在具体的问题场域和学科场域上，本书的"区域环境治理"概念在一般意义上的"区域"概念之外，还包含了"环境保护的问题场域""法律治理的学科场域"和"政府之治的研究视角"三方面的具体内涵。一种学问的诞生最开始未必是在明确的概念指引下进行的，一般都是在其研究活动的展开过程中，随着所探讨的问题意识、预期目标逐渐明确，方法论日益定型，通过研究成果的积累而达到对问题本质的把握。[1]借用这一思路，有关"区域环境治理"概念的全面回答必然指向于特定的"问题场域""学科场域"和"研究视角"。具体来说，第一，在"问题场域"层面，"区域环境治理"概念的界定必然需要回答这一概念的提出所要指向、阐明和因应于何种特定化、具体化的问题场域。第二，在"学科场域"层面，如前所述，有关"区域"概念的探讨既可以表现为经济学上有关经济最优的探讨，也可以是公共管理学上有关管理效能的研究，还可以是政治学上有关央地关系或地缘政治的分析。因此，在明确概念的具体问题域之后，区域环境治理仍然需要回答一个有关"学科场域"的具体问题。第三，在"研究视角"层面，区域环境治理乃是一个极为宏大的社科议题，有关这一议题的阐释与研究包含了多重视角和不同学术方向的努力，本书的研究始终依循政府治理行为这一轴心，而无关于其他主体在不同角度上的多元努力。可以说，上述三个问题的回答构成了"区域"概念的核心范畴，为空洞泛化的"区域"概念注入了具体化的精神内核与意涵指向，并在社会现实议题的具体情境中勾勒出"区域"概念的实践面庞。

---

[1] 佐佐木毅，金泰昌.地球环境与公共性［M］.韩立新，李欣荣，译.北京：人民出版社，2009：11.

总之，一般意义上的"区域"概念之提出是相对于"行政区"概念而言的，是为因应现代公共管理议题的"区域化"和"无界化"而提出的一个超出传统行政区边界的更大范围之空间地理单元。[1]然而，这一有关"区域"概念的一般描述仅仅为人们传达了一个空间单元式的模糊影像，有关"区域"概念深入地理解，则要放置于具体的问题场域、学科场域和研究视角下加以语境化把握，以避免概念界定的空洞与泛化。下文的论述将以上述三个层面作为行文主线，渐次呈现"区域"概念在环境治理中的清晰轮廓。

二、区域概念的法学意涵

"区域"概念的法学意涵是"区域"嵌入环境治理概念和本书研究的前提性问题，是一个有关"学科场域"问题的一般性回答。伴随区域一体化发展趋势的日渐增强和区域法治理念的日渐勃兴，"区域"作为一个法学概念逐渐走入学者们的研究视野。在法学研究的学科视角下，"区域"概念一般被理解为基于经济、政治、文化、环境保护、社会公共管理或服务等方面的需要，所结成的法律控制单元，并且这一单元总是在超越了民族国家或国家内部之不同行政区划的语境下被加以讨论。从这一角度来说，法学视域下的"区域"概念与公共管理学和政治学研究中的"区域"概念具有一定程度上的同一性，也由此引发了当前区域环境治理场域存在着"回避将问题作为法律上涉及权利义务的争议予以对待"的不当倾向。然而，需要明确的是，法学虽然与政治学、公共管理学共享同一研究议题（即区域公共议题），亦需要向这些学科借鉴研究工具和手段（例如，政府间关系的研究视角、制度的实施绩效等），但这些学科的研究却不能够取代法学研究。申言之，在本书的研究中，上述其他学科的研究结论并非不证自明的前提，我们仍然需要从法学尤其是价值法学的视角，就区域议题进行平

---

[1] 陈瑞莲.论区域公共管理的制度创新［J］.中山大学学报（社会科学版），2005，45（5）：61.

等、公平、正义、权利保障等价值层面的合法性考量；从治理模式和策略选择的角度，对上述学科的研究观点进行合法性审视与法律话语的重塑。

德国法学家卡尔·拉伦茨指出："法学是以某个特定的，在历史中逐渐形成的法秩序为基础及界限，借以探求法律问题之答案的学问。"[1] 基于此，法学视域下的"区域"并不关注于区域本身的自然或人文特征、经济上的区位优势、文化共同体等传统因素，而是着眼于各方参与主体在区域环境治理中的相互作用关系，以及整个治理过程的法律控制。在环境治理的特定场域中，这种区域性公共议题的法律控制是将上文所指称的"区域"（与行政区相对应的一个概念），作为通过法律所实现的社会控制的全新调整单元，并由此展开了我们下文所要详细探讨的那些有别于传统行政区调整（即辖区治理）的一系列全新治理手法。可见，法学视域下的"区域"概念不再停留于有关区域自然或人文特征的地理学描述，也不局限于区域联合与分治过程中的经济最优、社会管理效率最大化、文化扩散与影响等其他学科视角，而是在经济全球化、市场无界化、环境治理外部化等全新议题和时代背景下，探讨上述区域性社会议题的法律治理路径。

在"依法治国"的法治中国背景下，按照法治化程度的高低，现代法治国家中公共事务的治理大致可以划分为初级和高级两大发展阶段。第一，公共事务治理的初级阶段（或称"前法制化阶段"）。在一个公共议题（或称公共事务）刚刚显现而旧有制度模式不敷适用的初期阶段，人们更加倾向于要求代表权威的治理主体对此作出及时回应，与此对应的是大量临时性政策、办法的出台。在这一阶段中，人们更多关注于公共问题的解决和治理的效率，而对治理过程中"政治组织社会的强力"所引发的合法性考量放任自流。这种以"问题解决"为单一目标的政策性治理方式和功利性思维，因缺乏必要之法律理想

---

[1] 卡尔·拉伦茨.法学方法论［M］.陈爱娥，译.北京：商务印书馆，2004：19.

而极易导致治理过程中的强力行使蜕变为凭个人意愿或偏好办事的结果。[1]第二，公共事务治理的高级阶段（或称"法治化阶段"）。在公共议题已经相对凸显且有关政策性治理措施相继出台后，谋求这些措施本身的合法性论证进而实现"通过法律的社会控制"，成为治理主体和社会公众的共同诉求。在这一阶段中，人们往往会舍弃治理策略实施初期单一的政策性目标，转而寻求治理策略的法学评判和论证，并对公平、正义、平等、自由等法学核心价值之考量，保持着极大热忱。事实上，在某些法治化程度较高的发达国家，上述两个发展阶段在同一公共治理议题中可能是同时展开的，而并不存在发生时间上的先后顺序。但上述有关"前法制化阶段"和"法治化阶段"的描述对于处在转型阶段和社会主义法治建设阶段的我国社会，仍然是较为贴切的。在制度发展的时间和历史维度上，本书的研究并非意欲对区域环境治理的现存问题提出临时性的修补，而是力图通过对既有规范文本和治理实践的梳理和评析，实现区域环境治理的制度化和法治化构建。

此外，一个补充的说明是，所谓"区域"，在法学的学科视角下主要包括了两层含义：一是因跨越民族国家的地理边界所形成的民族国家之间的国际区域法律问题。例如，苏联的切尔诺贝利核电站事故，使远在 1500 公里外的德国部分地区也受到了核污染影响。[2]二是因跨越民族国家内部不同行政区地理边界和行政管理边界的国内区域法律问题。例如，较为典型的有，当前广为热议的"京津冀"环境协同治理、太湖流域治理、"珠三角""长三角"地区协同治理等区域性环境议题。比较而言，两者虽然存在诸多共同之处，但从法学内部的部门法划分角度来说，前者属于国际法研究向度，关注于国家之间及不同国家地区之间的国际法律关系，后者属于国内法研究向度，关注于一国范围内不同行政区之间的协同治理问题，是对传统辖区治理模式的革新及其引发的地方政府间的横向合作关系、中央与地方政府间的纵向统筹

---

[1] 罗斯科·庞德.通过法律的社会控制［M］.沈宗灵，译.北京：商务印书馆，2010：9.
[2] 李佩嘉.切尔诺贝利事故影响全球 20 亿人，危害持续 800 年［EB/OL］.2023-01-23.解放网.

关系以及其他社会关系之法学审视。需要说明的是，本书的研究限于国内法的研究视角，并不包括不同民族国家之间或不同国家地区之间的国际法律关系。这一说明既是对文中所使用的区域概念的限定与具体化，也是对本书研究范围的框定。

总之，区域环境治理由区域和环境治理，以及法学研究场域叠加而成，这使其有别于平等、自由、公序良俗、协同治理等蕴含价值判断和抽象逻辑的理论概念。在法学研究视域下，"区域环境治理"概念的生成与发展不是对某种普适性法律原则的抽象或凝练，也并非就某种原初概念的理论化推导，而是植根于区域环境治理问题及其法治化实践。这种概念特征上的实践性面相决定并一再强化着"区域环境治理"概念的问题意识和讨论场域。法学视域下的"区域"不再是经济学和管理学上的效能最优和策略选择，而是一种有关区域性环境议题的公平、正义、权力规制与权利保障等的法学思考，政府治理行为的合法性与合理性追问，以及整个治理过程的法学反思与法学话语之重塑。质言之，我们所使用的"区域环境治理"概念是一种"法律治理"，区域概念的法学意涵在于，将"生态区"——以生态系统的辐照范围和环境要素的传输范围为空间疆界，所形成的超越传统行政区边界并具有整体性生态意义的空间地理单元——作为通过法律所实现的社会控制的全新调整单元，并于此探寻中央和地方各级政府的法律治理之道。

三、区域环境治理概念的意涵

"区域环境治理"概念大致可以从两个方面进行把握。首先，在规制对象上，区域环境治理指向于一种特殊的区域类型，即"生态区"。它有别于辖区治理中的"行政区"概念和区域经济治理中的"经济区"概念。其次，在治理主体上，囿于本书研究重心和聚焦于"政府间的协同治理"活动的视角，文中所使用的"区域环境治理"概念在主体范围上专指中央和地方各级政府部门，并不包括诸如"社会自组织"等其他治理力量。详言之，对"区域环境治理"概念可做如下具体解析：

其一，从规制对象上来看，生态系统的整体性和环境要素的流动性使现代环境问题在超出传统行政区的生态空间范围上日趋凸显，环境事务涵盖下的区域是一种突破传统行政辖区界限的"生态区"。在现代环境议题中，由于生态系统的整体性和环境要素的流动性，无论是环境污染行为、生态破坏行为，还是环境治理行为，它们对生态环境所产生的影响，均超出了人为划定的行政边界之空间范围。我们经常能够看到这样的事例，上游地区的排污行为会因河水的流动而对下游地区的生态环境造成严重影响[1]；局地的空气污染会对周边地区产生空间上的溢出效应。可见，环境要素的传输范围并不以人为划定的行政区域为边界，而是在跨越行政区域的生态空间范围内自由流动。在此背景下，一些环境法学者率先从空间范围角度提出一种超越传统行政划范围的"生态区"概念。例如，基于对"长三角"地区的样本考察，学者指出位于长三角区域内的各个行政区是具有清晰边界的封闭政治单元，但从生态环境的角度来看，长三角地区属于一个边界相对模糊的自然开放的生态区域。[2] 在"珠三角"地区的实证研究中，学者指出虽然面临不同行政区的切割，但基于相似的自然条件（地理环境、气温、降水、水温系统等），珠三角地区属于一个较为完整的"自然生态整体"[3]。也有学者从污染物质交叉流动角度，将海洋及近海水域理解为具有生态意义的"大区域"[4]。综合上述分析，本书认为，区域环境治理具有其相对的独立性，其以超出传统行政辖区范围的生态区域为治理单元。在这一意义上，环境治理视域下的"区域"也可称为"生态区"，是指以生态系统的辐照范围和环境要素的传输范围

---

[1]　例如，发生在2003年的松花江水污染案，其影响范围波及整个松花江流域地区，甚至对俄罗斯边境地区造成严重影响。2017年5月发生的嘉陵江铊超标事件，造成四川省广元市嘉陵江断面受到严重污染，经过调查，该事件系上游陕西省汉中市锌业铜矿污水不法排污行为所致。

[2]　施从美.长三角区域环境治理视域下的生态文明建设［J］.社会科学，2010（5）：15.

[3]　李紧跟.区域公共管理制度创新分析：以珠江三角洲为例［J］.政治学研究，2010（3）：71.

[4]　全永波.海洋环境跨区域治理的逻辑基础与制度供给［J］.中国行政管理，2017（1）：20.

为空间疆界，所形成的超越传统行政区边界并具有整体性生态意义的空间地理单元。[1]

举例来说，目前我国现行法体系中的生态区大致可归纳为下列具体类型。概言之，以环境要素和区域功能划分为切入，"生态区"概念既可表现为基于空气流动性形成的"大气流场"、基于水文条件形成的江河"流域"，还可表现为基于区域生态功能划分形成的"生态功能区"等具有相对独立生态意义的空间地理单元。从环境要素来看，由于不同环境要素在流动和传输能力方面的差异性，我国目前的区域环境治理议题主要集中于水和大气领域。[2] 例如，《大气污染防治行动计划》中所提到的包括京津冀、长三角、珠三角在内的"三区十群"[3]，以及《"十四五"重点流域水环境综合治理规划》中确定的包括长江、黄河、珠江、松花江、淮河、辽河等"重点流域"[4]。在区域的功能划分上，近年来，伴随国家国土空间开发战略在生态文明建设中的推进，以特定生态功能和独特生态意义为依据所划定的生态区域，频繁出现于区域环境治理文本和实践中。例如，《全国主体功能区规划》中"两屏三带"生态安全战略布局所确定的青藏高原生态屏障、东北森林带等宏观区域。[5] 需要说明的是，基于上述界定与分析，广义上的"生态区"概念还应当囊括实践中普遍存在的自然保护区。但由于我国自然保护区的管理制度已相对成熟，并且形成了一套较为独立的管理体系，因此本书的探讨只对其进行简略描述，而将重点集中于那

---

[1] 需要说明的是，在我国环境治理领域，"区域"概念有时也被理解为"行政区"的同义词，这在水污染防治领域尤为明显。例如，研究者通常将目前我国水污染防治领域的治理原则表述为"区域治理与流域治理相结合"，此处的"区域治理"即特指"行政区治理"。本书认为，这种表述并不符合惯常用法和规范意义上的学术表达，如果将区域概念简单等同于行政区概念或地区概念，必将导致区域概念失去其本身的概念内核，也有悖于区域概念提出的初衷。

[2] 虽然土壤中的污染物质会因大气降尘、河流或地下水的流动发生转移，但污染物质通过土壤要素自身内部的跨域传输，在短期内几乎是不存在的。由于土壤污染的累积性和相对固化性，污染因子在不同地块间的区域性传输是极为缓慢和有限的，我国土壤污染及其治理中区域性问题并不十分凸显。

[3] 根据《大气污染防治行动计划》和《重点区域大气污染防治"十二五"规划》的规定，"三区十群"是指京津冀、长三角、珠三角区域，以及辽宁中部、山东、武汉及其周边、长株潭、成渝、海峡西岸、山西中北部、陕西关中、甘宁、乌鲁木齐城市群。

[4] 根据《"十四五"重点流域水环境综合治理规划》的规定，"重点流域"包括：长江、黄河、珠江、松花江、淮河、辽河等。

[5] 根据《全国主体功能区规划》的规定，"两屏三带"是指青藏高原生态屏障、黄土高原—川滇生态屏障和东北森林带、北方防沙带、南方丘陵山地带。

些尚缺乏相关法律规定的更具一般意义的区域性环境治理议题。

辨析"生态区"概念与"经济区"概念的异同也非常重要。首先，从概念含义来看，虽然两者均表现为一种超越行政区范围的空间地理单元，但区域经济治理视域下的"区域"属于一种"经济区"，是指具有共同利益取向和经济关联的多个地区性联合体。[1] 与之相对，区域环境治理视域下的"区域"属于一种"生态区"，是以生态系统的辐照范围和环境要素的传输范围为空间疆界，所形成的具有整体性生态意义的空间地理单元。前者关注地区之间的"经济关联"，后者关注地区之间的"生态关联"。其次，从产生背景来看，"经济区"概念的提出因应于 20 世纪下半叶的区域经济一体化浪潮。"生态区"概念的提出因应于生态环境的整体性，是为解决跨域环境污染和跨域环境治理过程中不同地域、不同层级的政府间相互协调的现实难题。再次，从区域范围的划定标准来看，上述因素进一步导致两者在区域范围划定标准层面的不同之处。"经济区"概念以"市场要素"为核心，是基于市场要素及其作用范围之要求来划定经济区的范围。换言之，经济事务中区域划分的基本依据在于市场内在的最优化资源配置和运行要求。"生态区"概念以"生态要素"为核心，是基于生态系统与环境要素的辐照和传输范围，来划定生态区的范围。综观我国现行环境法体系中相关区域管理制度指向的生态功能区、重点流域等环境区域，其划分无关市场因素抑或经济效率的考量，而是以不同行政区之间的生态关联为基本依据。由于经济发展在初期阶段对环境保护的负向作用，加之经济发展与环境要素间的诸多关联，实践中存在着经济区和生态区大致重合的事例，但这并不能否认，两者的划分标准和生成基础，在理论上是迥然各异的。由此，环境问题的特殊性和生态系统的整体性，使"区域"概念在环境治理场域的界定只能是以生态系统功能为标准的"生态区"定位。"生态区"概念具有自身相对独立

---

[1]　侯赟慧，刘志彪，岳中刚．长三角区域经济一体化进程的社会网络分析［J］．中国软科学，2009（12）：92.

的概念内核。

其二，从治理主体上来看，囿于"政府间协同治理"的研究重心与视角，本书所使用的"区域环境治理"概念在主体范围上专指各级政府部门，并不包括诸如"社会自组织"等其他治理力量。详言之，以"治理"（governance）概念及其蕴含的现代社会控制理念为切入点，治理的主体、模式及有关整个治理过程的合法性分析和制度化确认，一直以来都是维系社会关系与秩序的首要问题。首先，在语义分析层面，"治理"具有"统治""管理"等多种语义，这些释义存在相同的共性，即将"治理"视为一个具有权威的个人或政治团体在社会交往和互动中寻求有规则的秩序的过程。在这个意义上，治理的目标指向于公权力的合理优化与配置，意图通过科学化的权力结构安排以避免公共事务管理中的低效或失灵现象，从而实现公共事务的社会控制与协调。治理不是一种面向所有主体的社会性活动，而是一种代表权威的公共权力与社会的互动过程。[1] 其次，在现代社会科学领域，"治理"一词更倾向于被解释为一个规范意义上的概念。依据全球治理委员会的表述：治理是各种权威机构或私人团体管理其公共事务的策略与措施的集合，是借由联合行动协调多元利益的持续性过程。基于这样一种观点，"治理"概念作为传统"管理"概念的现代化革新与表达，包含了不同主体共同参与的"多元共治"之意。可见，广义上的"区域环境治理"概念包括政府、非政府组织、企业和公民个体，围绕区域环境事务展开的多元化的治理努力。

然而，有关上述议题的全部讨论必然是极为宏大的，为了避免本书"用力涣散"导致研究与论述上的浅尝辄止，本书的研究重心和发力点聚焦于"政府间协同治理"这一轴心。故而本书所使用的"区域环境治理"概念是一种狭义上的，专指各级政府部门为因应区域环境议题所采取的各种努力。另一方面，尤其重要的是，以"政

---

[1] 杜辉.论制度逻辑框架下环境治理模式之转换［J］.法商研究，2013，30（1）：69.

府间协同治理"为轴心的研究并非完全忽视其他的治理主体，而是
将其他主体的相关行为作为与政府交互关系的"背景式探讨"。例如，
立法机关的立法行为被视作对政府治理行为的合法性授权和立法规
制；司法机关的裁判行为被视作权利保障下对政府治理行为的监督
和制约，非政府组织、普通民众等社会成员的治理活动被纳入公众
参与机制中加以探讨等。

　　综上所述，本书所称的"区域环境治理"乃是对应于固守行政区
边界的"辖区治理"，并试图在超出行政区边界的"生态区"范围内，
探寻各级政府部门环境治理活动的区域性制度安排。总之，在"政府
间协同治理"的研究视角限定下，本书所使用的"区域环境治理"概
念是指，各级政府部门为因应生态环境整体性与人为划定之行政边界
间的激烈冲突，在以生态系统辐照范围和环境要素传输范围为标准所
划定的生态区内，所采取的各种协同性治理活动。[1]

第二节　区域环境治理议题与政府间协同治理

一、何谓协同与协同治理

　　何谓"协同"与"协同治理"？"协同"仅指多元主体间的横向
合作关系吗？在我国学术界存在这样一种倾向，即在一些研究中习惯
以西方移植的词源考证来证成中文概念的语义内涵。这在"协同"与
"协同治理"相关概念的辨析中体现得尤为明显。一般来说，"协同
治理"概念总是被学者们对应于英文"Collaboration Governance"，并
被视作引入社会自组织治理模式，进而对传统政府"单中心"管理模

---

[1]　有关"协同"和"协同治理"的概念，以及政府间协同治理活动的具体内容将在下文详细探讨，此
处不再赘述。

式进行批判和超越。[1]研究表明，"协同治理"源于德国学者赫尔曼·哈肯（Hermann Haken）开创的"协调合作之学"的协同学研究。[2] 在社会科学领域，多数的既有研究趋向于将"协同治理"界定为一种突破"国家或政府中心论"窠臼、解决政府失灵的理论革新。[3] 在这一意义上，"协同"主要被理解为政府与市场、社会自组织相互合作的一种"多中心治理"模式。在本书看来，"协同"与"协同治理"并非具有唯一概念内核的社会科学用语，其具体内涵要受到特定问题域之限缩与框定。伴随研究场域的扩展，"协同"已不再机械地指向政府与多元社会力量合作的"多中心治理"模式，而可以是社会多元主体间的协同、政府之间或政府部门间的协同等。简单来说，"协同治理"是在"现代社会成为一个复杂网络结构系统"[4] 的现实情境中，基于在公共事务中对权力公共性的追求，致力于推动不同治理主体协调统一行动的一种解释性话语结构。

从语义学角度来看，"协同"不同于"合作"或"协作"，而是具有一种"通过协调或合作，达至统（同）一"的意味。其以"协"为手段，以"同"为目的。根据《古汉语常用字字典》的释义，"同"有"（使）一致，（达至）统一"的含义。[5]《后汉书·桓帝纪》有载："内外协同，漏刻之闲，桀逆枭夷。"据此，"协同"的语义不再限缩在相互独立、互不隶属的多元主体间的"横向"协同关系，还应包括在同一系统内部存在内在关联和层级区分之主体间的"纵向"协同关系。诚如学者所言，社会结构的日趋复杂决定了社会治理既需要以政府和多元社会力量所共同结成的"横向"协同网络治理结构，亦需要政府自上而下通过国家强力保障的"纵向协同"治理结构。[6] 近年来，

---

[1] 田培杰.协同治理：理论研究框架与分析模型［D］.上海：上海交通大学，2013：50-51.
[2] 赫尔曼·哈肯.协同学——大自然构成的奥秘［M］.凌复华，译.上海：上海译文出版社，2005：1-2.
[3] 鹿斌，周定财.国内协同治理问题研究述评与展望［J］.行政论坛，2014，21（1）：87.
[4] Newman M E J. The structure and function of complex networks［J］. SIAM Review，2003，45（2）：167-256.
[5] 《古汉语常用字字典》编写组.古汉语常用字字典［K］.四川：四川大学出版社，2005：513.
[6] 范如国.复杂网络结构范型下的社会治理协同创新［J］.中国社会科学，2014（4）：117.

在区域协同与环境治理等相关研究场域，越来越多的研究者在关注不同地区间横向协同关系以外，将研究的触角延伸至体现中央政府"自上而下"领导权威的"纵向协同"领域。

在规范意义上，"协同"一词同样具有"横向"与"纵向"的双重含义。早在 1986 年 3 月，国务院发布的《关于进一步推动横向经济联合若干问题的规定》中将地方政府之间的合作表述为"横向联合"；在 2016 年《国务院关于推进中央与地方财政事权和支出责任划分改革的指导意见》中直接采用"协同"的概念，明确指出应"加强中央与地方之间以及各部门之间的协同合作"，从而将包括中央和地方政府之间、地方政府之间的"纵向"与"横向"治理关系构造表述为"协同"。此外，2021 年 3 月通过的《中华人民共和国国民经济和社会发展第十四个五年规划和 2035 年远景目标纲要》（简称"十四五"规划）中也明确要求"完善生态文明领域统筹协调机制"。据此，协同并非仅指平等主体之间的横向关系，其应作为横向协作的上位概念，统摄"纵向"与"横向"之协同关系。

就此而言，从语义解释、规范文本中的既定用法以及现实的实践需求等方面来看，"协同"及"协同治理"的界定均不应局限于相互独立的主体间基于自由意志和伙伴关系而结成的横向合作关系。应当在统一的治理目标导向下，将有助于促成统一行动的横向和纵向主体间协调、商谈、合作、联合等行为方式均统摄于协同治理的范畴之下。

二、区域环境治理议题与政府间协同治理的内在关联

"任何公共事务的管理都是具有一定管理权限的特定层级的政府管理。"[1]2002 年联合国在南非举办了可持续发展世界首脑会议，会上通过了《可持续发展问题世界首脑会议执行计划》，其中特别强调了政府对环境治理负有主要职责，发挥关键性作用："国家对本国的

---

[1]　高建华.论区域公共管理的研究缘起及治理特征［J］.前沿，2010（19）：179.

可持续发展负有主要责任……应在国家一级促进可持续发展，特别是制定和执行支持可持续发展的明确有效的法律；所有国家应加强政府机构"（第163条），同时亦提出"支持所有国家，包括在地方一级，努力加强可持续发展的国家体制安排"（第166条）。环境具有"物质性"和"资源性"，其是"由各种物质所构成的自然条件"，并且"环境要素本身也是一种资源"。[1]从环境之于人类社会的有用性而言，大部分环境要素均属"提供于公众之用的公共用物"[2]。基于增进社会利益和公共福祉的价值需求，需要针对环境要素进行以增进其目的或防御妨碍实现其目的的管护和治理行为。[3]而这项职责主要依赖于政府机关的行政性管理权。概言之，从环境要素的公共性属性出发，政府的权力治理是环境治理的主导方式。

在多元治理主体参与的"协同治理"过程中，政府仍是区域公共事务治理的主导者和推进者，诸如社会组织、公民、市场、企业等主体的治理行为仍须在政府的主导下进行。在"协同治理"概念中，"协同"是对公共事务治理主体间关系状态的一种描述。这一描述必然因对"治理"概念所持有的概念观（conception）[4]之不同而有所差异。前文已述，现代意义上的"治理"概念观推崇一种"多中心"和"网络化"治理模式，强调治理主体的多元化。相应地，嵌入并适应此种观念下的"协同"是一种以谈判为基础，通过主体间平等和真诚的对话、沟通、以实现信任和合作的关系状态。但是，这种试图构建纯粹横向关系的"协同治理"概念观并不能准确反映中国语境下政府这一主体在公共事务，尤其是环境事务治理中的主导地位。虽然在政府之外，市场和社会这两种力量对于环境事务的善治亦具有重要作用，但是二者的运行均须

[1] 吕忠梅. 环境法导论［M］. 北京：北京大学出版社，2015：4.
[2] 盐野宏. 行政组织法［M］. 杨建顺，译. 北京：北京大学出版社，2008：246.
[3] 盐野宏. 行政组织法［M］. 杨建顺，译. 北京：北京大学出版社，2008：246.
[4] 此处的"概念观"系借鉴美国政治学家约翰·罗尔斯关于正义概念和正义观念的划分。概念观是对概念本身作出的一种解释，是主体对某一概念所持有的观点，人们总是在概念观的层面上界定和把握特定概念。参见约翰·罗尔斯. 正义论［M］. 何怀宏，何包钢，廖申白，译. 北京：中国社会科学出版社，2009：8.

在政府的主导下进行。具言之：其一，在政府和社会之间，政府是主导性力量。在中国的现实语境中，社会成员之于环境治理议题的权益表达并不能直接作用于环境事务，而是通过政府必要的制度安排（如社会参与机制的构建）以确保这些来自个体成员分散式的利益诉求能够获得表达渠道，并进行筛选、整合和正当化重塑。此外，作为一类治理主体，社会组织的培育以及参与治理的行为均离不开政府的支持和保障。其二，在政府与市场之间，政府是主导性力量。环境治理中市场机制的作用在于承认生态环境所提供的效益是一种具有经济价值并可进行市场交换的商品，从而为主体的环境治理行为提供经济激励。党的二十大报告指出："必须牢固树立和践行绿水青山就是金山银山的理念""推进生态优先、节约集约、绿色低碳发展"。然而，将生态优先、绿色发展理念与市场紧密结合，建立健全生态产品的交易机制均离不开政府的规制和参与。以用能权交易制度为例，用能权在一定程度上是基于政府的公权管控而形成的新型财产性利益，是国家为实现能源消耗总量和强度的"双控"目标而对特定个体（用能单位）能源使用权设置的一把新锁。在一级市场层面，用能权的初始获得依赖于政府分配；在二级市场层面，用能权的交易规则、定价机制等核心制度内容依赖于政府公权的推动与建立。[1]更进一步地，环境资源作为"公共用物"的公共物品属性天然地决定了政府这一公共利益的权威代表者负有环境治理职责。正如学者所言，"环境首先和主要是一种公共财产，环境保护是一种公益事业"，其上承载着不特定主体之公共利益。[2]在中国的阶段性国情现实和发展现状所框定的既定语境下，我国环境治理法治化之途的发展重心仍应集中对政府的治理行为展开规制。

另一方面，基于生态系统的整体性、传导性以及环境要素的流动性，区域环境治理需要政府采取与之相适应的治理手法和制度安排予

[1]　韩英夫，黄锡生.论用能权的法理属性及其立法探索［J］.理论与改革，2017（4）：166.
[2]　巩固.政府激励视角下的《环境保护法》修改［J］.法学，2013（1）：56.

以回应。质言之，区域环境事务具有跨越多个行政区边界的特性，与政府间由割裂和碎片走向区域联合的协同治理，存在内在的高度契合。诸如大气环流作用下产生的大气污染问题、随河流水系而自然生成的流域治理问题等区域环境事务，往往超越人为划定疆界的阻隔和限制，从而对受其影响的区域范围内的传统辖区治理方式构成挑战，区域环境事务内在地呼唤一种突破辖区界限的整体性治理。[1]传统治理中，以行政区划为基本单元的辖区治理逻辑导致"最高层之下的权力碎片化"现象。[2]地方政府在本地利益的驱使下，形成了各自独特的利益结构和利益需求。在此背景下，各地展开的环境治理行为被自身个性化的环境利益结构支配，往往以本地区利益最大化为应对区域环境事务的起点，从而使得指向区域环境事务的治理行为是彼此分离的，并深陷"碎片化"治理之泥淖。可以说，辖区治理逻辑不仅是构成区域环境问题的诱因，更无助于区域整体环境利益的实现和维护。有必要站在超越辖区利益的区域整体环境利益高度，以区域为全新的治理单元，重塑政府间的环境治理关系和治理行为。这种新型的治理关系和治理行为的鲜明特征在于"协同性"。相较于彼此相分离的碎片化治理模式，政府间协同性治理强调的是通过协调和合作而达到的统一行动状态。从政府治理结构上，这是对"属地化管理为基础的行政逐级发包制"[3]的科层制治理的超越和革新。详言之，科层制治理结构强调自上而下的权力运行向度、以命令和执行为主要的治理方式、以辖区属地主义为基本的治理单元。与之相比，协同治理的特征在于：一方面，关注区域内互不隶属的地方政府间横向治理关系的协同性塑造。区域环境事务作为区域内地方政府的共同事务，其治理必然依赖于地方政府经由协商和合作取得的"治理合意"。另一方面，对纵向的属地主义治理进行"区域式"再造。面向区域环境事务，中央和地方政

---

[1] 肖爱，李峻.协同法治：区域环境治理的法理依归[J].吉首大学学报(社会科学版)，2014，35(3)：8.
[2] 仁敏.我国流域公共治理的碎片化现象及成因分析[J].武汉大学学报(哲学社会科学版)，2008，61(4)：580.
[3] 周黎安.行政发包制[J].社会，2014，34(6)：9.

府间围绕治理目标确定、权责划分、责任追究、治理手段等问题展开的纵向治理关系逐步走向制度化和规范化。

从法学视角切入，区域环境议题涌现后，政府这一主导性治理主体围绕区域环境议题形成的协同治理关系有必要进入法律调整和规制的视野。作为对传统"辖区治理"和"属地管理"的革新与突破，区域环境治理的成效很大程度上取决于政府间是否能够真正实现协同治理，在这一意义上，区域环境治理法律制度的主要规制任务在于迎合环境事务的跨域性特征，构建并保障政府间治理行为的协调统一。

第三节　区域环境治理的内容与分类

我国京津冀、辽中城市群、成渝城市群、淮河流域、黄河流域的环境协同治理，以及国家"十四五"中着重推动的长江、黄河等大江大河和重要湖泊湿地生态保护治理，均涉及地方政府间的横向协同治理行为。区域性环保规划、重点区域联合性防控措施等旨在协调区域环境关系的中央政府纵向协同治理行为，同样普遍存在于区域环境治理实践中。党的二十大后，新一轮"大部制"改革则涉及政府主管部门间的横向协同问题。在依法治国语境下，政府在区域环境治理过程中的各种治理行为需要由法律加以调整。同时，因应区域环境问题的特殊性，制度规范也应对传统区域经济一体化、辖区式的环境治理方式予以革新与修正。实践中，这些区域环境治理行为在内容上灵活多变且相对复杂，具体可以作出如下分类与归纳：

第一，在国家内部的权力分工上，广义的区域环境治理包括立法、行政和司法三种不同治理行为。然而，在以政府间协同治理为视角的研究中，区域环境治理行为主要指向肩负公共行政职能的政府机关。因此在本书的论述中，"政府"的概念采取宪法条文中确立的"政府"

语义，即在国家机构职权划分的基础上，将"政府"等同于国家权力的执行机关即国家行政机关。在国家与社会维度上，国家从整体上负有环境治理的职责，这种职责在国家权力系统内部基于立法权、行政权、司法权的划分进行权力分工，共同作用于区域环境议题。正因为此，"政府"的概念常常会与"国家"的概念相互混淆，这在行政法学研究中较为常见。但严格来说，"政府"与"国家"的概念既密不可分，但又存在一定区别。[1] 在宪法意义上，政府只是国家权力结构的一个组成单元。[2] 同时，囿于研究范围与视角，加之区域环境治理协同效果主要通过行政主体的执行性权力予以实现，其内在特质与行政权的权力属性和运行逻辑更为契合。据此，政府间协同治理视角下的区域环境治理行为主要意指中央及地方各级行政主体通过行政权的聚合行使，以达到特定的区域环境治理目的。

同时，需要说明的是，以政府间协同治理为视角的研究并非武断地"涤除"立法与司法机关全部的区域环境治理行为。出于对政府间协同治理行为提供圆满的法律规制的考虑，一方面，在依法行政原则下，政府间协同治理行为应当获得立法机关所立之法的合法性授权以夯实民意基础；另一方面，应通过司法权提供的个案事后救济以实现对政府治理的制约和监督。因此，以政府间协同治理为视角的研究并非局限于政府单一主体的环境治理活动，而是在协同治理的规范依据（立法）和外部监督（司法）层面，针对与政府间协同治理相关的立法与司法制度予以附带性探讨。

第二，从权力运行向度上来看，区域环境治理行为可拆解为纵向协同和横向协同两种治理模式。详言之，区域环境事务既是生态区范围内多个行政区的共同上级政府乃至中央政府拥有管辖权的"辖区"事务，同时也是区域内各地方政府之间的共同事务。纵向协同治理模

---

[1] 谢庆奎.当代中国政府［M］.沈阳：辽宁人民出版社，1991：5.

[2] 商红日.国家与政府：概念的再界定——兼论国家与政府的区别［J］.北方论丛，2001（3）：44.

式一般通过中央或上级政府划定区域范围、制定区域环境治理目标和任务、确立合作协调机制等方式进行。横向协同治理模式一般表现为区域内各地方政府（不限于同一行政级别的地方政府）之间，以协商和合作的方式共同开展的合作治理过程。需要强调的是，纵向协同治理模式是对传统纵向命令控制式单向管理模式的再造，其不再单纯依赖于行政命令和地方政府被动的政策响应，而是在区域环境治理目标导向下，在权责统一（财权与事权）的基础上，中央政府为地方政府间合作治理行为的开展提供激励与约束相容的制度保障，以激发地方政府进行区域环境协同治理的主体意识。在横向协同治理模式中，政府间通过建立相关合作协调机制，以真正发挥横向协同治理的独特功能。就此而言，政府间协同治理行为是在纵向和横向两个向度的相互关照和彼此互动中，所实现的不同地区、不同层级政府间共同发力的运行过程，这一运行过程既是对传统纵向命令控制式管理的超越，也是对横向柔性非制度化磋商的效力补强，并最终致力于将二者融于协同治理的权力运行逻辑之中。

第三，从行政层级上来看，根据环境事务所覆盖的区域范围，区域环境事务可以分为跨省（市区）的环境事务和省内跨市（县）的环境事务。前者如太湖、淮河等国家重要江河湖泊的流域治理，京津冀及周边地区大气污染防治等，后者如位于广东省境内，跨茂名市和吴川市的小东江治理等。在广义上，区域环境治理的治理对象囊括上述两大类区域环境事务及其差异性治理特征，但在研究重心上大多是以跨省域环境事务为研究重点。具言之，区域环境治理研究中，这种"既有区别，又有侧重"的研究策略存在其合理性：其一，在治理逻辑上，跨省域环境事务与省内环境事务虽均依赖于横、纵向政府间协同治理关系的构建，但是由于事务本身的特性相异，必然在协同治理的具体机制和行为模式方面体现出明显的"层级差异性"。跨省域环境事务往往在全国范围内具有较大的重要影响，其必然与小区域、小流域范围环境事务的治理机制有所不同。诸如设置跨行政区的实体性环保机构显然对于小范围区域环境事务的治理而言操作成本过高。其二，跨省域环境事务是区域环境事务的典型代表，在长三角地区、泛珠三角地区、京津冀及周边地区已经开展了诸如制定区域性环境保护专项规划、签订环境保护合作协议、定期召开联席会议、建立联防联控机制等实践探索。这些实践轨迹是构建并完善区域环境治理制度的重要参照对象。同时，跨省域环境事务作为中央和省级政府的共同事权范畴，直接体现中央政府的治理意志和措施安排，而这必将对地方的区域环境治理发挥逐层传递的约束和仿效效应。

第四，从政府间各类协同治理行为的相互关系上，区域环境治理行为可分为生成协同治理意志、促成政府间构建协同治理关系的基础性行为和由此推演出来的具体协同性治理行为。前者是后者产生的基础和依据，后者是前者的落实和执行。在区域环境治理研究中两者并不具有同等重要性。在这个意义上，本书将集中关注推动政府间实现协同意志和行动的基础性治理机制，诸如进行统一部署和治理安排的区域性规划、地方政府间签订的区域合作协议、中央政府设立区域性环境管理机构并进行的职能配置以及供沟通、协调的联席会议制度等。除此之外的统一监测、联合执法、统一应急预警、信息共享等执行性、技术性和保障性治理措施，均以政府间已构建协同性环境治理关系为必要前提，并依托基础性治理行为所构建之协同关系与平台，进行具体落实与执行，故针对这类措施仅进行辅助性的论述。

第五，有必要明确的是，区域环境事务作为环境事务的一种形态，不仅具有跨行政区的特有属性，也牵涉政府部门间的职能协调这一环境治理的一般性问题。就此而言，区域环境治理既关涉跨行政区政府间的权力协同行使问题，也牵涉政府内部跨部门的职能协调问题。虽然后者与区域环境问题的妥善解决有相关性，但在"区域"问题的特定场域内，我们更为关注的是因区域性特征嵌入环境事务后，所引发的政府治理逻辑和模式的新变化，而不是对环境治理涉及的所有跨域因素给予同等关注。

综上，区域环境治理行为内涵丰富。广义上的区域环境治理包括以治理主体为划分标准的立法、行政和司法，以打破部门壁垒为目标的"部际"协同治理等。然而，囿于"政府间协同治理"研究视角和"区域治理"问题场域，本书的研究聚焦于：①作为行政机关的政府主体之治理活动（从而将立法、司法以及社会公众，视为对政府治理行为的规范和监督力量，进行背景式探讨）；②这里的政府主体主要包括中央政府和各级地方政府，沿循中央政府和地方政府间的纵向垂直关系、不同地方政府之间的横向平行关系、政府与社会公众之间的监督与保障关系之多重维度，展开文本的研究主线（主要针对"区际"议题，将政府内部各部门视为一个整体，而不是仅对"部际"问题进行延伸性探讨）。

第四节 区域环境治理的法律特征与独特机理

区域环境治理以"区域"（生态区）为调控对象和规制单元，通过协调与整合区域内不同地域、不同层级的政府间相互关系，将分散的治理行为融入一个有机的系统中。[1] 由区域事务与环境事务叠加而来的特殊之处，使区域环境治理具有相对独特的法律特征与机理。第一，由于环境事务的公共性，区域环境治理主要依赖于政府的强力推动，具有政府主导性的鲜明特征。第二，利益主体的多层次性。区域内各行政区具有不同的地理区位和资源禀赋，导致不同地方政府之间存在差异化的合作意愿与利益诉求。这使得区域环境治理陷入更为复杂的利益纠葛。第三，区域环境治理的整体性。不同于"辖区治理"

---

[1] 范永茂，殷玉敏.跨界环境问题的合作治理模式选择——理论讨论和三个案例［J］.公共管理学报，2016，13（2）：65.

中禁锢于各自辖区范围的碎片化治理模式，区域环境治理超出了单一行政区之范畴，呈现空间上的关联性和治理活动的外部性。第四，区域环境治理的强制性。环境问题与经济问题具有截然不同的内在特质，由于在概念内核、前提假定和价值追求等方面的差异性，区域环境治理无法因循经济治理中开放自由等"弹性"轨道，转而因应环境议题的特殊性，呈现出相对强制的刚性特征。这构成了区域环境治理与区域经济治理的根本差异，并塑造了区域环境治理的独特运行机理。具体表现为地区间合作治理关系的相对固定化，以及政府的直接介入和"强力"推进特征。

一、区域环境治理的政府主导性

区域环境治理总是与政府公权力之行使保持特有的亲和关系，并呈现出强烈的"权力依赖"特征。这是由区域环境事务的公共属性所决定的。换言之，"环境与区域"共同的公共性与外部性特征，深刻地反映了区域环境治理议题中政府治理的重要作用。相较于传统个体式的环境治理模式，以及经济交往中可以由民法、合同法予以调整的市场主体的跨区域投资行为，区域环境治理法律制度主要规范的是政府间的区域合作活动以及涉及区域重大利益的区域发展规划活动。[1]在此意义上，各级政府部门的治理活动是区域环境治理中的主要力量。

（一）"政府之治"居于现代治理体系的核心地位

亦如其他任何具有广泛影响的概念或理论一样，"治理"一词也有着自身独特的演进历史。据考证，"治理"一词最早可追溯至希腊文"kubernáo"，意为"引领"。其后拉丁文承袭了这一用语，改称"gubernare"，并逐渐传入其他语系。[2]也有学者认为，"治理"概

---

[1] 骆天纬.区域法治发展的理论逻辑：以地方政府竞争为中心的分析［D］.南京：南京师范大学，2016：120.
[2] 石佳友.治理体系的完善与民法典的时代精神［J］.法学研究，2016，38（1）：4.

念发源于"古希腊语中的'操舵'一词，意为控制、指导或操纵，与'government'的含义交叉"[1]。作为一种进程，治理聚焦于某一公共性问题各方参与者之间的互动关系及对决策过程所产生之影响。[2] 可以说，现代意义上的"治理"概念因应于传统上"统治"式的政府一元化管理，是对传统政府治理模式的反思与修正。在这一意义上，治理概念的发展史一定程度上也是政府治理模式现代化的发展史，"治理"概念的演进与发展始终与政府的公权治理行为保持特有之亲和关系，并总是与政府治理手法之现代化修正与革新相伴相随。

　　"尽管现代环境法正在由单纯的命令控制型向公众参与型转变，但环境法中环境公权力机关环境管理的权力和职责的内容仍占主导地位。"[3] 近代以来，人们倾向于认为，"公共服务不再仅仅由中央政府提供，而且也由区域代表、产业化部门、'自治团体'、部门内的'技术专家'以及'在政府控制下的私人'提供"[4]。然而，伴随"治理的失败"和政府"元治理"概念的提出，片面强调"更小的政府、更多的治理"[5] 的激进论调遭到前所未有的质疑和挑战。"（那种完全区隔于政府之治的、强调多元社会主体主导的）治理并非一定是治愈'国家失灵'的良药，它同样也会失灵。"[6] 事实上，无论"公共治理""合作治理"或是"多中心治理"等现代辞令多么具有吸引力，囿于其他社会治理力量本身的权能构造及属性，均不足以与政府的治理活动相比肩，肩负公共职能的政府善治仍然对社会发展具有决定性的作用。[7]

　　首先，虽然在全球治理的系统中，国家不得不与多元行为体共享

[1] 蔡拓.全球治理与国家治理：当代中国两大战略考量 [J].中国社会科学，2016（6）：5.
[2] Bevir M. Governance：a very short introduction [M]. Oxford：Oxford University Press, 2012：5.
[3] 史玉成.环境法学核心范畴之重构：环境法的法权结构论 [J].中国法学，2016（6）：292.
[4] 迈克尔·塔格特.行政法的范围 [M].金自宁，译.北京：中国人民大学出版社，2006：97.
[5] "更小的政府、更多的治理"是由罗伯特·罗茨（Robert Rhoads）在《新的治理》中提出的。面对传统"统治"型政府所引发的"政府的失败"，罗伯特·罗茨提出应将私人部门的管理手段和市场竞争中的"激励结构"引入政府公共管理之中，以削减官僚机构，通过承包和准市场的运作方式实现更有效的竞争以及消费者选择，即"更小的政府、更多的治理"。参见罗伯特·罗茨.新的治理 [M].转引自俞可平.治理与善治 [M].北京：社会科学文献出版社，2000：90.
[6] 鲍勃·杰索普，程浩.治理与元治理：必要的反思性、必要的多样性和必要的反讽性 [J].国外理论动态，2014（5）：14.
[7] 陈志敏.国家治理、全球治理与世界秩序建构 [J].中国社会科学，2016（6）：16.

权威，但"国家中心主义"的治理模式依然在全球治理中居于主导地位。[1]综观世界大势，现代"治理"概念的出现旨在回应国家在社会管理理念和方式中出现的一系列新变革，治理的多中心特征表明管理公共事务和提供公共服务的公共职能出现了从政府机关向外部社会主体的重新分配趋势。但不可否认的是，政府机关基于公权行使所实施的社会治理行为始终居于现代社会治理体系的核心区域。无论是西方国家的三权分立，抑或我国《宪法》采用的人民代表大会制度中分工与合作的组织体制，政府机关的公权行政都是一项极其重要的国家行为。[2]尤其是在现代社会中，政府的公权行政已经代替了立法成为国家权力的中心。[3]

其次，在目前西方学者的研究中，已经出现了由"政府的失败"向"治理的失败"之反思与转向。鲍勃·杰索普（Bob Jessop）指出，现代治理手段在指导经济社会发展中可能遭遇三个主要制约因素，一是"存在于资本主义的根本活力之中"并将触及包括市场在内的所有社会协调方式的制约因素；二是怎样实现"自组织"与"更广泛的政治体制"间的联合；三是来自"治理作为自组织过程之本质"的制约因素。在这些一般性因素之外，特定治理模式内部还可能存在某些特殊的矛盾张力，如合作对竞争、开放对封闭等。[4]显然，这些有关"治理的失败"的批评如同当初学者们在提出"治理"概念之时针对"政府的失败"所给出的批评一样透彻且尖锐。受其影响，一些学者开始重新审视政府在治理体系中的重要地位，诸如政府"元治理"等概念和理论大量涌现。[5]即便是历史终结论的最初提出者弗朗西斯·福山（Francis Fukuyama）也开始重新审视自己的前期论述，

[1] 刘雪莲，姚璐.国家治理的全球治理意义[J].中国社会科学，2016（6）：32-33.
[2] 彭涛.司法权与行政权的冲突处理规则[J].法律科学（西北政法大学学报），2016，34（6）：37.
[3] 章剑生.现代行政法总论[M].北京：法律出版社，2014：5.
[4] 鲍勃·杰索普，漆燕.治理的兴起及其失败的风险：以经济发展为例的论述[J].国际社会科学杂志（中文版），1999，16（1）：43-44.
[5] 所谓政府"元治理"是指，面对现代社会关系日趋复杂，无论是科层治理、市场治理还是网格治理，都因各自特有的局限性而呈现出"治理的失败"。于此情形，政府应当肩负起社会"元治理"的任务，有效组织和协调不同治理模式间的冲突与抵牾，实现社会治理模式的体系性安排。参见熊节春，陶学荣.公共事务管理中政府"原治理"的内涵及其启示[J].江西社会科学，2011，31（8）：233.

并专门著书以阐释国家建构和政府治理的重要意义。[1] 可以说，伴随由"国家的失败"向"治理的失败"之反思与转向，诸如"多中心治理""多元共治"等现代理念越来越被视为一种旨在实现政府治理方式现代化的修正之策，其更多地被作为政府治理的一种侧写，并总是在与政府治理活动的交互关系背景下加以考察。

（二）区域环境事务的特殊性决定其必须坚持政府治理的主导地位

诚如鲍勃·杰索普（Bob Jessop）所言，"有效的治理是有条件的，治理的具体形式会随着治理目标的性质而改变"[2]。在区域环境治理场域下，区域事务和环境事务的自身特性赋予了区域环境治理在具体治理形式上的个性化特征。简言之，环境事务和区域事务所蕴含的独特公法价值与公共属性，使区域环境治理在治理形式的抉择上始终要以政府为主导力量。

一般认为，治理理念的引入的确能起到重塑政府机关行权方式和效能的作用。试图通过降低成本以提升效率和节约的方式行使公共权力是推进政府机构改革和职能转变的一项重要的治理目标。在此目标的指引下，越来越多的政府治理行为引入市场因素和取向来达到规制目的。在1993年公布的《国家效能考察报告》中"减少直接管制"和"协商而不是指令"等观点，成为全球化背景下政府行为的改造方向。[3]政府治理所关怀的公共利益标准受到市场话语体系下"成本—收益"标准的影响，法规政策中渐渐带上了经济学分析色彩。于此，需要冷静思考的是：政府治理行为所要保护的各种公法价值能否完全通过成本收益来计算和衡量？答案显然是否定的，本书所探讨的区域环境议题就是一个典型例证。

[1]　弗朗西斯·福山.国家构建：21世纪的国家治理与世界秩序［M］.黄胜强，许铭原，译.北京：中国社会科学出版社，2007：1.
[2]　鲍勃·杰索普，程浩.治理与元治理：必要的反思性、必要的多样性和必要的反讽性［J］.国外理论动态，2014（5）：14.
[3]　迈克尔·塔格特.行政法的范围［M］.金自宁，译.北京：中国人民大学出版社，2006：118.

　　首先，提供良好的环境公共物品是现代政府的公共职能，这并不妨碍在个别的污染治理领域可以引入社会参与和市场机制，而是意味着环境保护和改善的整体责任被认为是政府的职责。环境事务的"基本必需品"属性及其衍生的人身权益密切关联性使其天然地以"政府供给"为内核，并辐射"公开、公正、参与"等公法价值，这些公法价值不仅不能简单化地运用效率标准进行衡量和取舍，更是赋予政府之环境保护职责以宪法位阶的地位。基于公共供给理论和国家的行政管理、公共服务等职能，良好环境的有效供给需要一个超越个体经济理性和市场利益指引的"国家之手"的有效介入。据此，在环境治理的相关讨论中，不应受限于行政法理论和制度体系的既有框架，即以"行政主体—行政相对人"为基本法律关系和研究视角所展开的外部行政关系，而应当密切贴合环境议题的"公权依赖"特性，重视以往被忽视的政府机关之间治理权责关系的分析和构造，并适时引入其他治理主体的监督制约机制与政府治理形成良性互动。

　　其次，在环境事务的"公权依赖"性之外，区域事务本身的公共属性进一步深化了区域环境治理议题对政府行权之依赖。众所周知，"区域"（生态区）概念本身是一个相对模糊的集合性概念，它与农村问题中的"集体"概念一样，由特定范围内的个体成员所组成，却又不同于指向具体社会成员的个体工具主义概念。在这一意义上，区域性事务本质上是一种公共事务，它具有较强的公共性面貌。[1]可见，治理主体和手法上的多元化丝毫不能否定区域环境治理处于"政府力量主导之下"这一事实。从政府职能、环境事务和区域事务的公共性与外部性角度来看，区域环境治理总是与政府权力之行使保持特有的亲和性，因而也在政府的区域环境政策变迁中不断变换治理的重心、模式、面貌与结构。尽管我们生活在一个"倡议"多元社会力量、多元主体治理的世界中，但在文化与历史的惯性作用下，这些理想转化

---

[1]　马先标.区域经济政策若干基本理论要素研究［J］.区域经济评论，2016（1）：18.

成社会现实图景的过程，可能宛如冰川移动般缓慢，以至于任何立足于当前社会现实图景的研究，都必然以政府的治理行为作为研究主轴，而将其他主体的治理行为置于与政府的交互关系背景下加以讨论与考察。[1]

二、区域环境治理中利益主体的多层次性

区域环境治理作为一种因应于区域环境公共议题的治理模式，具有公共性的一般品格。然而，正如美国公法大师理查德·斯图尔（Richard Stewar）所言，"公共利益并非一块整石，而是许多利益之平衡"[2]。这一论断在区域环境治理领域同样具有指导性意义，即区域环境公共利益指涉不同层面的多元主体之利益诉求，而这些利益诉求之间又存在着广泛的冲突与张力。换言之，区域环境治理在指向区域环境公共利益这一块"整石"的同时，也隐含了不同主体之间的利益冲突与纠葛，在这一意义上，区域环境公共利益正是这些多元利益诉求调和与平衡的结果。

首先，不同行政区在地方环境保护和经济发展过程中具有不尽相同的"个性化追求"。阿米塔夫·阿查亚（Amitav Acharya）曾提出一个颇具借鉴意义的"地区世界"（Regional Worlds）的全新概念。他从国际关系角度指出，新的全球秩序的一个关键转型是"地区秩序"更少地服从于单一国家的利益和意图，更多体现本地区行为体的主张和诉求，众多"地区世界"的出现将成为未来全球秩序的重要基础。[3]这对本书的论述同样不乏说明和解释力。基于这一观点我们至少可以得出如下两个重要结论：①与国际关系中的"地区秩序"（由多个国家组成的区域）一样，本书中由多个行政区组成的"区域"内部，同

[1] 这种"交互关系"体现为：立法机关针对政府区域环境治理行为在立法层面的授权与控制、司法机关的司法监督、非政府组织与公民的参与和监督等。
[2] 理查德·B.斯图尔特.美国行政法的重构［M］.沈岿，译.北京：商务印书馆，2011：22—23.
[3] Acharya A. The end of American world order［M］. Cambridge，UK：Polity Press，2014.

样存在着多元的利益认同和利益诉求。②区域内不同行政区间的差异化利益诉求不应服从于单一中心城市的权力和意图。具体来说，其一，在环境保护方面，各行政区间资源禀赋、生态功能、环境容量以及所处地理空间位置上的区位差异，形成了各行政区之间有关环境功能区划、环境标准设置、环境政策实施和环境治理目标上的"个性化追求"。以水污染防治为例，大量已有研究表明，上游的行政区政府所划定的水环境功能区及其相关标准，明显地要宽于位于下游行政区政府的划定。[1] 其二，在经济发展水平方面，我国东西部发展不均衡以及中心城市与周边城市经济发展水平之间的巨大差异，造成了代表不同行政区利益的地方政府在经济发展与环境保护之间表现出各不相同的目标追求和行为逻辑。事实上，不同行政区有关经济发展与环境保护间的"个性化追求"并非仅仅源自地方政府行为取向和施政风格，区域内部社会公众对环境保护或经济发展的不同诉求构成了地方政府不同发展倾向的"民意基础"。如同人们很难要求一个吃不饱饭的人去追求"良好环境"或"生态品位"，生活在西部经济较为落后地区的人们对环境品质的追求普遍低于东部沿海经济相对发达地区。可见，生态环境和自然资源禀赋、地理区位等多重因素衍生了不同行政区以及定居其中的各方利益主体之间有关环境治理目标的"个性化追求"，经济发展的非均衡性进一步拉大了这种有关环境治理目标方面"个性化追求"间的差距，从而形成不同主体之间复杂的利益纠葛和紧张关系。在这一意义上，区域公共利益体现为不同行政区利益的协调与平衡。基于经济理性人的一般假设，区域内的各个行政区之间存在竞争性关系与利益分野。在区域环境治理中，地方政府往往以本地区的利益最大化作为区域环境合作治理的逻辑起点，进而作出契合局部利益的"理性选择"。

其次，在微观层面，区域公共利益体现为区域内公民个体的利益

---

[1] 刘国才.如何应对跨界区域环境问题［N］.中国环境报，2014-03-18（2）.

诉求之协调与平衡。法律必须承认人类所具有的这样一种共性，即正常理性人都会同时兼具"个人冲动"和"共有冲动"。[1] 依照德国公法学家奥托·迈耶（Otto Mayer）的界定，所谓"公共事务"是指，"人类集合体为超出个人目的之外的目的而进行的事务"[2]。"公共事务"是一个相对于个人事务而言的现代概念，它通常以集合体意愿之形式表达于外。任何集体式的利益都包含了集体成员对个体利益诉求的向往。在区域环境治理的具体语境下，虽然有关区域问题的协调与决策，并不以单个个体的诉求为出发点，而是追求区域整体的公共性治理目标。但在本质上，"区域"概念也如农村问题中的"集体"概念一样，是一个较为"虚化"的主体概念。在这一意义上，区域利益仍然是由一个个有血有肉的公民个体利益整合而成的，其不可避免地裹挟着不同个体利益诉求的协调与统合。

总言之，如果我们将区域环境治理涉及的利益主体进行一个不区分主体类别的一般性透析则会发现，在区域环境治理中政治属性的利益主体、经济属性的利益主体和社会属性的利益主体交叉关联，治理者、污染者、受损者、受益者关系复杂，行政区划的壁垒、经济发展水平的差异更使得跨界环境治理关系呈现复杂性和多层次性。从不同利益主体的身份属性和角色定位角度来看，区域性环境治理机构（如流域管理机构）、地方政府等政府机关在关注环境治理目标的同时，仍然保有着促进经济发展、维护政治稳定等其他目标驱动；公民个体在追求区域整体环境质量提升的同时，仍对本地区的环境质量状况和经济发展水平保持热切关注。从污染和收益角度来看，不同行政区间的利益具有异质性。由于地理区位上的差异，不同行政区之间存在着污染物输出和接受上的差异地位。在区域和局地风场的作用下，各行政区所排放的污染物又存在着相互输送、回流混合的现象，这进一步

---

[1] E. 博登海默. 法理学: 法律哲学与法律方法［M］. 邓正来, 译. 北京: 中国政法大学出版社, 2004: 6.
[2] 奥托·迈耶. 德国行政法［M］. 刘飞, 译. 北京: 商务印书馆, 2016: 17.

加剧了各主体之间利益划分和权责边界问题的复杂性。

三、区域环境治理的整体性：由"辖区"走向"区域"

生态系统的整体性与环境要素的流动性使传统的固守于单一行政区范围的"辖区治理"捉襟见肘，并由此引发了由"辖区"走向更大范围的"区域"治理之现实需求。[1]"数千年的经验向我们表明，一个在局部上……的图景只能满足简约的地方性需求；只有当法律在更大的领域上从某个单一的中心点出发展开时，才会发生大规模的行动。"[2] 概言之，区域环境治理以区域（生态区）为调整单元，其具有超越单一行政区的"整体性"治理特征。这种"整体性"是相对于辖区治理的"碎片性"而言，其强调多个行政区之间的合作与联合，以及中央政府在这一过程中的统筹与协同性安排。[3] 区域环境治理的"整体性"在影响范围上表现为"空间关联性"，并在治理效果上表现为政府治理活动的"外溢效应"。

（一）影响范围的空间关联性：区域环境治理中的单边影响和交互影响

在现代环境问题的讨论与研究中，人们往往倾向于将环境问题置于一个更大的时空范围内进行整体考量。例如，在时间维度上，美国著名学者爱蒂丝·魏伊丝（Edith Weiess）提出的"代际公平"理念[4]；在空间范围上，我国国家领导人提出的超越民族国家的"人类命运共同体"理念。[5] 因此，有关环境问题的更大空间尺度上的整体

[1] 胡佳.区域环境治理中地方政府协作的碎片化困境与整体性策略 [J].广西社会科学，2015（5）：138.
[2] 欧根·埃利希.法社会学原理 [M].舒国滢，译.北京：中国大百科全书出版社，2009：198.
[3] 万长松，李智超.京津冀地区环境整体治理研究 [J].河北科技师范学院学报（社会科学版），2014，13（3）：7.
[4] 爱蒂丝·布朗·魏伊丝.公平地对待未来人类：国际法、共同遗产与世代间衡平 [M].汪劲，等，译.北京：法律出版社，2000：16-47.
[5] 习近平.共同构建人类命运共同体：在联合国日内瓦总部的演讲（2017年1月18日，日内瓦）[N].人民日报，2017-01-20（2）.

性透视常被认为是十分关键且必要的。在区域环境治理的具体语境下，生态系统的整体性和无界性，以及环境要素的流动性，使得任何区域性污染、破坏和治理活动在影响范围上均呈现强烈的空间关联特性，并外化表现为单边影响和交互影响两种不同类型。

　　生态系统是一个循环流动的整体，它被康芒纳称为"封闭的循环"[1]。美国学者韦斯科夫曾指出，"整个地球是一个大的封闭系统，它由许许多多细小的生产环节相互关联所组成"[2]。与之相随的是，在环境伦理观和认识论层面，传统的个体主义和基于单个空间单元、环境要素的碎片式环境价值理念逐渐为人所摒弃，取而代之是一种整体主义的价值准则。[3]人类对自然环境的伦理观念和价值关注不再固守于"生命目的中心"，而是扩展至"物种和生态系统以及存在于自然客体间的关系等生态'总体'"的伦理关怀。[4]一定程度上，生态系统的整体性决定了任何有关环境问题的探讨与研究都必须保持一种认识论上的整体性观点，处于整体性生态系统中的个人、组织甚至国家相互之间都是"一荣俱荣，一损俱损"。循此为进，在区域环境治理的具体语境下，由于"地理学第一定律"的存在与影响[5]，环境的整体性特征明显放大，处于同一生态功能区域内的不同地区之间呈现出更为紧密的空间关联特性。作为一个不可分割的有机整体，生态系统是一切生命形态赖以生存的根基，它不会受到任何人为划定界限之阻隔。正如学者指出，"环境的整体性不会因行政区划的改变而改变，不会因国界的变更而变更"[6-7]。比如，全球性的大气环流和季风作用

[1]　巴里·康芒纳.封闭的循环——自然、人和技术［M］.侯文蕙，译.长春：吉林人民出版社，1997：236.
[2]　吕忠梅.环境法新视野［M］.北京：中国政法大学出版社，2000：4.
[3]　郭武.论中国第二代环境法的形成和发展趋势［J］.法商研究，2017，34（1）：89.
[4]　戴斯·贾丁斯.环境伦理学——环境哲学导论［M］.林官明，杨爱民，译.北京：北京大学出版社，2002：175.
[5]　地理学第一定律由地理学家沃尔多·托布勒（Waldo R. Tobler）提出，该定律强调任何事物均相关，相近事物的关联更为紧密。参见 Tobler W R. A computer movie simulating urban growth in the Detroit region［J］. Economic Geography，1970，46：234.
[6]　地理学第一定律由地理学家沃尔多·托布勒（Waldo R. Tobler）提出，该定律强调任何事物均相关，相近事物的关联更为紧密。参见 Tobler W R. A computer movie simulating urban growth in the Detroit region［J］. Economic Geography，1970，46：234.
[7]　徐祥民.环境法学［M］.北京：北京大学出版社，2005：33.

会使任何局部的污染扩散至其他区域，而同一流域中上游地区的水体污染或治理活动也会对下游地区发生重要影响。学者以 2013 年初北京市的一次污染过程为例进行模拟分析后发现，除本地污染源之外，北京市 PM2.5 数值同时受到周边地区污染源的显著影响，其中来自天津和河北污染源的贡献率为 12%，京津冀外围地区贡献率为 24%。[1] 这一"外地传输"现象在特定季节和天气时段体现得更为明显。例如，学者以 2014 年冬季典型重污染时段为分析样本，发现北京市冬季 PM2.5 污染来源呈现明显的外部区域传输特征，河北、河南、山东、天津等外地 PM2.5 污染源的贡献率在 42.9% 和 67.4% 之间。[2] 在 2020 年的一项研究中，学者通过灰色关联度模型测算得出：北京市 PM2.5 问题与河北 SO_2 排放量的关联度最高为 0.929，这说明北京市 PM2.5 污染具有显著的跨区域性。由于 PM2.5 组分的区域运输，来自京津冀地区的异地区源贡献对北京市 PM2.5 有重要影响。[3] 上述现象在长三角地区和珠三角地区也多有表现。[4] 事实上，随着空间计量方法的发展，不同地区间环境质量状况的空间关联性特征已为学界所普遍认可。[5]

相应地，这种空间关联之特征隐含了一个有关"整体性"和"区域性"的辩证关系。实践中，生态系统在空间上的关联性特征并非指向无限制或是绝对意义的"整体"地球乃至宇宙，而是存在影响范围上的相对有限性和确定性。如前所述，生态系统的整体性与环境要素的流动性使传统上固守于单一行政区范围的"辖区治理"捉襟见肘，并由此引发了由"辖区"走向更大范围的"区域"治理之现实需求。然而，这种由"辖区"走向"区域"（生态区）的现实需要，并不意

[1] 李璇，聂滕，齐珺，等.2013 年 1 月北京市 PM2.5 区域来源解析［J］.环境科学，2015，36（4）：1152.

[2] 陈云波，徐峻，何友江，等.北京市冬季典型重污染时段 PM2.5 污染来源模式解析[J].环境科学研究，2016，29（5）：634.

[3] 张晓彬，于渤.基于社会因素视角的北京市 PM2.5 灰色关联分析研究[J].环境保护，2020，48（14）：64.

[4] 王文丁，陈焕盛，吴其重，等.珠三角冬季 PM2.5 重污染区域输送特征数值模拟研究［J］.环境科学学报，2016，36（8）：2742.

[5] Sigman H. International spillovers and water quality in rivers: do countries free ride?［J］. American Economic Review，2002，92（4）：1152-1159.

味着空间上的无所限制和无穷宽广。相反，囿于实践中环境要素传输范围的相对有限性，区域环境治理中的空间关联存在一定的区域性限度，"区域整体性"是区域环境治理的重要特征。质言之，"区域整体性"包含了"整体性"和"区域性"两个关键词。其中，"整体性"是相对于辖区治理的"碎片性"而言的，强调多个行政区之间的合作与联合，以及中央政府在这一过程中的统筹与安排；"区域性"是对"整体性"的限缩与修正，强调污染和治理活动的影响范围并非毫无限制，绝对意义的"蝴蝶效应"只存在于理论的象牙塔中。在实践中，环境要素的流动和影响范围，以及政府治理活动的空间效果均具有相对有限性。

这种环境领域的空间关联性体现为不同地区之间的"单边影响"与"交互影响"。首先，所谓"单边影响"是指，处于同一生态功能区范围内的行政区域之间存在着污染物质或治理收益的单向传输关系。两者的身份分别属于"排放者－接收者"（抑或是"治理者－受益者"）。以京津冀大气污染联防联控为分析样本，其中内蒙古自治区和北京市之间的关系主要表现为"单边影响"的空间关联。一种可能是，内蒙古自治区扮演"排放者"角色，北京市扮演"接收者"角色。受风力影响，内蒙古自治区范围内所排放的SO_2、CO_2、烟尘和粉尘等污染物质，经由大气流场的远程传输转移至北京市。例如，选取 2020 年 1 月份污染最严重的 28 日为研究对象，追踪过去 48 h 到达北京市距离地表高度分别为 50 m、100 m 和 500 m 的污染气团传输轨迹，"轨迹追踪结果显示，造成此次北京市重污染的气团主要来自北京市本地和近周边传输. 2018 年北京市生态环境局基于 PM2.5 化学组分源解析和气象／空气质量耦合模式研究得到 PM2.5 综合源解析结果，北京市本地 PM2.5 排放占 2/3，区域传输占 1/3，但重污染日区域传输贡献超过 50%。综合来看，本地污染减排与区域协同优化控制是缓解北京市大气污染物的重要手段"。该聚类轨迹主要来自北京市西部的呼和浩特、大同等地的短距离传输，如呼和浩特同期（26—28 日）PM2.5 质量浓度高达（170.7 ± 41.8）μg/m³，同样达到了重度污染级别，且 SO_2、NO_2、CO 质量浓度高于北京市，分别为（24.0 ± 4.6）、（52.3 ± 2.5）和（2.5 ± 0.3）mg/m³。[1]另一种可能是，内蒙古自治区扮演"治理者"角色，北京市扮演"受益者"角色。从地理区位角度来说，内蒙古自治区是我国北方的重要"生态屏障区"。为落实《全国主体功能区规划》和 2021 年《内蒙古自治区"十四五"生态环境保护规划》的相关要求，内蒙古召开《内蒙古自治区"十四五"生态环境保护规划》政策解读新闻发布会，提出为巩固扩大蓝天保卫战成果，"十四五"期间，内蒙古自治区将按照《中共中央 国务院关于深入打好污染防治攻坚战的意见》，坚持源头控制和综合施策，以 PM2.5 和 O_3 协同控制为主线，加快补齐 O_3 治理短板，强化多污染物协同控制和区域协同治理，实施区域差异化治理措施，推动环境空气质量持续改善，基本消除重污染天气。上述措施对改善和恢复包括北京市在内的我国北方生态环境，具有重要的促进作用。不难发现，在上述两种身份角色中，内蒙古自治区与北京市的环境关联主要体现为一种单向线性传输关系，双方之间存在较为清晰的"输出地"和"输入地"的角色界分。其次，所谓交互影响是指，处于同一生态功能区范围内的行政区域之间存在着污染物质或治理收益上的相互影响和交互传输关系。以长三角地区为例，该区具有得天独厚的自然条件和地理区位优势，在吸引大量资本与人口向该区集聚的同时，也造成了严重的区域性环境问题。学者针对长三角区域关键污染物时空分布长期探测及污染来源分析的需求，利用 MAX-DOAS 观测网获取了 2016 年至 2021 年长三角地区关键大气污染物的垂直柱浓度及廓线观测结果，并将 MAX-DOAS 立体观测数据与潜在源模型相结合应用于获取气态污染物（NO_2、SO 和 HCHO）潜在来源的时空分

[1] 曹娜，王伟，王大壮，等.疫情期间北京市大气污染特征及潜在源区分析［J］.北京工业大学学报，2022，48（11）：1171.

布特征。研究表明，长三角区域内部城市间的相互作用是造成该地区大气污染的重要因素，其中南京市的潜在来源分布最为广泛，区域间相互作用最为显著。通过对南京市的污染来源的深入分析发现，春夏季污染气体以南京市西南部来源为主，秋冬季则以南京市北部来源为主。在冬季受主导风向西北风的影响，苏北地区和皖北地区对南京市的输送更为凸显（0.5＜WPSCF＜0.8，尤其在高度 1 km 处）。此外，南京市本地、安徽省东南部和江苏省交界以及江苏中南部地区是 NO（$h<0.2$ km）和 SO_2（h=0.5 km~1.0 km）的重要潜在来源区域，HCHO 来源主要集中在长三角中南部地区（以皖南和苏南地区为主，尤其在夏季）。不同地区的输送评估表明 NO 输送占比均值为 13% 左右（$h<0.2$ km），而 SO_2 输送占比均值可高达 45% 左右[1]（h=1.0 km），污染气体在西北和西部方位的高层输送贡献更加显著。这说明受相同大气流场控制，长三角区域不同城市间的空气质量状况呈现空间上的交互影响特征。无论是地区间的单向传输还是交互传输，它们都共同折射出这样一个事实，即处于同一生态功能区域内的不同地区之间呈现出紧密的空间关联性特征。

在上述一般性因素之外，我国独特的自然地理条件和社会历史条件也是加剧区域环境事务在影响范围上空间交互性的另一重要原因。在自然地理条件方面，西高东低的地势面貌决定了我国主要河流在地理走向上与大气降水纬度带呈现出一致性，易于形成上中下游全流域性天气系统和大范围降雨。[2] 而东邻太平洋西靠亚洲大陆的地理区位，使大气系统的大范围移转和远距离传输成为常态，也加剧了区域性大气流场的控制范围。大量研究表明，秋冬季长三角区域性污染时常发生，且许多城市空气污染达到重度以上，其中，长三角北部地区城市，既有区域内污染交互影响，又有受到京津冀鲁豫等长三角以北城市群

[1] 任博.基于 MAX-DOAS 的长三角典型城市大气污染物时空分布、来源及相互作用研究［D］.合肥：中国科学技术大学，2023.
[2] 吴志峰，象伟宁.从城市生态系统整体性、复杂性和多样性的视角透视城市内涝［J］.生态学报，2016，36（16）：4956.

的跨区域传输影响，污染特征较为复杂；蚌埠市作为长三角北部区域代表性城市，冬季大气污染频发，在区域性大气污染过程的影响中具有代表性。[1] 可见，我国独特的自然地理条件加大了区域性流域系统和大气流场在地理空间上的持续时间和辐照范围，进而使大范围的区域性环境问题更加凸显。在社会历史条件方面，无论是孕育古埃及文明的尼罗河，还是作为中华文明摇篮的长江与黄河，"沿河而居"历来是人类社会发展的一条铁律。已有研究表明，人口的分布与河流等级、河网密度等水文条件紧密相关，城镇对河流的依赖性随数量（密度）与规模的递增而增加。[2] 在我国，人口和城镇的分布同样呈现出上述特征，从全局上看，我国人口和城镇集聚区主要为黄淮海平原、四川盆地、长江三角洲、珠江三角洲等地。[3] 然而，由于河流本身较强的流动性以及盆地地区大气流场的整体性等因素，区域性环境问题在上述人口集聚地区尤为凸显。例如，时下颇受热议的淮河流域治理问题，以及长三角、珠三角地区的区域性环境保护问题等。可以说，从全局来看我国人口与城镇沿河分布的区域性集聚特征与河流本身流动性面貌的两相结合，加剧并凸显了环境议题的空间关联性特征。

（二）治理活动的外部性：区域环境治理中的非对应性构造和溢出效应

不同于传统环境治理中点源式的个体关注，政府的区域环境治理活动具有强烈的外部性特征，这在地方政府的治理活动中尤为明显。总体来说，区域内单一地方政府的环境投入与产出之间存在非对应性结构特征，地方政府针对区域环境议题的"正向"治理行为或"负向"污染行为均具有显著的溢出效应。同时，这种治理活动的溢出效应直

---

[1] 李瑞，李清，徐健，等.秋冬季区域性大气污染过程对长三角北部典型城市的影响［J］.环境科学，2020，41（4）：1521.

[2] 刘艳军，刘静.河流与城镇体系结构形成的关联特征及空间表现［J］.地域研究与开发，2016，35（1）：11.

[3] 方瑜，欧阳志云，郑华，等.中国人口分布的自然成因［J］.应用生态学报，2012，23（12）：3490.

接或间接地影响着地方政府的环境政策制定和执行，并在同一生态功能区内部的各个地方政府之间呈现"传染性"特征。

在以政府治理为主线的研究中我们发现，不同地方政府的治理强度与本行政区环境质量状况之间呈现一种不完全的正相关现象。越来越多的研究表明，环境污染行为和治理活动均存在着明显的空间溢出效应，这在具有强烈外部性特征的区域性环境议题中表现得更为突出。[1]我国学者史丹和王俊杰在以生态足迹为测度的研究中发现，虽然我国政府的环境治理力度在不断加强，但"中国面临的生态环境压力一直在持续上升"[2]。以近年来广为热议的京津冀环境治理为例，作为首都城市的北京，其环境治理力度和水平近年来大幅提升，并在全国范围内处于领先地位，但北京市的环境质量并未得到明显的改善。[3]相关分析指出，造成上述现象的主要原因在于环境因子在影响范围上的空间跨域性特征。这种跨域性空间影响致使地区环境质量的好坏不再仅由地方政府的治理行为所决定，它同时也受制于同一生态功能区范围内的其他地方政府的治理行为和选择。在生态系统整体性和环境要素流动性的影响下，单个地方政府的治理行为显然无法解决本辖区内的全部环境问题，而地方政府对本辖区的治理行为的结果产出，也必然是"普惠式"地辐照同一生态功能区范围内的全体成员。由此可见，区域环境治理是一项外部效应极强的治理活动，区域环境治理中的"溢出效应"十分显著。

从法经济学的角度来看，区域环境治理中的"溢出效应"表现为治理成本"辖区负担"和治理成果"区域共享"的非对应性构造，这一成本收益上的非对应构造呼应于制度经济学所提出的"外部性理论"。现代行政管理理论认为，处于社会化治理活动中的政府并非人们所期冀的追求公共福祉最大化的"公共利益代言人"，而是

---

[1] 赵玉，徐鸿，邹晓明.环境污染与治理的空间效应研究［J］.干旱区资源与环境，2015（7）：6.
[2] 史丹，王俊杰.基于生态足迹的中国生态压力与生态效率测度与评价［J］.中国工业经济，2016（5）：12.
[3] 史丹，马丽梅.京津冀协同发展的空间演进历程：基于环境规制视角［J］.当代财经，2017（4）：4.

具有逐利本性的"经济人"。[1] 这一理论假说打破了长久以来"仁慈而高效的政府"的角色预置，使人们清晰地看到政府作为一种社会组织体同样存在着自利的一面。[2] 正如美国制度经济学家科斯所提出的"灯塔命题"一样：①在"正的外部性"方面，治理行为使超出本行政区以外的人口受到增益的现象通常被称为"溢出收益"（Spillover Benefits）。[3] 由于环境因子在空间影响范围上的流动性与交互性，单个地方政府的环境治理成果呈现出"非排他"（Non-Excludability）的特征，治理方的相关投入并未直接地、完整地、全部地产出于本辖区环境质量的改善，而是不可避免地发生"外溢"，并由处于同一生态功能区的其他成员所共享。②在"负的外部性"方面，生态系统的整体性同样会使一个区域的污染行为经由水流、风力或降尘等作用，对毗邻地区发生影响。同时，在整体性的区域问题上，一地政府的治理失败势必会引发其他地区的连锁式反应。而一地政府故意放松管制或不作为的"负向治理"行为及其产生的环境成本，同样会由同一生态功能区中其他成员所分担。由此，"灯塔命题"中的情景重新浮现于区域环境治理的具体场域——作为区域共同体成员的地方政府在最大限度地追求辖区利益的同时，其所产生的环境成本将由区域内其他成员所分担。不难看出，在法经济学分析层面，地方政府在区域环境治理中的投入与产出未形成完整的正相关结构，而是体现为一种"投入"与"产出"间的非对应性构造。这与布鲁克纳（Jan K. Brueckner）在 2003 年提出的"溢出模型"相契合。[4] "溢出模型"指出作为公共物品的环境资源在其治理活动中存在普遍的"免费搭车"现象，即污染行为或治理行为虽然由本地产生，但是由于水流、风向、

[1] 马万里.经济理性视域下的地方政府行为变异解析［J］.天津社会科学，2016，4（4）：100.
[2] 章文光，覃朝霞.地方政府经济行为变异问题研究［J］.北京师范大学学报（社会科学版），2010（3）：126.
[3] 斯蒂芬·贝利.地方政府经济学：理论与实践［M］.左昌盛，周雪莲，常志霄，译.北京：北京大学出版社，2006：9.
[4] Brueckner J K. Strategic interaction among governments： an overview of empirical studies［J］. International Regional Science Review，2003，26（2）：175-188.

地形等自然传输和空间转移现象的存在，区域环境治理的成果由本地和处于同一生态功能区域的其他地区共同承担。由此可见，地方政府区域环境治理活动存在着成本收益上的非对应性，并在终端效果层面映射为治理活动的外部性和治理效果的"外溢效应"。

此外，地方政府治理活动的外部性在处于同一生态功能区内的地方政府之间，呈现出"传染性"特征。邻近地区的环境决策会"传染"到本地区[1]，从而促使本地区政府在环境政策制定和环境决策上"参照"自己"邻居"的行动方案，目的在于使本地区的政策环境不落后于其他地区，从而在地区竞争中获取相对优势。[2]这种"传染性"产生的根源在于，我国社会目前经济分权和垂直政治管理体制的两相结合，及其引发的地方政府之间的紧张竞争关系。[3]在法经济学意义上，地方政府间的竞争关系表现为：作为区域内不同经济体的政府，采取包括财政扶持、税收优惠、环境政策、社会福利等多种政策工具，吸引外来资本、优秀人才、劳动力和其他流动性要素的进入，从而提升自身优势及其所形成的紧张关系。[4]因此，在财政"分灶"和"政治晋升锦标赛"的共同作用下，同一区域内的不同地方政府为争夺资本、劳动力等流动性要素，易在具有较强溢出效应的区域环境议题上形成"逐底竞争"的不利局面，而相关制度的缺失势必加剧地方政府间的博弈困局。

四、区域环境治理的强制性：由"弹性"的经济走向"刚性"的环境

作为与传统区域经济治理模式的一个必要比较，区域环境治理的

---

[1]　"邻近地区"既可以是传统意义上的"地理相邻"，也可以是经济、制度、文化和生态功能的"广义"相邻。文中此处的"邻近"并不是狭隘地指向地理上的毗邻，而是指处于同一生态功能区的地区之间的生态功能的"广义"相邻。
[2]　张华.'绿色悖论'之谜：地方政府竞争视角的解读[J].财经研究，2014，40（12）：119.
[3]　傅强，朱浩.中央政府主导下的地方政府竞争机制——解释中国经济增长的制度视角[J].公共管理学报，2013，10（1）：23.
[4]　张文彬，张理芃，张可云，等.中国环境规制强度省际竞争形态及其演变——基于两区制空间Durbin固定效应模型的分析[J].管理世界，2010（12）：38.

法律特性及其独特机理在何处？或者说，套用吕忠梅教授在解释环境法学科独立性时的一个比喻，区域环境治理为何要突破区域经济治理的传统"家规"？对这一问题的回答可以归结为有关区域环境治理强制性特征的如下解析。

所谓区域环境治理的"强制性"也可形象地称为"刚性"特征，它是相对传统区域经济治理的"弹性"特征而言的。这种强制性并非简单字面意义上与"自由"相对应的概念，其包含了三层具体含义：一是指生态区域范围内的不同行政区之间的关系具有相对固定性，体现为一种不可自由选择、不可相互替代的强制性"生态关联"；二是指由于环境的特殊性，区域环境治理在前提假定、原则和信条上，不同于以市场规律为基础的"弹性"经济治理，具有相对硬化和强制的特征；三是指在治理手法和模式选择上，区域环境治理依赖于政府力量的直接介入和"强力"推进，其不同于经济治理中弹性化地消除壁垒和引导调控。

第一，共处同一生态区中的不同地区之间具有相对固定的"生态关联"，这为不同地方政府间的合作治理，预设了强制性的关系背景。例如，上游行政区与下游行政区之间的"生态关联"是相对固定的，从而形成了上下游地方政府间相对固定的合作治理关系，即上游属于环境外部效应的生产方，包括负向的污染和正向的治理；下游属于环境效果的继受方，包括蒙受污染性损失和获得生态性收益。基于此等流域性生态关联，上下游地方政府间的合作治理关系彼此依赖，且不易变动、不可替换。质言之，生态区概念所裹挟的特定生态意蕴（即生态系统的辐照范围与环境要素的传输范围），使地区间的合作关系呈现相对固化的强制性结构。这里的强制性结构是相对于经济领域的"易变性"和"自由选择性"而言的，是指地方政府间的环境合作不具有经济领域中自由选择的可能，以及随经济发展而发生变动的易变性特征。一方面，相对于经济领域地方间合作关系随地区间经济水平变化而变化的易变性特征，由于自然条件的变迁（如地势的改变、河水的流向等）往往需要上千年甚至更久，不同行政区间的生态关联在特定历史时期具有相对的稳定性。另一方面，相对于经济领域的自由选择性，区域环境治理场域中各个地方之间的"生态关联"是塑成政府间环境治理关系的基础，地区间环境治理关系具有相对固定且不可替换的稳定构造。举例来说，在新安江流域中，安徽省在自然地理区位上处于浙江省的上游，由此形成了新安江生态补偿试点中两省间的补偿与受偿关系。[1]浙江为保障本辖区内水环境质量显然无法与流域外及其下游的其他地区展开治理合作，由于地区间相对固定的"生态关联"，浙江省的合作治理对象具有相对稳定且不可替换的固化特征。相反，地区间的经济关联总是随着各地经济发展水平的变动而呈现易变性，同时统一市场的开放性特征使地区间的经济合作具有自由选择的可能。

第二，区域环境治理在基本理论、假定、原则和信条等方面，具有不同于弹性经济议题的强制性特征。在理论上，传统区域经济治理理论以市场规律为基本导向，其遵循市场经济中的平等自愿、自由竞争、开放流通等基本原则，并以参与主体的"经济理性"为基本假定，致力于促进市场要素在区域内的自由流通，以增进区域整体经济效益。不难看出，区域经济治理所蕴含的平等自愿、自由竞争、开放流通等价值内核具有较强的"弹性"，市场主体可以基于自由意志进行自由选择，包括交易的对象、内容、参与或退出市场等。这就使得与之相对应的政府治理有必要因应市场规律本身的弹性，构建与之相适应的治理结构。与之相对，区域环境治理以"生态理性"为基本假设，致力于改善区域整体的环境质量状况。区域环境治理的逻辑起点在于环境本身的公共性、外溢性、流动性等特征，上述特征显然无法被有效涵摄入"平等自愿、自由竞争、开放流通"等区域经济治理的理论脉络。

---

[1]　杨爱平，杨和焰.国家治理视野下省际流域生态补偿新思路——以皖、浙两省的新安江流域为例[J].北京行政学院学报，2015（3）：9.

例如，环境事务的"公共性"使其无法绝对沿循"自愿"式的制度设计理念，而"外溢性和流动性"及其所形成的特定"生态关联"也会使区域环境的有效治理与"自由竞争、开放流通"等价值理念相去甚远，区域环境治理同样需要映衬于环境事务自身的独有特性、基本假定和价值追求。总体来说，传统的区域经济一体化理论及其实践模式是与经济社会发展规律相适应的，其以市场规律为基础，呈现弹性式的开放、自由、平等、自发等特征。然而，随着环境议题在现代社会治理中的强势凸显，这种理论及模式就显得愈来愈不适应。在当代，环境法学和环境管理学的基本理论、假定、原则和信条，已经构成了对传统经济理论的根本性颠覆。概括而言，环境问题与经济问题具有截然不同的内在特质，由于在概念内核、前提假定和价值追求等方面的差异性，区域环境治理无法因循经济治理中开放自由等"弹性"轨道，而需因应环境议题的特殊性，呈现相对强制化的刚性特征。这种基础理论上的区别构成了区域环境治理与区域经济治理的根本差异，并塑造了区域环境治理的独特运行机理。

第三，在治理手法和模式上，区域环境治理具有不同于区域经济治理的强制性特征。这里的强制性是指，区域环境事务要求政府以直接治理的身份和积极主动的姿态参与其中。这不同于区域经济治理中，为形成统一市场而采取的"消除区际行政壁垒"以及以尊重市场规律为基础的消极式治理手法，也不同于宏观层面"国家之手"式的间接治理作用。

在区域经济领域，区域经济治理是以"市场要素"为基础而展开的，其归根到底是一种遵循市场规律和尊重市场主体选择的"自发性"活动。正如叶必丰教授所言，"区域经济一体化，主要是通过市场自发解决的"[1]，而政府的治理活动更多局限于破除壁垒等"消极"范畴。党的十八届三中全会审议通过的《中共中央关于全面深化改革若干重

[1] 叶必丰，何渊，李煜兴.行政协议：区域政府间合作机制研究［M］.北京：法律出版社，2010：1.

大问题的决定》指出，要"使市场在资源配置中起决定性作用和更好发挥政府作用"。党的十九大报告中习近平总书记再次强调，坚持社会主义市场经济改革方向，核心问题是处理好政府和市场的关系，使市场在资源配置中起决定性作用，更好发挥政府作用，这是我们党在理论和实践上的又一重大推进。经济体制改革应坚持市场规律的自发自觉性及其决定性作用。由此，区域经济治理的首要任务是打破地区间的行政壁垒，促进统一开放的区域性市场之形成，从而充分发挥市场规律的决定性作用，提高区域整体经济效益。从既有的治理实践来看，目前已有的长三角、泛珠三角、环渤海等区域经济合作实践，均依循市场本身的运行规律和统一性的内在要求，以期减少并消除不正当地设置行政壁垒以及其他人为区隔地区市场、阻碍资源自由流动和优化配置的政府行为。以《泛珠三角区域合作框架协议》为例，该框架协议将主要合作原则确立为"自愿参与、市场主导、开放公平"，并提出"各方政府要着重创造公平、开放的市场环境，促进生产要素的合理流动和优化组合"。政府在区域经济治理中的一体化活动是以提升经济效率为目标导向，按照"市场运作，政府推动"的方式推进区域合作。由此可见，在区域经济治理中，人为理性构建的制度、政策等规则无法事无巨细地对经济运行实行微观层面的细致干预。经济事务是自发和自治的，法律介入经济事务必须把握限度，提供市民社会中各个主体进行自主发展和运行的方向性引导和框架，注重对经济活动注入公平、平等、自由等价值性评价和矫正。以此为前提性认识，政府对经济活动的治理应满足合法性要件，减少对经济事务的直接参与或以公权运行方式对既存市场规律给予强制干预、扭曲市场秩序。就此而言，区域内各方政府在推进经济一体化进程中的治理权实属对市场的宏观调控，是在充分发挥市场机制的决定性作用的前提下对经济秩序的规范化指引，是为弥补市场经济自发运行的局限性和弊端而采取的规则性引导和事后监管。由此可见，区域经济议题对政府治理活动的依赖呈现一种"弹性"特征，政府的治理任务与手段更多体现一种调控性与间接性，以及为"消除行政壁垒"所采取的消极性治理措施。

另外，反观区域环境治理领域，区域环境治理在本质上呈现截然不同的强制性特征。首先，对政府治理活动的刚性需求。区域环境事务对政府治理活动的需要是一种强制的刚性需求，这表现为环境事务的公共属性使区域环境一体化对政府的公权治理活动具有强烈的依赖性。具体来说，区域环境事务的公共性面貌使其无法在微观个体层面通过社会成员权利式的行使得以维护和提升，必须借由国家各级政府的公权行使来落实环境保护职责并达致环境公共利益的提高。美国萨克斯教授提出的"环境公共财产论"和日本学者主张的"环境共有的法理"均指出：大气、水、日照等人类生活中不可或缺的资源要素，是人类共有的财产，任何个体无权将其视为自由财产并进行排他性独占使用和自由支配。[1] 这使得区域环境治理与亚当·斯密口中"通常既不打算促进公共的利益，也不知道他自己是在什么程度上促进那种利益"[2] 的经济治理存在较大不同。基于生态环境的公共性面貌及其对人类生存之重要意义，区域环境议题对政府公权治理的需要是刚性的，区域环境治理归根到底是一项以政府部门为主导治理力量的国家义务。[3] 其次，区域环境治理中政府的直接治理身份。区域环境治理场域中，政府的治理身份不应是经济治理中的间接引导和调控，坚持企业的市场主体地位。恰恰相反，由于区域环境事务强烈的公共性面貌，各级政府部门作为肩负公共行政职能的行政机构，既是区域环境事务的引导和调控者，也是直接治理者。各级政府应直接参与到区域环境治理的具体事务中来，以引导调控和直接治理的双重身份推动区

[1] 陈泉生.环境时代与宪法环境权的创设［J］.福州大学学报（哲学社会科学版），2001，15（4）：18.

[2] 亚当·斯密.国民财富的性质与原因的研究（下卷）［M］.郭大力，王亚南，译.北京：商务印书馆，1974：27.

[3] 陈海嵩.国家环境保护义务的溯源与展开［J］.法学研究，2014（3）：63.

域环境事务走向善治。再次，政府部门积极主动的治理手法。如前所述，区域经济治理以打破壁垒、构建统一的区域市场为首要目标，其在治理手法上表现为消极和间接的调控引导，政府部门积极和直接干预市场运行的限度较为有限。相反，前文述及的区域环境治理之公共性和政府主导性，以及政府部门直接式的治理身份，隐喻了治理手法上的积极主动性。区域环境治理的独特属性——内在性要求政府应积极主动地担负主导性的治理职责以满足社会民众的环境权益和诉求，改善区域环境质量并推动区域环境可持续发展。

总而言之，传统研究以经济一体化下的区域联合协作为背景设置，是一种为促进经济发展而衍生的"抱团取暖"式的"弹性"治理策略，它与环境整体性的刚性需求存在巨大差异。基于环境整体性的刚性需求，现代环境治理无论是从规制目的、规制方式和手段，还是从法律机制和责任承担形式等诸多方面，均对传统区域经济治理方式进行了全方位的革新。由此，区域环境法律治理应超脱于区域经济一体化的治理逻辑和框架。随着我国进入环境污染高发期、环境形势日益严峻、民众环保诉求日渐强烈的发展阶段，自 2012 年党的十八大以来，生态文明建设已经日益成为与经济发展并举、为经济发展注入绿色要素的发展要务。区域环境法律治理亦应秉承"批判性移植"的态度，对以区域经济一体化治理为主的区域治理实践和机制进行反思性借鉴，更为重要的是结合环境议题的特殊性选择适恰的精准治理模式。

第二章　区域环境治理法律制度的演进与逻辑

　　"没有历史支撑的理论是盲目的，历史是理解人类事务的一把钥匙。"[1] 在不断推演向前的历史长河中，区域环境治理虽然不及人们为获取个体自由而上演的"为权利而斗争"那样波澜壮阔[2]，但它却与现代环境治理及区域治理一起，书写着自身独特的发展轨迹，展现着一个国家的区域性环境议题的治理传统和民族性格。在这一意义上，有关区域环境治理制度的一个本土化描述和历史性梳理是十分必要的，这将有助于我们从具体的、历史的角度对纷繁复杂的治理形态及其演进逻辑进行整体上的把握，并以发展的观点明确我们时代所处的位置和未来可能的发展路向。

第一节　我国区域环境治理法律制度源流考

　　我们所处的时代是一个大规模制度变迁的时代，这一时代背景要求以相应的学科理论和研究方法来阐释、透析这些来自变迁时代的社会变化。[3] 自新中国成立以来，中国社会在区域环境治理领域经历了深刻的制度变迁，并且这一趋势仍在不断深化和演进之中。在政府间协同治理的视角下，我国区域环境治理的演进与发展大致经历了三个

---

[1]　汤姆·G.帕尔默.实现自由: 自由意志主义的理论、历史与实践[M].景朝亮，译.北京: 法律出版社，2011: 1.
[2]　方新军.权利概念的历史 [J].法学研究，2007，29（4）: 95.
[3]　周雪光，艾云.多重逻辑下的制度变迁: 一个分析框架 [J].中国社会科学，2010（04）: 132.

阶段：政治关系主导下的"产生与萌芽"阶段；经济建设背景下的"探索与发展"阶段；依法治国背景下环境问题凸显后的"革新与完善"阶段。作为一个实践面相极为鲜明的概念用语，区域环境治理发端于区域环境问题，映衬于环境的整体性特征及其引发的区域协同治理之现实需求。区域环境治理的演进与逻辑，既不是从某一元概念而来的理论推导，也非多种概念的拼凑与叠加，而是根植于当下我国区域环境治理的制度文本，并随着国家区域环境治理实践的不断深化而日趋丰满。因此，有关区域环境治理发展与演进的一个学术史及实践样态的粗略考察，将是十分有益且必要的。这不但有助于我们对区域环境治理的各种实践样态及其治理实效高低、制度化程度进行准确的分析与研判，而且会使各项具体场域下的区域议题（诸如经济、政治、文化、环境等）之特殊性及其治理路径上的差异性选择变得更加明晰，从而为探析我国区域环境治理制度的发展脉络与演进逻辑，进而谋求其未来可能之发展路向提供方向和指引。

一、政治关系背景下的"产生与萌芽"阶段

在我国，区域环境治理的传统模式脱胎于 20 世纪后 50 年的区域治理实践，并以 20 世纪末、21 世纪初的区域经济一体化改革、流域管理等制度实践为主要蓝本。如前所述，我们在本书中所欲谈论的主题是现代政府为因应区域性环境议题而采取的法律治理途径，而有关这一具体问题的探讨无法离开"区域治理"议题的一般性背景预设。一方面，一定程度上来说，区域治理的观念及其实践深刻地影响着区域环境治理的路向选择，而区域法律治理观念和模式的演进与发展也将推动区域环境治理未来的法治化发展；另一方面，通过对既有区域治理制度规范的统计和梳理可以得出，"绝大多数有关区域合作的立法都集中在自然资源和环境保护领域"[1]。这一研

[1] 叶必丰.区域合作的现有法律依据研究［J］.现代法学，2016，38（2）：36.

究结论向我们进一步展示了区域治理与区域环境治理的紧密关系。由此，将区域环境治理置于整个区域治理发展历程的一个完整考察，兼具理论与实践的双重意义，这将有助于我们从整体上把握区域环境治理的发展脉络与演进逻辑。

从新中国成立之初直至改革开放后市场经济体制逐步确立，我国区域环境治理始终处于中央政治权威的主导之下，包括区域环境治理在内的所有区域治理关系，被内化于政治关系的统摄范畴。在此阶段，中央政府直接面向民众个体，形成了强大高效的垂直管控体系。这一时期的区域环境治理实践可再次细化分为前后两个具体阶段。

第一阶段是从新中国成立之初直至 1972 年中国代表团出席联合国人类环境会议，以及在此会议影响下 1973 年全国环境保护会议的召开。在这一阶段，国家战略层面的环境保护意识尚未形成，相关制度机制暂缺。新中国成立初期，我国对包括区域环境治理在内的环境治理问题并未给予充分重视。但这并不意味着这一时期并不存在环境污染问题。伴随社会主义建设事业的发展，环境污染与生态破坏问题逐渐凸显，包括过度使用森林草原资源、水体流失、土壤侵蚀等。在 1970 年前后，时任国家主要领导人曾先后多次对主要部门和地区的环境保护工作作出重要指示，要求各地采取切实措施防治环境污染。[1]1971 年，在周恩来总理的指示下，首都地区先行进行探索，北京市环境保护局的前身——北京市"三废"治理办公室成立。总体来说，这一时期的环境问题已有显露，但由于人口相对较少，生产力水平和生产规模处于较低水平，这一时期的环境问题大多是局部性的，其对生态环境和自然资源的破坏仍较为有限。[2]

第二阶段是从 1973 年前后直至改革开放后市场经济的逐步确立。在这一阶段，由于社会主义建设事业的进一步发展，尤其在重工业领域取得了长足进步，长期环境污染和生态破坏所积聚的后果开始集中

---

[1] 何立波.周恩来为新中国环保事业奠基［J］.党史博览，2010（5）：18.
[2] 吕忠梅.生态文明建设的法治思考［J］.法学杂志，2014，35（5）：12.

显现，一些带有"跨越行政区域"特征的区域性环境问题逐渐显现。最有代表性的是发生于 1972 年 3 月的"官厅水库水污染事件"。原国家纪委、国家建委组成联合调查组提出了《关于官厅水库目前污染情况的报告》（以下简称《报告》）。该《报告》指出："上游河流入库的有害废水"是造成污染问题的主要原因之一，同时提出应"由二省一市（河北、山西、北京）组成官厅水库水源保护协作小组，研究制定水库流域保护具体办法"。应当说，《报告》中关于成立"官厅水库水源保护协作小组"的建议体现了我国政府在区域环境治理领域早期的制度努力。在之后官厅水库的治理中，中央政府决定成立由北京、天津、河北、山西四地，以及原国家计委、国家建委等 7 部委共同组成的官厅水库水源保护领导小组，该领导小组发挥了重要的作用。[1] 概言之，虽然这一时期的区域环境治理制度与实践取得了初步性发展，并产生了区域环境治理制度的早期萌芽，但相关制度与实践仍然呈现政策性和临时性的特征，尚未在国家层面进行区域环境治理法律制度的构建。

二、经济关系背景下的"探索与发展"阶段

这一阶段大致是从改革开放以来至 2012 年前后生态文明重要战略的提出。[2] "以经济建设为中心"的经济关系背景是该阶段的主要时代特征，地方政府在区域事务治理中的角色地位日渐凸显。具体来说，在经济建设的大背景下，通过分税制改革和事权下放赋予地方政府自主权而产生自发力量，从而在区域环境治理领域形成了一种中央和地方共同探索的局面。在相关制度安排尚处于空白阶段的情况下，

[1] 徐轶杰.新中国环境保护区域协作初探——以官厅水库水源保护工作为例［J］.当代中国史研究，2015，22（6）：71.
[2] 生态文明理念源远流长，2007 年党的十七大报告已有涉及。但系统阐述生态文明理念，并将其提升至国家"五位一体"的战略高度则是在党的十八大。生态文明建设占据了党的十八大报告中相当比例的篇幅，党的十八大报告将生态文明理念上升至国家总体战略层面，并与经济建设、政治建设、文化建设、社会建设相一道，共同构成我国"五位一体"战略布局。出于上述原因，本书所采用的时间节点是以党的十八大的召开为标志。

通过地方政府间的自发性合作（以共同签署行政协议的方式）来弥补中央政府在区域环境治理中的规制缺失。可以说，改革开放以后，我国区域环境治理法律制度的发展轨迹主要沿循中央与地方两条向路展开。一方面，伴随经济社会的飞速发展，区域环境议题日趋凸显，中央政府在这一阶段同样显示出坚定的治理决心并进行了相应的探索与努力；另一方面，"扩权强地"和区域经济一体化的时代背景催生了地方政府的利益觉醒，地方政府在公共事务治理中的主体意识被激发出来。[1] 作为发展市场经济的基础性要素和环境载体，以跨界污染合作治理为代表的区域环境治理议题逐渐走入地方政府的视野。地方政府间的横向合作成为这一时期区域环境治理的主要组成部分。根据叶必丰教授的总结，这一时期地方政府间以促进区域合作为目的共同签订的区域性合作文件共计 185 份，包括长三角地区 32 份、泛珠三角地区 102 份、环渤海地区 22 份，以及其他区域 29 份，绝大多数的区域合作都集中在自然资源和环境保护领域。[2]

（一）中央政府的区域环境治理探索及其表现

我国区域环境治理议题的出现与环境问题的逐渐凸显密切相关。由于环境问题呈现的局部性和有限性，加之上层建筑中的法律制度本身对社会变迁的滞后反应，传统政治关系背景下的区域环境治理问题并不十分凸显。改革开放以后，伴随经济社会的飞速发展，我国开始进入环境问题集中爆发期，跨区域环境污染、生态破坏，以及跨区域联合治理行动等区域环境议题大量涌现。面对层出不穷的区域性环境议题，中央政府表现出坚定的治理决心，其在这一时期的治理措施主要体现为"运动式"的集中治理活动、区域性环境管理机构的建立和区域性立法探索。

---

[1] 高建华.区域公共管理视域下的整体性治理：跨界治理的一个分析框架［J］.中国行政管理，2010（11）：78.

[2] 叶必丰，何渊，李煜兴.行政协议：区域政府间合作机制研究［M］.北京：法律出版社，2010：37.

　　在"运动式"治理方面，为解决区域性环境问题，中央政府在该时期开展了针对重点污染区域的集中治理活动，较为典型的是"三江三湖"重点治理计划。以"三湖"中的太湖治理为例，早在1991年国家就启动了太湖治理一期工程，十余年间政府累计投入100多亿元人民币。其中影响最大的是1998年国务院有关部委会同苏浙沪两省一市共同开展的"聚焦太湖零点达标行动"。[1]该项治理活动在1998年底结束，并在1999年元旦钟声敲响之前宣布基本实现阶段性的治理目标。遗憾的是，2007年太湖蓝藻在短期内急剧爆发，使苏浙沪流域沿线城市的饮用水源受到严重污染，太湖治理活动基本失败。同时期的淮河治理工程也同样未能达到预期的治理目标。在"十年治淮"工作中，中央累计投入600多亿元人民币，效果却不甚理想。[2]期间，新闻媒体多次发布淮河水质好转、淮河基本实现水清的消息，但2004年7月突如其来的一场暴雨迫使各地开闸放水，其后于蚌埠附近河面形成一条150多公里长的污水带，十年淮河治理收效甚微。[3]可以说，面对层出不穷的区域性环境问题，这一时期中央政府的治理经验和使用的政策工具均较为有限。上述实践同样表明，"运动式"的专项治理活动因无法形成长效性、体系化的制度安排，而无法根治区域性环境问题。

　　当然，在声势浩大的"运动式"治理之外，中央政府在组织层面同样做出了多种努力，集中表现为建立跨行政区环境管理机构。例如，1995年国务院颁布了我国第一部区域环境治理的行政法规——《淮河流域水污染防治暂行条例》。依据该条例的规定，"淮河流域水资源保护领导小组"（以下简称"领导小组"）正式成立，主要负责"协调、解决有关淮河流域水资源保护和水污染防治的重大问题，监督、检查

[1] 刘兆德，虞孝感，王志宪.太湖流域水环境污染现状与治理的新建议［J］.自然资源学报，2003，18（4）：471.
[2] 余耀军，刘超.淮河流域水污染治理的困境与对策［J］.科技与法律，2005，4（4）：111.
[3] 张玉霞，郝克宁.浅谈环境管制失效问题——以淮河治理为例［J］.山东教育学院学报，2005（2）：103.

淮河流域水污染防治工作，并行使国务院授予的其他职权"。但是，由于条例内容的过于原则化，领导小组本身的权责范围未能廓清，加之部门隔阂与地方阻力，领导小组在区域统筹管理和执法方面的发挥空间和作用较为有限。又如，1976 年成立的长江流域水资源保护局和1984 年成立的太湖流域管理局等流域管理机构，也都属于跨行政区的区域性环境管理机构。

此外，中央层面的立法探索也为政府区域环境治理工作的深化提供了规范依据。例如《中华人民共和国水污染防治法》（1996）（以下简称《水污染防治法》）、《中华人民共和国水法》（2002）（以下简称《水法》）、《中华人民共和国水土保持法》（1991）（以下简称《水土保持法》）[1]，以及《中华人民共和国防洪法》（2009）（以下简称《防洪法》）等法律中对跨行政区水环境管理和建立流域管理机构等方面均有所涉及。然而，由于相关授权性条款过于空洞和原则化，法律规则的可操作性较低。上述国家立法机构所颁布的正式法律与行政机关的配套性行政法规、部门规章，以及其他政策性文件一道，共同彰显了这一时期我国区域环境治理制度的演进轨迹。

（二）地方政府间横向合作治理的产生与发展

众所周知，环境问题的产生总是与经济发展相伴相随。在经历了中华人民共和国成立初期长时间的挫折与探索之后，改革开放后中国经济犹如奔驰之骏驹，其发展之迅猛令世人所咋舌。与之相伴的是，对自然资源的掠夺式开发和对生态环境肆无忌惮的破坏。官员为了在"政治晋升锦标赛"中获得优势地位而片面追求地区经济发展速度，出现了"唯 GDP 论英雄"等畸形发展观和不良社会现象，环境污染和生态破坏事件频频发生。[2] 相关数据显示，在《环境保护法》（1989）

---

[1] 需要说明的是，《水法》和《水土保持法》分别于 2016 年 7 月和 2010 年 12 月完成修改，基于对区域环境治理历史演进梳理的需要，此处仍以特定历史阶段的旧版文本内容为考察对象。
[2] 鲍宗豪，赵晓红.以"文明发展"解构"增长主义"［J］.上海交通大学学报（哲学社会科学版），2014，22（4）：96.

颁布的当年，全国 SO_2 排放量为 1564 万吨，工业废水和固体废弃物排放和产生量分别为 252 亿吨和 5.7 亿吨，整个国家生态环境压力并不十分严峻。而在"十一五"计划开篇的 2006 年，我国 SO_2 排放量已经达到 2588.8 万吨，工业废水和固体废物排放和产生量分别达到 239.5 亿吨和 15.2 亿吨。不难看出，社会经济快速增长的背后是国家环境资源状况的急速恶化，经济发展使整个社会的生态环境承载能力几近极限。2007 年党的十七大报告以"经济增长的资源环境代价过大"总结当时我国环境领域的种种困局，可谓是这一时期的真实写照。可以说，这一时期我国经济建设的历史轨迹不可避免地引发了环境问题，而环境问题的从无到有、由轻微到严峻，形成了我国区域环境治理的原初动因。

在经济关系背景下，财政"分灶吃饭"和中央事权下放所带来的地方政府自主权之扩大与强化，为地方政府间"合作式"治理模式的探索提供了条件与可能。以广东、福建两省的先行试点为标志，改革开放的春风和市场经济制度的确立，使地方政府成为国家经济建设的重要力量。伴随 1993 年《宪法修正案》和 2003 年《中共中央关于完善社会主义市场经济体制若干问题的决定》等一系列改革政令的先后出台，地方政府参与社会公共事务治理的能力得到强化，并形成一种央地分权、地方能动性空前高涨的社会景象。[1] 可以说，一方面，经济社会大发展的时代背景引发了较为严重的环境问题；另一方面，与市场经济相伴而来的财政分权和事权改革，使地方政府的自主权逐渐提升，从而为地方政府间横向合作模式的出现创造了条件和可能。

由于社会治理实践之需，作为经济社会建设重要力量的地方政府，开始在体制范围内开展区域合作试验，并取得了大量成果。在这一时期，地方政府间联合签署的宣言、责任书、合作协议等文件，如雨后春笋般大量涌现。以"长三角"区域环境治理制度和实践的演进发展

---

[1] 沈立人，戴园晨.我国"诸侯经济"的形成及其弊端和根源［J］.经济研究，1990，25（3）：12.

为例，2002年4月，由上海、江苏、浙江两省一市共同召开的"江浙沪经济合作和发展会议"明确提出以优先发展环境合作为突破口，并确定了共建"绿色长江三角洲"的总体方向。2003年3月，作为对会议精神的落实，三地分别订立了《经济合作和发展协议》和《经济技术交流与合作协议》，明确提出了"联合实施长三角各地污染防治工作"等具有横向合作性质的具体措施。2004年江浙沪三省市共同签订《长江三角洲区域环境合作宣言》，指出环境问题在本质上具有跨越行政区地理空间的特征，长三角地区环境问题的解决需要三地政府共同努力。同时提出将环境合作融入区域经济一体化的整体战略中。2008年底，两省一市政府共同订立《长江三角洲地区环境保护工作合作协议》（2009—2010），从六个方面切入，明确规定了为期两年的区域环境治理重点工作。此外，在长三角区域环境治理之外，这一时期具有代表性的地方政府间横向合作治理文件包括：1990年广东江门等四市政府共同签署的《潭江水资源保护责任书》，开创了资源要素区域性治理的"潭江模式"[1]；为建立海河流域水生态环境保障体系，2003年流域内的北京、天津、河北、辽宁、内蒙古等八省（区、市）共同签订的《海河流域水协作宣言》；2004年签订的《泛珠三角区域环境保护合作协议》；2005年签订的《泛珠三角区域环境保护合作专项规划（2005—2010）》；2009年签订的《港澳环保合作协议》；等等。

三、环境关系背景下的"革新与完善"阶段

大约自2012年至今，是我国区域环境治理的革新与完善阶段。准确来说，该时期的开始时间以党的十八大生态文明战略理念及一系列相关规范的出台为标志，其植根于当下区域环境法律治理的制度实践并面向于未来。在这一时期，环境问题较经济关系时期更为突出，

[1] 李广兵.跨行政区环境管理的再思考——兼评《环境保护法》修订案第二十条之规定[J].南京工业大学学报（社会科学版），2014，13（4）：6.

我国对环境保护工作的关注与重视被提高到史无前例的国家战略高度。同时，由于长期的累积，这一时期的环境污染范围进一步扩大，区域环境质量状况不容乐观。在制度建设方面，经济建设时期法律制度本身的滞后性得到相应弥补，经过上一历史阶段的试错与探索，我国在区域环境治理方面的顶层设计及配套性制度安排日臻完善。

伴随党的十八大胜利召开和生态文明理念的提出，环境关系的强势凸显成为这一时期的主旋律。2012年，党的十八大报告正式将生态文明列入中国特色社会主义事业"五位一体"总体布局，生态文明建设的相关内容占据了党的十八大报告的大量篇幅。随后中央全面深化改革领导小组和国务院的配套文件进一步落实了生态文明建设的各项具体内容，从而将环境保护工作提升至前所未有的国家战略高度。被称为"史上最严环保法"的《环境保护法》（2014年修订）之严厉程度可谓史无前例。[1]与此同时，《中华人民共和国大气污染防治法》（以下简称《大气污染防治法》）于2018年10月修订通过，《水法》于2016年7月完成修改，《水污染防治法》于2017年6月修正，《土壤污染防治法》于2018年8月通过。被媒体形象比喻为"大气十条""水十条""土十条"的《大气污染防治行动计划》《水污染防治行动计划》和《土壤污染防治行动计划》先后出台，《环境保护督查方案（试行）》《生态环境监测网络建设方案》《党政领导干部生态环境损害责任追究办法（试行）》等政治性约束制度相继出台。2022年10月，党的二十大报告中强调我们坚持绿水青山就是金山银山的理念，坚持山水林田湖草沙一体化保护和系统治理，生态文明制度体系更加健全，生态环境保护发生历史性、转折性、全局性变化，我们的祖国天更蓝、山更绿、水更清。

在区域环境治理领域，由于长期开发破坏以及污染积累，全国区域性环境问题日趋严峻，以京津冀、长三角、珠三角等为典型代表的

[1] 常纪文.新《环境保护法》：史上最严但实施最难［J］.环境保护，2014，42（10）：23.

区域环境议题得到前所未有的重视。此外，在一些特殊省份，环境保护工作甚至出现了压倒经济发展之可能。例如，在承担京津生态保护区域性功能和责任的河北省，其 2014 年前三季度 GDP 增速仅为 6.2%，在全国省级区划排名中居倒数第三。有论者将之归因于承担"拱卫京师"环境保护的政治压力，认为在中央的环保压力之下，河北各地不得不舍弃高消耗、高污染的传统产业。[1] 事实上，河北省的问题并非个例，在以重工业基地闻名的辽宁省，其 2015 年经济增速仅为 3%，在全国 31 省 GDP 增速排名中垫底。有分析指出，产业转型、产能过剩以及来自外部的环保压力，无疑是造成这一尴尬现象的重要原因之一。[2] 山东临沂市市长受原环境保护部（以下简称"环保部"，现为生态环境部）约谈后集中关停企业 57 家，并由此导致数万人面临失业困境以及千亿元的债务危机。[3]

在制度建设层面，这一阶段我国区域环境治理的相关制度规范取得长足发展。第一，2014 年修订的《环境保护法》以及相关法律法规为区域环境治理提供了法律依据。其中明确规定了"国家建立跨行政区域的重点区域、流域环境污染和生态破坏联合防治协调机制"、地方政府间的横向协商制度、主体功能区制度、环评区域限批制度等一系列区域环境治理法律制度。第二，区域环境治理走向中央统筹安排和系统设计的更高阶段。党的十八大报告中提出"优化国家空间开发格局"的总体部署，原国家环保部和发改委联合颁发的《关于贯彻实施国家主体功能区环境政策的若干意见》以功能分区为依托推进环境治理，加之一系列以生态区空间单元为规制对象的规划或文件，使区域环境治理得到中央层面统筹性、系统性安排。例如，《重点区域大气污染防治"十二五"规划》以区域为单元，以生态功能为划分依据，提出了"三区十群"的区域性空间战略构想。《重点流域水污染防治

[1] 李欣 . 外媒称河北为治污付代价：首季 GDP 增速降至 2% ［EB/OL］.2014-04-28. 参考消息 .
[2] 郭儒逸 .31 省 2015 年 GDP 排行榜出炉辽宁增速 3% 垫底 ［EB/OL］.2016-01-28. 中国经济网 .
[3] 梁靖雪 . 报道称山东临沂治污致 6 万人失业，官方回应 ［EB/OL］.2015-07-03.CCTV- 新闻 .

规划（2011—2015 年）》以"分区控制，突出重点"为基本原则，并"根据流域自然汇水特征"将全国重点流域划分为 37 个控制区、315 个控制单元。2019 年中共中央、国务院《关于建立国土空间规划体系并监督实施的若干意见》明确以国土空间规划统合既有空间规划制度，并提出"生态保护红线"和"生态空间"的整体治理要求。国土空间规划将原本分散的、可能涉及不同行政区和权属主体的资源环境要素纳入同一个空间单元并实现了"生态联合"。第三，这种迅猛发展在强调制度革新的同时，亦十分注重治理手段本身的合法性问题。这与治理初期的弱规范性政策治理方式形成了鲜明对照。2014 年《中共中央关于全面推进依法治国若干重大问题的决定》的出台标志着国家层面有关治理理念和策略的结构性转向，国家的社会化管理职能逐渐向"法律之治"的更高文明形态发展和过渡。第四，2013 年党的十八届三中全会通过的《中共中央关于全面深化改革若干重大问题的决定》明确提出建立"绿色 GDP"考核指标，"要纠正单纯以经济增长速度评定政绩的偏向，对限制开发区域和生态脆弱的国家扶贫开发工作重点县取消地区生产总值考核"。同年 7 月，中央纪委机关、人社部、审计署、国资委等联合印发了《党政主要领导干部和国有企业领导人员经济责任审计规定实施细则》，提出破除单纯将经济增速作为领导干部选拔任用的标准，从而给传统"GDP 英雄"再添"紧箍咒"。[1] 在上述规范性文件的指引下，自十八届三中全会以来，福建、山西、河北、浙江等省级的 70 多个县（市）相继取消了以经济指标为依据的 GDP 考核，另有多个省份根据区域分工降低了对辖区内市县 GDP 考核指标的比重。与之相随，区域环境协同发展被提到了前所未有的高度。例如，2014 年京津冀区域协同发展成为重大国家发展战略。[2] 区域环境治理由经济关系时代的中央和地方"分头探索"，逐渐走向中央与地

[1] 赵晓娜，农海默.多省份取消贫困县 GDP 考核［N］.南方日报，2014-08-14（A15）.
[2] 张贵，梁莹，郭婷婷，等.京津冀协同发展研究现状与展望［J］.城市与环境研究，2015（1）：76.

方相结合的央地纵向协同以及地方政府之间联合行动的横向协同之新阶段，不同地方政府间的协同治理成为这一时期区域环境治理的主要特征。2021 年 3 月 11 日，十三届全国人大四次会议表决通过了关于国民经济和社会发展第十四个五年规划和 2035 年远景目标纲要的决议，其中第三十八章"持续改善环境质量"明确提出"深入打好污染防治攻坚战，建立健全环境治理体系，推进精准、科学、依法、系统治污，协同推进减污降碳，不断改善空气、水环境质量，有效管控土壤污染风险。"

第二节　区域环境治理法律制度的主要模式与逻辑

我国区域环境治理法律制度的历史变迁表明，区域环境治理的出现与特定时期的历史背景相伴相随，并因时代主旋律的变迁塑成不同的治理面貌。大体来说，既有区域环境治理的制度实践主要包括了三种不同模式："指令—服从"型；"竞争—合作"型；"协同治理"型。伴随环境关系的强势凸显和区域环境治理实践的革新与推进，区域环境治理在总体上呈现出协同治理的发展方向。可以说，区域环境治理目标是在政府间横、纵向协同治理的交互作用下最终实现的。

一、"指令—服从"型模式

所谓"指令—服从"型模式，并非传统科层治理的简单翻版，其包含了两种相似的子项治理模式。一是在政治关系背景下，中央以政治动员、政治运动的方式，将国家区域政策内化于政治关系中，从而实现地方服从中央指令的治理效果。二是在政治关系后期以及改革开放以来，中央层面完成拨乱反正并重建制度化的国家机器以后，中央政府针对区域环境问题开展的"命令—控制"式权威治理，在这一意义上，"指令—服从"模式亦可简单化为传统科层式的纵向治理逻辑。

具体来说，在政治关系背景下，中央协调并统合了区域内各级、各地政府部门，以及其他组织和公民个体等各种社会力量，实现了"一马当先，万马奔腾"的社会力量整合与社会控制效果。这种政治活动与群众运动相结合的社会控制模式也被形象地称为"中国政治运动治理模式"，即中央政府经由政治手段而非官僚体制直面群众并进行社会控制。[1]在此治理模式中，社会公共事务的一切发展与治理均以"会战"等战斗性口号的方式，内化于政治性的群众运动，社会发展所取得的进步与成绩被视为意识形态上的胜利。[2]这种政治性社会管控模式在整合其他社会力量的同时，也间接消解了由于多元利益冲突而产生的区域性治理问题，区域服从中央的计划安排。即社会生产的指标计划、生产资料的区际调配、收益和产出的分配，均由中央统一计划和统一安排，通过政治活动和群众运动的方式，实现一种政治关系主导下的社会控制。地方政府作为中央指令的服从者和执行者，在国家权力结构和决策体系中作用甚微，自主权范围极为有限。另一方面，伴随我国法治发展逐步成熟，政治关系主导社会发展模式逐渐淡出历史舞台，政府的区域环境治理活动更多地表现为自上而下式的纵向"命令—控制"型治理模式。例如，北京奥运会期间，为了保障会期内京津地区的空气质量，中央政府采取了一系列治理活动，包括设立北京奥运会空气质量保障工作协调小组，并授予其较为宽泛的行政权限（包括部分立法性行政权），通过自上而下地统合区域内一切力量，确保会期内空气质量达到预期标准。与之类似的典型事例还有改革开放后，中央层面启动的"三河三湖"重点治理计划等。

从法社会学的视角出发，政治关系背景下的"指令—服从"和科层体制背景下的"命令—控制"本质上都体现为"自上而下"式的权威治理，不同之处主要在于上级"权威"来源上的差异性。因此，从权力的运行向度角度看，两者同属纵向传导治理模式，具有如下几点

---

[1] 荆学民，苏颖.中国政治传播研究的学术路径与现实维度［J］.中国社会科学，2014（2）：81.
[2] 殷晓元.中国共产党政治传播研究［D］.长沙：湖南师范大学，2011：41-55.

共性特征。首先，无论是新中国成立初期的政治动员还是改革开放后区域环境治理探索阶段的"运动式""权威式"治理，其制度化程度普遍较低，表现为一种弱规范性下的强制性区域政策治理模式。另一方面，此处所使用的"弱规范性"是相对于正式法律文本的规范性而言，是指通过正式法律制度以外的政策性规定指引和协调区域事务，以不成文、非制度化的弱规范性运行逻辑发挥社会管控作用。[1] 其次，这种治理形式上的弱规范性特征并不意味着手段和效果上的柔性化。相反，这种自上而下式的治理并不具有任何讨价还价的空间或协商可能，而是中央统一安排下的"强制性指令"，地方政府及部门几乎没有任何裁量余地。再次，在组织结构上，除了设立部分区域环境治理机构之外，这种"自上而下"式的纵向调整还包括了一部分行政区划调整方面的制度实践，即中央政府通过合并等方式调整旧有行政区划的地域范围，并以统一的、集权的、全能的"大政府"取代区域中原有分散的"小政府"，以达到协调区际关系和实施区域政策的最终目标。新中国成立之初的大区行政体制改革就是上述变迁过程的一个侧影。[2]

二、"竞争—合作"型模式

"竞争—合作"型模式与我国市场经济体制的确立以及经济社会的发展相伴相随，是在"以经济建设为中心"的时代背景下发展而来的。因此这一治理模式具有沿循区域经济治理规律的演进痕迹。总体来说，改革开放以来经济社会的飞速发展以及大幅释放和加强的"地方政府自主权"，是塑成"竞争—合作"型模式的社会基础条件与前提。一方面，经济社会的飞速发展致使区域性环境问题层出不穷，并由此衍生了区域环境治理的迫切需求。相比上一历史时期而言，区域问题

---

[1] 在广义上，规范性概念本身意味着某种限定、约束和指引，在不同学术领域内表现出不同的形式。此处所使用的规范性概念特指正式法律制度的规范性，即法律规范本身含有的应为性意涵。参见郭贵春，赵晓聃.规范性问题的语义转向与语用进路［J］.中国社会科学，2014（8）：69.

[2] 高抗，顾金喜，雷晓东，等.建国后我国地方行政体制变革及其演变趋势［J］.中共浙江省委党校学报，2012，28（3）：88.

内化于政治活动的治理模式在这一时期已不敷适用。另一方面，财权和事权改革极大强化了地方政府组织和协调社会公共事务的能力。与之相对应的是，地方政府成为区域环境治理中的重要力量，地方间横向合作模式大量涌现。然而，需要说明的是，囿于经济建设的时代背景，"竞争—合作"型治理模式主要映衬于因城镇化和工业化所引发的区域经济一体化要求下的政府间协同行动与区域联合等区域经济问题。区域性环境问题一般被经济需求所吸收或辅助于区域经济一体化议题。例如在这一时期形成的"珠三角""长江经济带""东三省""成渝城市圈""中原经济"等经济圈中，同样存在着区域环境治理的制度需求，但其仍然处于从属性或辅助性的讨论地位。在区域范围划定上的考量因素（以经济一体化需求划定的经济区）、治理手段上的策略选择（打破经济政策和市场壁垒）等核心问题上，均以经济发展和建立一体化的统一市场作为主要目标。

质言之，"竞争—合作"型治理模式映衬于区域经济一体化的时代背景，并将环境和资源视为区域经济发展的依托性要素，予以"附带性"讨论和解决。因此，"竞争—合作"型治理模式的基本出发点是打破区际壁垒、形成统一区域性市场的宏观层面之调控思路。进一步地，"竞争—合作"型治理模式以区域经济治理为蓝本，坚持市场调整的基本规律。而市场规律的灵魂在于平等、自由与竞争，加之经济理性人的一般假定，决定了这一治理模式在本质上遵循一种"竞争逻辑"。在此治理逻辑下所附带展开的区域环境治理必然沿循竞争逻辑的基本框架，并依赖据此形成的相关制度框架。由此，在区域环境治理的具体场域，"竞争—合作"型治理模式关注地方政府之间的横向竞争关系。这一治理模式虽然同样强调地方政府间的横向合作，但这种合作是在地方之间相互"竞争关系背景下"的合作，其有别于因生态系统整体所衍生的内生性之合作治理诉求。

三、"协同治理"型模式

所谓"协同治理"型模式，是以前文所界定的"协同"和"协同治理"概念为基础而展开，是指为了因应区域环境治理在空间上的跨域特征，不同地域、不同层级的政府之间所采取的统一协调性治理活动。应当说，作为对单一纵向维度"指令—服从"型模式和以市场规律为基础而展开的"竞争—合作"型模式的超越，"协同治理"型模式更契合党的二十大以来环境议题强势凸显的时代背景和区域环境问题的特殊之处。

在治理模式上，"协同治理"型模式是对"指令—服从"型与"竞争—合作"型两种传统治理模式的统合与修正。一方面，从权力运行维度上，协同治理包括了前文述及的"纵向"协同与"横向"协同两种模式。这使其能够兼顾"指令—服从"中的纵向调整与"竞争—合作"中的横向调整，并更为灵活地将两种权力运行向路结合起来，以回应纷繁复杂的区域环境治理实践需求。另一方面，作为对前述两种治理模式之修正，"协同治理"型模式具有如下面貌更新。第一，在纵向协同过程中，"协同治理"型模式并非"指令—服从"的简单再版，其包含了两个主要方面：一是指不同层级政府间在平等基础上的联合共治；二是指中央或上级政府对区域环境治理作出的纵向安排。需要说明的是，在纵向协同治理中不再体现以指挥命令为基本特征的等级关系，而是不同层级政府在平等基础上的联合共治。[1] 例如，在体现中央纵向统筹的区域性环境规划中，规划过程已经转变为中央政府与地方政府之间经过各种互动模式，不断协商、起草、试验、评估和修改的动态对话过程。第二，在横向协同过程中，"协同治理"型模式中的横向协同不同于以市场规律为基础的"竞争—合作"型模式，区域环境治理中的协同并非通过"竞争机制"实现的，

---

[1] 张成福，李昊城，边晓慧，等.跨域治理：模式、机制与困境［J］.中国行政管理，2012（3）：103.

而是基于环境整体性的需要通过互利合作的伙伴关系实现的。换言之，生态环境整体性要求下的横向协同关系乃是围绕区域环境议题而构造和展开，其并非表现为意图打破行政区壁垒、构建统一区际市场的经济式安排。横向的协同治理并非"竞争—合作"模式中"基于竞争背景下的合作"，而是基于环境整体性所产生的内生性合作需要而进行的横向合作与协同。

从区域环境治理法律制度变迁的历史轨迹来看，环境关系的强势凸显以及环境议题的特殊性是将区域环境治理独立于区域经济治理的基础性条件。应当说，在改革的初期和以经济建设为中心的时代背景下，将环境和资源视为区域经济发展的依托性要素，并将区域环境问题纳入经济一体化中予以附带性解决的做法，在特定历史阶段具有相对合理性。然而，随着环境问题的日趋凸显，区域环境治理不应局限于"服务区域经济发展"的狭隘目标，抑或停留于单纯的污染防治目标，区域环境治理具有其自身的独特属性和价值追求。党的十八大以来，随着生态文明战略的系统化提出与推进，原本占据主导地位的政府间经济关系逐渐受到环保要求的大幅修正，环境保护被置于前所未有之战略高度。与之相伴的是，区域环境治理不再是经济治理的附带性问题，而须因应区域环境问题的特殊性构建独立的制度体系。党的二十大报告明确提出，要深入推进环境污染防治。坚持精准治污、科学治污、依法治污，持续深入打好蓝天、碧水、净土保卫战。加强污染物协同控制，基本消除重污染天气。统筹水资源、水环境、水生态治理，推动重要江河湖库生态保护治理，基本消除城市黑臭水体。加强土壤污染源头防控，开展新污染物治理。提升环境基础设施建设水平，推进城乡人居环境整治。全面实行排污许可制，健全现代环境治理体系。严密防控环境风险。深入推进中央生态环境保护督察。应当说，环境关系的强势凸显使传统行政区隔绝式的治理体制遭逢生态系统整体性、环境要素流动性等新型环境议题之挑战，以区域为规制单元的制度需求和制度形态如井喷一般为学者们提炼和阐释，并逐渐受到立法者的重视。环境问题的强势凸显使得侧重于个体管控的传统治理手段得到快速革新，中央和地方政府逐渐从混乱的"分头试错"走向统一的央地协同式治理关系构建，中央政府的纵向协同与调控力度逐步加强，以中央层面统筹与规划为主的纵向协同机制和以地方政府间合作为主的横向联动机制，共同构成了我国区域环境治理的整体框架（见表2.1）。区域环境治理逐渐走出"经济建设为中心"的阴云，迈向生态文明新时代，由临时性、干预性措施为主的"探索与试错"转向央地协同的整体性和系统性制度安排。

表 2.1　区域环境治理法律制度的主要模式与逻辑

"指令—服从"型模式		"竞争—合作"型模式		"协同治理"型模式	
理论假设	治理特征	理论假设	治理特征	理论假设	治理特征
通过自上而下的政治压力/官僚体制实现	政治运动/高权行政及阵风式、运动式治理	通过市场规律实现	以促进区域经济发展为核心，对区域环境问题进行"附带性"治理	生态系统的整体性；环境要素的流动性	以环境问题特殊性为核心，采取打破行政区壁垒的协同治理模式
权力集中于中央政府的单一核心	下级地方政府被当作中央政府职能的延伸	中央政府与地方政府相分权	地方政府间结成的以促进区域经济发展为核心的"增长联盟"	权力在不同层级、不同地域的政府间分化；协同关系	在中央政府与地方政府间、不同地方政府之间，形成协同治理网络

第三节　关于区域环境治理法律制度演进逻辑的简要归纳

新中国成立以来，在政治关系、经济关系和环境关系的"三重变奏"[1]中，始终存在着在不同地域和不同层级政府之间进行区域环境治理制度设计和权责配置的问题。由于区域环境治理法律制度的演进是一个相对复杂的过程，尽管不同历史时期呈现不同的表现形态并互相交织，但通过区域环境治理法律制度演进轨迹的历史梳理，我们大致可以提炼出这种演变的基本脉络。

第一，随着工业化、城镇化进程和生态环境治理进程的推进，区域环境治理模式逐渐由单一的"指令—服从"型模式及"竞争—合作"型模式向"协同治理"型模式转变。治理活动及效果的区域整体性引发了治理义务与治理责任的"共同性"，从而使抱团取暖和协同共治成为地方政府的必然选择。从区域环境治理模式的发展角度而言，早期的"指令—服从"和"竞争—合作"模式属于区域环境治理的初级阶段。一方面，传统区域环境治理中的"指令—服从"型模式本质上仍然属于纵向权威式的高权治理，其并没有突破政治权威或层级命令式的"辖区治理"中权力运行框架。单向传导的指令或命令相对忽略来自下级地方政府的意愿与诉求。另一方面，"竞争—合作"型模式源于区域经济治理，指向区域经济一体化议题并遵循经济市场的基本规律。这一模式集中体现了我国在改革开放后以经济建设为中心的时期将区域环境治理内化于区域经济合作议题进行附带性解决的治理思路。由于依循市场规律和经济理性人的基本假设，"竞争—合作"型模式显然无法完全因应具有强烈公共面貌的环境议题。在区域环境治

---

[1]　高利红.论财政体制与我国环境法的实施责任——以丹江口市为例[J].法学杂志，2016，37（3）：9.

理的高级发展阶段，融合前述两种模式之优势并因应于环境特殊性的"协同治理"型模式应运而生。简单来说，"协同治理"型模式作为对两者的整合与修正，在治理权力的运行向度上，同时吸收纵向与横向治理方式。在"协同治理"型模式中，中央政府的纵向协同治理与地方政府间的横向协同治理共同作用于区域环境事务，从而在不同维度进行政府间治理权力之整体协调。此外，协同治理中的中央政府与地方政府的关系并非单纯的传统垂直命令关系，往往在权威命令之外，包含部分基于平等原则所进行的对话与合作式纵向协同安排。

第二，从改革开放以来的近期发展脉络来看，政府的行为重心经历了从经济增长到生态环境治理的变化。改革开放后，已有的研究大都基于经济关系的特定背景描绘和论述市场经济体制建立后我国政府从中央到地方对经济增长指标的片面追逐，"经营性城市"和"经营所辖区域"的提法就是这一研究传统的典型体现。[1]在区域治理领域，即表现为对区域经济一体化等区域经济议题展开研究的热络景象。[2]然而，党的二十大报告指出，在充分肯定党和国家事业取得举世瞩目成就的同时，必须清醒看到，我们的工作还存在一些不足，面临不少困难和问题。其中特别提到了生态环境保护任务依然艰巨。这促使各级政府在关注经济增长的同时也开始重视生态环境的良好治理，以及区域环境议题中政府间协同治理问题。应当说，行为场域的变化必然会使中央和地方政府的治理策略发生变化。[3]因此，区域环境治理不应沿循传统区域经济治理模式，而应构建因应于环境问题特殊性的区域环境协同治理。

第三，区域环境治理的制度研究总是与特定时期的历史背景相伴相随，并因时代主旋律的变迁塑成不同的治理面貌。从新中国成立之初到改革开放再到我们生活的当下，我国政府的行动场域经历了由"政

---

[1] 曹正汉，史晋川.中国地方政府应对市场化改革的策略：抓住经济发展的主动权——理论假说与案例研究［J］.社会学研究，2009，24（4）：11.

[2] 全毅.全球区域经济一体化发展趋势及中国的对策［J］.经济学家，2015（1）：96.

[3] 崔晶，宋红美.城镇化进程中地方政府治理策略转换的逻辑［J］.政治学研究，2015（2）：57.

治运动"到"经济增长"再到"环境治理"的变化。党的二十大报告
中明确提出要健全现代环境治理体系，严密防控环境风险，深入推进
中央生态环境保护督察。于此背景下，区域环境政策变迁亦呈现出相
应的发展轨迹。可以说，特定时期的历史背景直接决定了国家区域环
境治理的具体实践特征，特定时期、特定国情背景下的社会现实、权
力架构、发展观念等核心要素，构成了区域环境治理理念、治理模式、
治理策略变迁之内在依据。①在新中国成立之初以政治关系为主导的
传统区域治理模式中，区域治理议题被内化于政治生活之中，地方政
府是中央政府的"延伸"和"代理人"。可以说，在政治关系主导时
期，政治关系居于压倒一切的主导地位，政府的治理目标主要通过"政
治动员"的方式得以实现。②改革开放后，经济关系成为整个社会发
展的主旋律，地方自主权的提升使地方政府间的横向合作逐渐成为区
域环境治理的主要模式。由经济发展催生出的急剧恶化之环境问题，
以及因经济发展本身的竞争性所带来的地区壁垒等因素，共同构成了
区域环境治理的现实需要。一方面，中央政府的治理主要表现为探索
建立区域性管理机构和开展专项整治工作（如前文提及的"三江两湖"
重点治理计划）等方式。从治理效果来看，其对区域环境问题的治理
力度和对地方政府的干预程度，都是较为"弱化的"。由于区域性管
理机构在权力配置上的模糊与局限，其对区域性环境事务的治理效果
仍然有限；而专项治理等"运动式"治理模式在经济关系背景下得不
到地方政府的积极支持。另一方面，环境整体性所催生的区域协同之
现实需求，使得作为地方建设主要力量的地方政府积极地进行横向合
作机制的探索。诸如《海河流域水协作宣言》《长江三角洲区域环境
合作宣言》和《泛珠三角区域环境保护合作协议》等彰显平等、自愿、
弱权化特征的横向合作机制成为该时期的主流。③党的十八大以来，
环境问题和环境关系的凸显引发了国家职能的全面扩张，使区域环境
治理成为国家在公法上的全新任务。面对社会公众潮水般的环保诉求，

国家开始逐渐放弃经济领域柔性自愿的区域治理模式，转而以更为积极、主动的姿态介入区域环境治理议题，诸如主体功能区制度、自然保护区制度、区域环境规划等纵向治理手法相继出台，中央纵向统筹和地方横向合作的系统性模式框架逐渐形成，并日臻完善。党的二十大报告明确指出要促进区域协调发展，深入实施区域协调发展战略、区域重大战略、主体功能区战略和国土空间体系。从经济关系背景下的地方合作为主逐渐向环境关系凸显时代的中央统筹与地方合作相结合的治理模式转变，中央政府对区域环境治理的干预力度逐渐增强，也由此引发了政府治理手段上的一系列革新与变迁。

第四，从治理主体角度而言，中央及各级地方政府始终是区域事务治理的主要力量。区域环境治理的历史演进历程表明，我国区域环境治理的实践并不是市场的"自发秩序"，而是国家强力推进的结果。应该说，区域环境治理研究与政府间关系、政府权力协同行使等相关研究具有同步性。由于区域议题自身的强外部性和公共性特征，加之区域议题往往与地方自治、中央权威、央地关系等敏感问题相互交织，使得中央及各级地方政府始终主导着区域议题的治理方向。无论是在新中国成立之初的政治关系阶段，还是市场经济推行以后的区域经济一体化阶段，抑或是党的二十大以来区域环境治理的飞速发展阶段，中央及地方各级政府都以不同的治理模式主导区域事务的发展方向。这集中表现为：政治关系时期内化于政治生活的区域政策实施模式、市场经济时期中央政府统一规划与地方政府具体执行的央地分权之治、环境问题得到重视后政府大量新型规制方式和管理制度的集中出台。质言之，区域治理模式的演进与发展体现了政府治理理念、政府权力结构、国家与社会间关系的变迁与转向，并始终与政府的治理行为保持着高度关联。

第五，从治理的规范性和制度化程度而言，由"弱规范性"的政策治理模式向规范性和制度化程度较高的"法律之治"转变。自新中国成立之初一直延续到改革开放以经济建设为中心那段时期，我国社会的区域治理主要以"弱规范性"下的区域性政策为载体。一些制度化程度较高的新型管理方式虽然初现端倪，却因合法性依据不足，或因口号式、框架式的空洞条款而缺失可操作性，未能成为时代的主流治理方式。党的十八大以来，环境议题的强势凸显使得"环境关系"成为继"政治关系""经济关系"之后的又一主要社会关系（尤其是政府间关系），被纳入国家战略层面，成为国家治理的重要内容。与之相伴，政府在治理方式上的规范化和制度化程度不断加强。以党的十八大报告中提出的"优化国土空间开发格局、全面促进资源节约、加大自然生态系统和环境保护力度、加强生态文明制度建设"四项主要内容为指引和先导，中央全面深化改革领导小组和国务院先后出台了一系列配套规范予以落实，《环境保护法》《大气污染防治法》和《水污染防治法》等主要环保法律及其配套规范先后修改，为我国区域环境治理的规范化运行提供了坚实的制度基础，极大地推进了我国区域环境治理的制度化进程。党的二十大报告提出中国式现代化是人与自然和谐共生的现代化。人与自然是生命共同体，无止境地向自然索取甚至破坏自然必然会遭到大自然的报复。我们应坚持可持续发展，坚持节约优先、保护优先、自然恢复为主的方针，像保护眼睛一样保护自然和生态环境，坚定不移走生产发展、生活富裕、生态良好的文明发展道路，实现中华民族永续发展。可以说，伴随区域环境治理的深化和拓宽，尤其是依法治国理念的提出，我国区域环境治理的规范性和制度化程度呈现逐渐增强的趋势。

第三章 区域环境治理法律制度的类型化梳理及现实困局

　　区域环境治理的文本规范与实践事实是相互指涉、相互推动的双向互动关系。在立法转化之前的发展阶段，以区域作为整体生态单元进行规制的制度规范在渊源体系上是丰富的、多层次的。[1]一方面，由于政府主体在区域环境治理中的主导性地位，大量"非正式法律渊源"[2]（例如：中央政府的各类"指导意见"、地方政府间共同签署的"合作协议"、联席会议纪要等）占据了区域环境治理规范体系的相当比重。因此，本部分的梳理仅针对具有代表意义之文本而非全部。进一步地，囿于制度化程度较低的发展现状，有关区域环境治理的法律规范相当庞杂，一个表面化的制度梳理所起到的作用极为有限。这种"汇编"式的工作对于深入的理论分析和论证而言，显然不敷适用，更遑论该领域规范文本的庞大体量以及篇幅的限制。因此，以适当的类型化标准为依据对当前制度样本进行归类是十分必要的，这将有助于我们从庞杂的文本梳理中提炼出具有共性特征的制度安排，并以类型化的方

---

[1] 通过对现有区域环境治理制度的概括可以发现，以各级政府为主体的区域治理措施包括：中央设立管理机构并进行相应的职能配置、召开联席会议并在会议制度下成立领导小组或工作小组、统一监测、联合执法、统一应急预警、信息共享等。总体来说，这些治理措施并不具有同等的重要性。在以政府治理行为作为轴心的研究中，直指"事物本质"并有必要类型化的是真正有助于促进沟通、交流、谈判的联席会议制度；达成治理合意的合作协议制度；区域治理机构的组织功能设置与完善制度等关涉统一治理意志形成的治理工具，除此之外的关于环境治理的联合管制行为均归于衍生性的执行类措施。因此，本部分聚焦在那些致力于推动政府间协调统一的制度性安排，并将构建统一监测、预警、联合执法等执行性和衍生性措施作为一种辅助性构造和延伸性思考。
[2] 非正式法律渊源，是指"那些具有法律意义的资料和值得考虑的材料，但这些材料尚未在正式法律文件中得到权威性的或至少是明文的阐述与体现"。参见 E·博登海默. 法理学：法律哲学与法律方法[M]. 邓正来，译. 北京：中国政法大学出版社，2010：429-430.

法在理论上抽象出不同治理模式的共性与个性特征，相对全面系统地描述现行区域环境治理的体系面貌。另一方面，通过对现行制度文本的类型化梳理可以发现，区域环境治理制度的规制意旨在于确保政府间治理行为取得协同效果。此种协同目标亦在党的二十大报告中得到了重申和明确阐述。即"坚持山水林田湖草沙一体化保护和系统治理，统筹产业结构调整、污染治理、生态保护、应对气候变化，协同推进降碳、减污、扩绿、增长，推进生态优先、节约集约、绿色低碳发展。"通过规范文本的梳理发现，当前我国区域环境治理的制度供给仍须以协同目标为导向进行优化和完善，从而为生态区范围内的政府间协同治理行为提供充分的制度激励和约束。

第一节　区域环境治理法律制度的类型化梳理

"萨维尼把'记述全部的既有法'称作是一部法典的全部唯一使命。"[1]现行法的梳理工作是进行制度评析和问题检视的"前提性工作"。然而，有关现行法的梳理不应是简单的文本堆砌和罗列，而应是沿循特定规范性目标展开的体系化作业。与之相对，通过类型的选取以及沿循不同类型模块所展开的相对系统之划分与梳理具有重要意义。

一、类型的构建及划分依据

类型化分析方法以类型化思维为核心，旨在通过建构类型实现规范性评价目标，是一种重要的法学分析方法。德国法哲学家阿图尔·考夫曼（Arthur Kaufmann）认为，法学发现是使生动的社会实践与抽象的规范文本相互对应的调试同化的过程，而类型化的分析与思维是连接着规范与事实的"中介"。[2]德国法学家卡尔·拉伦茨（Karl Larenz）指出，"将大量本身彼此不同，而且本身极度复杂的生活事件，

[1] 欧根·埃利希.法社会学原理［M］.舒国滢，译.北京：中国大百科全书出版社，2009：491.
[2] 亚图·考夫曼.类推与"事物本质"——兼论类型理论［M］.吴从周，译.台北：学林文化事业有限公司，1999：87.

以清晰易辨的要素加以描述，并赋予其法律意义上的‘相同’者同样的法律效果，此正是法律的任务所在"[1]。区域环境治理场域中的文本规范与具体实践相当错综复杂，它既涉及大量正式立法也包含数量众多的政策规范性文件，亦关涉实践中复杂多变的治理手段。质言之，"前法制化"发展阶段的基本定位，以及目前区域环境治理的大量政府政策性文件，共同决定了我国区域环境治理的制度文本在整体逻辑性、体系性方面有所欠缺。大量制度文本的调整内容欠缺普遍性和一般性，而是以调整的具体事物为依据，直接指向个别问题和实践，具有临时性和策略性。以地方政府间签订的区域环境保护合作协议为例，这些合作文件名称各异，且既存在地方政府间自主签订的情形，亦存在订立中有中央或上级政府参与的情况，也包括报请中央或上级政府批准或备案的环节，因而难以通过严谨的逻辑标准进行体系性的周延梳理。而区域环境保护合作协议只是区域环境治理法律制度体系的组成部分之一。由此，区域环境治理法律文本的梳理需要一个兼顾抽象文本逻辑和现实制度实践的类型标准。

在建构类型的划分标准选择上，区域环境治理法律制度的发展与变迁轨迹表明，在我国，促成各级政府走向协同治理的制度规范主要有两种类型：一是建立统一的区域性环境治理机构或组织之组织法规范；二是规范并指引治理主体行为模式的行为法规范。于此，笔者拟借用叶必丰教授在《区域经济一体化的法律治理》一文中所使用的"组织法"和"行为法"之类型界分，并通过适当修正与改造将其应用于区域环境治理领域，以期相对全面地展开区域环境治理法律制度的文本梳理。[2] 概括来说，调整政府机关设置、地位和职责及相互关系的法属于组织法[3]，规范法律主体行为的法律规范属于行为法，规范司法与仲裁程序的法属于裁判法。[4] 由于可能涉及多个政府机关的共同治理行为，行为法规范也会附带地起到协调不同政府组织体相互关系

---

[1] 卡尔·拉伦茨.法学方法论［M］.陈爱娥，译.北京：商务印书馆，2004：319.

[2] 叶必丰.区域经济一体化的法律治理［J］.中国社会科学，2012（8）：107.

[3] 杨建顺.日本行政法通论［M］.北京：中国法制出版社，1998：291.

[4] 欧根·埃利希.法社会学原理［M］.舒国滢，译.北京：中国大百科全书出版社，2009：9.

的组织法功能，从而对政府间的协同治理行为形成有力指导。

在区域环境治理的具体场域，我国区域环境治理法律制度及其实践大体可以围绕组织法与行为法的类型划分具体展开。第一，在组织法层面，有相当一部分治理实践是通过设立组织机构并赋予相应职权的方式进行的，这类实践所对应的法律文本可归为组织法规范。区域环境治理往往需要借由一定的组织形式作为权力展开的"载体"，而"对组织机构进行的法律规制"是区域环境治理制度中的一种重要类型。根据《环境保护法》第二十条、《水法》第十二条、《大气污染防治法》第八十六条等条文规定，国家应在重点区域和重点流域建立联合防治协调机制，统筹治理工作。然而，上述原则性条款中所要求的"联合防治协调机制"的具体落实，离不开组织法层面"区域环境治理机构或组织"的设立及赋权。例如《重点区域大气污染防治"十二五"规划》明确指出，京津冀、长三角、成渝、甘宁等跨省区域，成立由生态环境部门牵头、相关部门与区域内各省级政府参加的大气污染联防联控工作领导小组。《水法》亦规定，国务院水行政主管部门在国家确定的重要江河、湖泊设立流域管理机构。在政府组织系统内部，区域环境治理是一个组织法问题，表现为一种试图通过组织机构优化调整来实现区域环境协同治理的组织法努力。据此，有关机构设立及其职能配置的组织法规范是区域环境治理法律制度的重要内容。第二，在行为法上，由于可能涉及多个政府机关的共同治理行为，行为法规范也会对区域环境事务中的政府间协同治理关系形成有力调整。例如，中央政府的区域性环境规划行为，系在全局层面对区域环境事务作出总体安排，其必然会在纵向协调与整合的基础上对地方政府间环境关系进行塑造。此外，在地方政府间横向协同治理层面，由于区域环境事务具有层级差异性，设立统一的组织机构由于制度成本等因素，并不适用于"小区域"内地方政府间合作治理的现实需求。以小流域治理为代表，"建立统一的流域管理机构制度成本过高、可操作性也不强，地方政府间环境协作是有效治理跨市河流污染的必然选择"[1]。因此，探索建立地方政府之间在行为法上的横向合作协调机制亦不可或缺，其中的典型代表是地方政府间签订的区域环境保护合作协议及其相关制度安排。

一个补充说明是，组织法规范和行为法规范的类型划分并非单纯沿循抽象的理论线条展开，同时亦兼顾着区域环境治理的具体实践，并且两者之间存在紧密相关、相互交织的互动关系。例如，由于设立区域性环境治理机构往往衍生较大制度成本，在"小区域"环境治理中，以行为法规范创设的法律机制进行补位（如签订横向的环境保护合作协议），同样可以实现多个地方政府间的协同治理。又如，在区域环境保护合作协议中，有一种是"章程类"的组织型合作协议（相对于事务型合作协议），此种协议专门针对区域性环境合作组织的设立、人员组成、职权划分等内容作出规定。应当说，组织法规范（为政府治理提供组织法上的行权依据）和行为法规范（为政府治理提供行为法上的行权依据），共同构成了我国区域环境治理制度的整体图景。

二、组织法规范的类型梳理

德国公法学家奥托·迈耶（Otto Mayer）指出："行政机关的组织本身可被视作是国家施加作用于公众的法定形式。通过对机构中职位进行分配，将公权力作出确定的配置。"[2] 依据日本学者盐野宏的界定，"（政府或称行政）组织规范，是指使某自然人的行为效果归于国家、地方公共团体等行政主体的规范。具体来说，此种规范以有关行政机关设立的规定及该机关所掌握事务的规定为核心，进而包括规定行政机关关系的规范"[3]。政府内部的纵向之上下级关系和横向

---

[1] 张紧跟, 唐玉亮. 流域治理中的政府间环境协作机制研究——以小东江治理为例 [J]. 公共管理学报, 2007, 4（3）: 50.

[2] 奥托·迈耶. 德国行政法 [M]. 刘飞, 译. 北京: 商务印书馆, 2016: 17.

[3] 盐野宏. 行政组织法 [M]. 杨建顺, 译. 北京: 北京大学出版社, 2008: 246.

之不相隶属的平行关系，是组织规范法所规范的重要内容。有关政府间相互关系（监督关系、协议关系、咨询关系等）的规范，也构成组织规范的一部分。[1]组织内部的结构性重塑并非毫无实质意义的形式调整，恰恰相反，与机构调整相对应的是权力配置上的实质变动。对权力关系的重新界定是进行机构调整的目的所在。

通过制度梳理，我们发现区域环境治理规范可以按照所设立组织的内部结构由紧密到松散、职权由强到弱之渐进次序具体划分为统一区域环境管理机构、区域性环境协调小组、联席会议、河长制等组织法规范。

（一）设立统一区域环境治理机构的组织法规范

由于区域内不同地方政府在相互关系上的"非隶属性"，横向问题的解决往往期待纵向上更高权威之介入，所以架设一个统合多个行政区权力的更高位阶之组织形态，具有现实性的正当需求。相较其他区域性组织机构，由中央政府及其部门设立的统一区域环境治理机构在组织结构上最为紧密、实体性最强，其往往具备明确的机构性质、职权等。此外，在权力来源上，这类机构一般由中央政府依据法律和政策文件的相关规定予以设立，从而对区域环境事务实施统一的协调和管理。从法学视角看，组织结构的变动和高位阶协调机制的引入，会牵动政府内部"治理关系"和"权力配置"的结构性变化，进而为重塑不同行政区之间的协同关系创造可能。按照所调整环境要素范围的不同，设立区域环境治理机构的组织法规范又可具体归纳为以下两种：

第一，设立综合性区域环境治理机构的组织法规范。2017年5月，中央全面深化改革领导小组审议通过的《跨地区环保机构试点方案》中明确指出，在京津冀及周边地区开展跨地区环保机构试点，推

---

[1]　盐野宏．行政组织法［M］．杨建顺，译．北京：北京大学出版社，2008：246.

动形成区域环境治理新格局。[1] 一般认为，综合性的区域环境管理机构是在中央和省级环保机构之间新增设立的一层区域性环保机构。但有关这类机构的设立依据、职权范围等相关问题目前仍然十分模糊。例如，原国家环保部环境与经济政策研究中心主任夏光认为，跨地区环保机构应该是一个强势的、实体性的执行机构，不是一般性的协调机制，要有法定授权，可以审批、环评、审查、检查以及实施环保项目。[2] 但以目前既有的实践来看，我国现有的综合性区域环境管理协调性质的机构主要有华东、华南、西南等六大"区域环境保护督查中心"。上述区域环保督查中心的建立"标志着我国区域环境治理领域的初步努力"，但其对区域环境事务的管理和协调作用却是十分有限的。[3] 具体来说，督查中心的职权可划分为四项职能：监督、查办、协调和应急。[4] 其中的"协调"职能具体是指"协调处理跨省域重大环境纠纷和跨省域环境污染与生态破坏案件的来访投诉"。[5] 总体来说，设立综合性区域环境管理机构的组织法努力在目前仍处于改革试水阶段，其设立依据、法定权限等核心问题仍然有待完善。

第二，设立专门性区域环境治理机构的组织法规范。该类规范主要集中在国家公园治理和流域空间治理领域。对于国家公园管理，根据 2022 年国家林业和草原局《国家公园管理暂行办法》第五条的规定："国家林业和草原局（国家公园管理局）负责全国国家公园的监督管理工作。各国家公园管理机构负责国家公园自然资源资产管理、生态保护修复、社会参与管理、科普宣教等工作。"国家公园依据自然生态系统整体保护而设立的独立治理空间，采取由特定组织机构进行统一管理的治理模式。对于流域治理，依据 2017 年 2 月中央全面深化

[1]　马维辉.跨境污染案件频发京津冀跨地区环保机构要来了［N］.华夏时报，2017-05-29（005）.
[2]　王尔德.京津冀将开展跨地区环保机构试点拟设新立机构［N］.21世纪经济报道，2017-05-25（06）.
[3]　宁淼，孙亚梅，杨金田.国内外区域大气污染联防联控管理模式分析［J］.环境与可持续发展，2012，37（5）：17.
[4]　宁淼，孙亚梅，杨金田.国内外区域大气污染联防联控管理模式分析［J］.环境与可持续发展，2012，37（5）：195.
[5]　参见原国家环保总局《关于印发〈总局环境保护督查中心组建方案〉的通知》（环办［2006］81号）［EB/OL］.2009-10-22.生态环境部网站.

改革领导小组审议通过的《按流域设置环境监管和行政执法机构试点方案》的规定，要遵循生态系统整体性系统性及其内在规律，以流域作为管理单元，设立统一的环境监管和行政执法机构。2017 年修订的《水污染防治法》中多次提及具有广泛管理职权的"流域管理机构"等规范内容。事实上，我国在设置流域管理机构的组织法方面曾进行过丰富的探索。改革开放以来，为缓解水环境的跨域治理问题，国家水行政主管部门相继设立了一批流域管理机构。作为国家水行政主管部门的直属派出机构，这些流域管理机构代表中华人民共和国水利部在相应流域行使部分水行政管理职能。如以太湖蓝藻事件为契机，国务院在 2011 年 9 月颁布出台了《太湖流域管理条例》，该条例在国务院水行政主管部门设立太湖流域管理机构的基础上，进一步对太湖流域管理的协调机制予以完善，明确规定了太湖流域管理机构的相关权责。2011 年修改的《淮河流域水污染防治暂行条例》第四条明确规定组建"淮河流域水资源保护领导小组"，负责协调和解决淮河流域治理的相关问题。根据 2008 年国务院批准的《水利部主要职责内设机构和人员编制规定》，中华人民共和国水利部派出的流域管理机构包括：长江水利委员会（湖北省）、黄河水利委员会（河南省）、淮河水利委员会（安徽省）、海河水利委员会（天津市）、珠江水利委员会（广东省）、松辽水利委员会（吉林省）、太湖流域管理局（上海市）。这些流域管理机构代表水利部行使水行政主管职责，是具有行政职能的事业单位。

（二）设立区域环境协调小组（以下简称"协调小组"）的组织法规范[1]

相较于强意义上的新设区域环境管理机构立法模式，弱意义上的"协调小组"类型的组织法规范系采取构建沟通协商机制以解决区域

---

[1]　此处"区域环境协调小组"是笔者所归纳的学理称谓，实践中也有"领导小组"或"协作小组"等其他用法。

性环境问题。该类组织法规范的调整特点是，往往不会对机构的专职性人员编制和组织形态进行专门规定，这些致力于协调区域环境问题的"协调小组"在人员构成上大多由中央部委或地方领导兼任，表现为一种相对灵活的组织形式。虽然"协调小组"并非具有法定管理职能的一级行政机关，但通过设立常设性办事机构和定期召开会议的工作机制而成为一种供沟通和议决的组织形态，其在实践中又可具体归纳为以下两种。

第一，为解决特定社会事件的"协调小组"类组织法规范。这些组织法规范以完成特定任务为己任，具有调整对象的特定性、授权上的"打包性"、存续期间的有限性等特征。例如，为保障重大会议期间的环境质量，由原国家环保总局、北京市牵头制定，经国务院批复通过的《第29届奥运会北京空气质量保障措施》中要求成立"北京奥运会空气质量保障工作协调小组"（以下简称"奥运协调小组"）作为开展大气污染联合防治的工作机构。首先，奥运协调小组致力于改善北京奥运会期间空气质量这一短期目标，因而具有调整对象的特定性和存续期间的有限性、临时性；其次，在权力配置上，奥运协调小组超越了传统大气污染中"辖区管辖"模式及其权力运行的空间限制，其管理权限及于北京、天津、河北等五省（市），从而在组织法层面，实现了区域内大气环境治理相关权力横跨式的"整体打包配置"。

第二，针对特定环境要素进行区域治理的"协调小组"类组织法规范。随着《大气污染防治行动计划》（"大气十条"）和《水污染防治行动计划》（"水十条"）的相继出台，特定环境要素领域的区域性治理得到各级政府的更多关注，具体环境要素领域的各类"协调小组"相继出现。在法学的视角下，这类组织法规范下的"协调小组"镌刻着中央与地方相结合的协同治理印记，"协调小组"的成立往往表现为中央层面的统筹领导和地方层面的横向合作相结合的组织法探索。例如，由国务院批准成立的"京津冀及周边地区大气污染防治协作小组"及"长三角区域大气污染防治协作小组"是该类组织的典型代表。以"京津冀及周边地区大气污染防治协作小组"（简称"京津冀大气协作小组"）为例，该小组由北京、天津、河北、山东等七省（区、市），以及原国家环保部、发改委等八部委共同组成。从既有资料来看，由于中央的高度重视加之小组成员的广泛性，生态环境部等为落实区域大气污染联防联控治理模式，印发了《京津冀及周边地区2019—2020年秋冬季大气污染综合治理攻坚行动方案》，将打赢蓝天保卫战作为打好污染防治攻坚战的重中之重。此外，2018年5月4日，京津冀及周边地区大气污染治理工作交流培训会在北京召开。发布了"京津冀及周边地区深化大气污染控制中长期规划研究项目"的研究成果。京津冀晋蒙鲁豫七省（区、市）的生态环境部门代表围绕城市环境的精细化管理、柴油车污染治理、煤改清洁能源等环保措施进行了交流，研究为区域大气污染治理提供有力帮助。同样，"长三角区域大气污染防治协作小组"（简称"长三角大气协作小组"）在组织成员上囊括了江苏省、安徽省、浙江省、上海市三省一市以及原国家环保部、发改委等八部委的共同参与。相较于京津冀大气协作小组，长三角大气协作小组的"地方色彩"更为浓郁，该小组组长为上海市委书记，生态环境部门等中央部委官员兼任副组长，小组的办事机构设在上海市。[1] 此外，长三角区域大气污染防治协作机制运行三年后，在原大气污染防治协作小组成员的基础上新增中央六个部委参加，并新形成了水污染防治协作机制。2016年在杭州召开了区域大气污染防治协作机制第四次工作会议暨水污染防治机制第一次工作会议，同时印发《长三角区域水污染防治协作机制工作章程》，力求实现"水气同治"。[2]2020年9月27日，长三角区域大气和水污染防治协作小组办公室（扩大）会议在沪召开，会议深入学习贯彻习近平总书记在扎实推进长三角一

---

[1] 许云峰.长三角大气污染防治协作机制正式启动——近期目标：推动长三角区域2017年PM2.5浓度比2012年下降20%［N］.都市快报，2014-01-09（A14）.

[2] 江帆，晏利扬.长三角联手水气同治［N］.中国环境报，2016-12-12（002）.

体化发展座谈会的重要讲话精神，落实 9 月 24 日推动长三角一体化发展领导小组会议和 6 月 6 日协作小组工作会议要求，推动落实区域污染防治攻坚战阶段性目标任务、生态环境保护协作重点工作以及区域重大活动空气质量保障。会议研究讨论了长三角区域生态环境保护协作机制组建方案和办公室组建方案、《进一步加强长三角区域生态环境保护协作任务清单》《长三角生态绿色一体化发展示范区生态环境管理"三统一"制度建设行动方案》。总言之，在组织法规范上，该类"协调小组"往往以地方政府与部门共建、国务院批准的方式设立，并没有与之对应的特定规范依据（如《太湖流域管理条例》中对太湖流域管理局相关职权的明确规定）。这导致其职权范围大多十分模糊，更多表现为依赖各组织成员原有管理权限的叠加。在成员构成上，该类组织除包含中央领导和部委参与外，广泛吸纳了区域内各地方政府党政领导和主要负责人作为小组成员，从而将区域重要环境事务的治理纳入地方经济社会发展的综合决策中予以部署，实现中央与地方相结合的协同共治。

（三）指向区域环境治理联席会议的组织法规范

按照组织体内部结构由强到弱、由紧密到松散的渐进次序，联席会议的组织形态是最为松散的一种类型。联席会议制度是指"由牵头地区环境主管部门出面，设立相对松散的区域协调机构和常设执行部门，借助定期或不定期召开会议的方式"协调区域性环境议题的组织法制度。[1] 在组织结构上，合作各方没有成立各自取得特定身份的紧密型组织机构。例如，2018 年修订的《大气污染防治法》第八十六条第二款规定区域内各地方政府应"定期召开联席会议"。此外，在泛珠三角区域的制度实践中，相关组织法规范内容较为完善和成型。2004 年，泛珠三角地区九省以及香港、澳门特区政府（"9+2"）共

---

[1]　王清军.区域大气污染治理体制: 变革与发展[J].武汉大学学报(哲学社会科学版),2016,69(1):113.

同签署的《泛珠三角区域合作框架协议》中，确立了"行政首长联席会议"的工作制度。2005 年《泛珠三角区域环境保护合作协议》中再次重申，"不定期举行泛珠三角区域环境保护合作联席会议，研究决定区域环境保护合作重大事项"[1]。2022 年成渝地区双城经济圈生态环境保护联合执法工作第一次联席会在重庆市顺利召开，会议以落实《〈成渝地区双城经济圈建设规划纲要〉实施方案》《成渝地区双城经济圈生态环境保护规划》《四川省生态环境厅重庆市生态环境局战略合作协议》《成都市生态环境局重庆市生态环境局战略合作协议》、推动 2021 年川渝两地达成的 10 项综合行政执法联动工作为主题，同时，重点研究了在国务院印发《关于扎实稳住经济一揽子政策措施》后如何进一步落实成渝地区双城经济圈生态环境保护联合执法工作。

从法学视角来看，联席会议的组织形态具有松散性和不稳定性。首先，联席会议一般仅设联络机构（即秘书处或办公室），而不设组织和管理机构。会议由各方生态环境部门负责人共同主持，且与会成员并不固定。例如《泛珠三角区域环境保护合作协议》中有关联席会议召开时间"不定期举行"之规定。其次，联席会议制度的建立一般以区域内地方政府生态环境部门之间达成的"合作协议"为设立依据，联席会议一般视为"合作协议"在组织法上的协调机制。例如，《泛珠三角区域合作框架协议》作为由地方政府间共同签署的区域环境保护合作协议，属于指引政府行为的行为法规范类型。但其为了落实和执行合作协议的相关规定而涉及了部分建立联席会议制度的相关组织法内容。再次，作为一个必要的比较，联席会议与协作小组这两种组织法类型在合作方式上的区别在于：前者以商讨性方式并借助合作协议作为协调机制，后者单独设立了具有跨界性环境管理权限的治理机

---

[1] 在珠三角区域以外，全国其他地区同样存在运用联席会议制度推进合作治理的制度与实践。例如：2007 年江苏省和山东省为解决跨界水污染治理问题，探索建立鲁苏边界"6+3"环保联席会议制度。参见刘宝森.鲁苏边界 9 县市建立沟通机制解决跨区域污染治理[EB/OL].2008-06-10.新华社；2008 年底，江苏、浙江、上海三省市共同签署《长江三角洲地区环境保护工作合作协议（2008—2010）》，协议中规定建立两省一市环境保护合作联席会议制度。

构，凭借一定形式的权力安排实现合作目标。但从发展的角度来看，联席会议的组织结构在一定程度上表现为协调小组的初级组织形态。如长江三角洲城市经济协调会就是在各地政府协作部门负责人联席会议制度的基础上发展起来的。随着联席会议及其下设秘书处的人员组成、职责权限等相关制度日趋完善和规范化，其组织化、制度化将显著提高，进而向区域性治理组织形态演进。

（四）指向区域环境治理"河长制"的组织法规范

作为一种改革趋势和河湖保护机制的创新，2016 年中共中央办公厅、国务院办公厅联合印发《关于全面推行河长制的意见》，提出"全面建立省、市、县、乡四级河长体系，各省（自治区、直辖市）设立总河长，由党委或政府主要负责同志担任"。各级河长负责组织领导相应河湖的管理和保护工作。[1] "河长制"是一种复杂的制度形式，其通过党政领导负责制责任体系的建立，在强化属地责任、推动部门、区域协调方面发挥着重要作用。应当说，由于"河长"大多由地方党政一把手兼任，"河长制"本身并未打破行政区边界壁垒。但在目前的改革中，河长制逐渐衍生出一种"河长联席会议"的工作制度。例如，2016 年底，太湖管理局印发的《关于推进太湖流域片率先全面建立河长制的指导意见》中明确指出，"探索建立由太湖局牵头的入太湖河道、重要跨省河湖河长联席会议制度。"通过"河长联席会议"的组织形态，"及时协调解决涉及省际之间、上下游之间的河湖管理保护重大事宜，加强信息交流共享。"2021 年 3 月 9 日，国务院办公厅发布《关于同意调整完善全面推行河湖长制工作部际联席会议制度的函》，并发布《全面推行河湖长制工作部际联席会议制度》，指出为全面贯彻党的十九届五中全会精神，深入落实党中央、国务院决策部署，进一步加

---

[1] 作为该文件的细化和落实，中华人民共和国水利部、原环保部联合发布了《贯彻落实〈关于全面推行河长制的意见〉实施方案》；2016 年底，水利部太湖流域管理局印发的《关于推进太湖流域片率先全面建立河长制的指导意见》中指出，"探索建立由太湖局牵头的入太湖河道、重要跨省河湖河长联席会议制度，及时协调解决涉及省际之间、上下游之间的河湖管理保护重大事宜，加强信息交流共享"。

强对河湖长制工作的组织领导，强化协调配合，经国务院同意，调整完善全面推行河湖长制工作部际联席会议制度。

　　总言之，上述组织法规范伴随我国区域环境治理实践的发展而展开，由于规范内容过于庞杂，这里的梳理仅限于具有典型代表意义的部分组织法规范，其自然无法亦不必要对无比丰富的"细枝末节"进行全面涵盖和精确对应。通过上述规范梳理，大体可以提炼出如下结论：首先，随着治理层级从中央到地方的过渡，区域环境治理的组织形态实体性逐渐减弱。如实体性最强的中央层面"太湖流域管理局"和最弱的地方层面《泛珠三角区域环境保护合作协议》中规定的不定期召开式的"联席会议"；其次，在法学视角下，这种组织实体性的由强趋弱（即区域管理机构—"协调小组"—"联席会议"），在权力运行维度上揭示出，治理权行使由"纵向权威"向"横向合作"的渐进式过渡；最后，对上述两点深入思考后揭示出，区域环境治理是一个具有"层级差异"性的复杂问题，不同形态下的区域环境治理之法治化构建具有差异化的内在需求。

三、行为法规范的类型梳理

　　与组织法规范的调整对象不同，行为法规范旨在规制特定行为并赋予其法律效果。根据叶必丰教授的界定，行为法规范是规定政府机关行为方式的规范。[1]从政府间协同治理的视角切入，可以发现区域环境治理是一个行为法问题，旨在实现区域环境善治的政府间协同治理行为主要围绕纵向和横向两个维度而展开。①在自上而下的纵向治理模式中，中央（或上级）政府主要通过"统一的方向性指导"和对地方（或下级）政府的"有限分权"，以实现对环境事务的区域性治理。首先，中央政府"统一的方向性指导"集中体现为各类区域性环境规划行为，通过规划行为的总体安排及指标体系的构建，为区域内地方

---

[1]　叶必丰.行政组织法功能的行为法机制［J］.中国社会科学，2017（7）：110.

政府的环境治理活动提供间接的框架性指引和底线约束。其次，中央政府的"有限分权"是指，除在一些重点区域中央政府保留直接参与具体治理活动的职权外，其授权地方政府成为环境治理的责任主体，即授予地方政府在中央政府提供的制度框架内自行进行规则的细化制定和执行性落实。②在平等主体的横向治理模式中，地方政府主要以"契约"作为行为机制形成共同的治理意志，并据此指引和约束各方的协同治理行为。

（一）中央政府的直接治理类行为法规范

区域环境治理指向的环境事务往往具有跨域性，涉及多个行政区的行为协调和利益均衡等复杂议题，需要共同上级进行具有约束力的权威调处。鉴于此情形，中央政府的权威介入和纵向协调是实现区域环境"良善之治"的必然要求。以规范中央政府环境治理活动为核心的行为法规范，必然会对政府间的区域环境治理关系产生深刻的规范性影响。在我国，中央政府的直接治理类规范主要表现为中央政府以治理主体之身份直接参与具体区域环境事务的治理中，并由其主导推进的各项制度安排。严格来说，此处"中央政府的直接治理类行为法规范"应作广义上的理解，其并非指狭义上的"由中央政府所制定的行为法规范"，而是指以中央政府直接治理行为作为规制对象的行为法规范。具言之，中央政府的直接治理类规范可以简要归纳为如下内容。

第一，在环境基本法层面，2014年修订的《环境保护法》第二十条第一款明确规定："国家建立跨行政区域的重点区域、流域环境污染和生态破坏联合防治协调机制"，从而在权力运行的"纵向"维度上明确了中央政府对于重点区域环境事务的直接治理责任。第二，在具体的环境要素领域，2018年修订的《大气污染防治法》第八十六条规定："国家建立重点区域大气污染联防联控机制，统筹协调重点区域内大气污染防治工作……按照统一规划、统一标准、统一监测、统一的防治措施的要求，开展大气污染联合防治，落实大气污染防治目标责任。国务院环境保护主管部门应当加强指导、督促。"2018 年修正的《防沙治沙法》确立了"统一规划，因地制宜，分步实施，坚持区域防治与重点防治相结合"的工作原则。2016 年修订的《水法》确立了国家对水资源实行"流域管理与行政区域管理相结合"的管理体制，该法第十四条规定："开发、利用、节约、保护水资源和防治水害，应当按照流域、区域统一制定规划"。2018 年 8 月 31 日通过的《土壤污染防治法》也提出"国务院生态环境主管部门对全国土壤污染防治工作实施统一监督管理。"此外，面对日益严重的区域性环境问题，党的十八大以来，中央政府密集出台了《大气污染防治行动计划》（"大气十条"）、《水污染防治计划》（"水十条"）、《能源行业大气污染治理方案》等强制减排政策，明确提出重点区域近中远期生态环境治理目标。[1] 为落实"大气十条"的相关要求，原国家环保部、发改委等六部委（局）联合颁布了《京津冀及周边地区落实大气污染防治行动计划实施细则》，对京津冀及周边地区的区域性大气污染治理进行了更为精细化的安排。大体来说，上述中央政府的直接治理类规范集中体现了中央政府对区域环境事务的权威治理，是一种纵向维度上的协同治理法律规范。第三，在资金保障方面，虽然有关中央财政扶持的相关规范也会涉及一定程度上的利益调处，并在作用机理上呈现激励性和引导性的"指挥棒"特征。但在制度最终的作用效果上，其仍然体现为中央政府纵向上对区域环境事务提供的资金支持，属于中央政府的直接治理类行为法规范。具言之，在利益调处和财政支出责任方面，中央政府的环境治理责任暗含了其应承担一定的区域环境治理支出义务，即为地方政府提供资金支持。这种资金支持既是对跨域环境治理给予补贴，同时亦包括拨付部分款项给省级政府以填补损失。[2] 如 2021 年 9 月中共中央办公厅、国务院办公厅印发的《关于深

[1] 王振波，梁龙武，林雄斌，等.京津冀城市群空气污染的模式总结与治理效果评估［J］.环境科学，2017，38（10）：4006.
[2] 崔晶，孙伟.区域大气污染协同治理视角下的府际事权划分问题研究［J］.中国行政管理，2014(9)：13.

化生态保护补偿制度改革的意见》规定了中央政府在横向转移支付、重点生态区域补偿和横向补偿方面的相关职责。又如，在京津冀及周边地区大气污染治理中，2013 年中央财政安排 50 亿元资金以"以奖代补"的方式用于治污工作，重点向治理任务重的河北省倾斜。[1]第四，在责任考核类行为法规范方面，中央政府的直接治理活动同样需要地方政府的具体落实和执行，并由此衍生出中央政府的"问责和考核"职责，即对下级地方政府执行环境法律法规和政策的情况、环保执法等情况进行考核，通过对领导班子及领导干部的考核评价、严格责任追究等方式落实国家统一部署的治理目标和任务体系。如国务院南水北调办等六部门联合印发《关于印发丹江口库区及上游水污染防治和水土保持规划实施情况考核办法的通知》中，针对考核对象、范围、标准等核心内容给出了相对具体的规定。概括来说，这种来自中央政府的考核问责一般具有直接性、具体性和强制性特征，大多指向具体的治理事项或任务，因此与宏观式的指导（如环境规划等）存在较大差别，故将其作为直接治理类型更为适恰。

（二）中央政府的间接方向性指导类行为法规范

"间接的方向性指导"主要指中央政府在宏观高度对区域环境事务所进行的统筹设计和整体安排，具有宏观性、指导性、间接性特征，是一种十分重要的"纵向"治理模式。在生态环境治理中，中央政府的职责是提出政策方向，地方政府则选择适当的措施负责执行。在文本规范层面，这类中央政府的"间接方向性指导类规范"集中表现为各类区域性环境规划文件，包括国土空间规划等空间规划类文件、水功能区划和大气功能区划等功能区划类文件、环境保护专项规划文件等。

空间规划类文件以国土空间规划统合了原主体功能区规划等分散

---

[1] 王晔君，蒋梦惟.中央投 50 亿治理京津冀大气污染：重点向河北倾斜 或引发更大溢出效应［N］.北京商报，2013-10-15（001）.

的规划类型，实现了国土空间治理的"多规合一"。党的二十大报告明确提出，"要促进区域协调发展。深入实施区域协调发展战略、区域重大战略、主体功能区战略和国土空间体系。健全主体功能区制度，优化国土空间发展格局。"国土空间规划与主体功能区规划具有基本路向的改革相继性。在承继主体功能区规划提出的分区治理原则基础上，国土空间规划将生态功能作为独立的国土空间主体功能予以正面直接设定。2015年中共中央办公厅、国务院办公厅印发的《生态文明体制改革总体方案》将国土空间规划纳入生态文明制度体系，提出"构建以空间规划为基础、以用途管制为主要手段的国土空间开发保护制度"的改革要求。2019年中共中央办公厅、国务院办公厅印发的《关于建立国土空间规划体系并监督实施的若干意见》明确指出："（国土空间规划）是加快形成绿色生产方式和生活方式、推进生态文明建设、建设美丽中国的关键举措"。国土空间规划改革标志着我国的空间规划体系开始由传统的空间内自然资源和环境要素分别规划发展到以生态要素发挥对国土空间布局的本底性约束效果的新阶段。国土空间规划明确提出"生态保护红线"和"生态空间"的整体治理要求，以规划手段将原本分散的、可能涉及不同行政区和权属主体的资源环境要素纳入同一个空间单元并实现了"生态联合"。

在国土空间规划之外，根据区域生态环境系统的不同功能定位所制定的生态功能区划类文件主要包括"水功能区划""水环境功能区划""大气环境功能区划"以及"噪声环境功能区划"等。2015年原国家环保部、中科院联合编制的《全国生态功能区划（修编版）》，对不同区域的生态功能布局进行了更为细致的制度安排。《水功能区管理办法》和《全国重要江河湖泊水功能区划》同样对区域内环境治理关系进行了总体安排。

此外，在生态环境专项规划层面，生态环境专项规划更为明确地指向环境保护的价值取向，它是"国家以环境保护优先为宗旨，以环境容量和承载力为基础，对一定时期、一定地域范围内的环境和保护与利用环境的行为所做的总体部署"[1]。例如，2022 年生态环境部联合国家发展和改革委员会、重庆市人民政府、四川省人民政府印发的《成渝地区双城经济圈生态环境保护规划》提出："协同开展跨界水体环境治理、大气污染联防联控、'无废城市'建设，深化成渝地区生态环境同防共治。"在组织保障部分，明确要求："（中央）相关部门和重庆市、四川省政府及其相关职能部门组成生态环境保护领导小组，统一领导成渝地区生态环境共建共保工作。"2021 年 12 月《"十四五"重点流域水环境综合治理规划（2021—2025）》也提出，坚持山水林田湖草沙生命共同体理念，从流域生态系统整体性出发，以小流域综合治理为抓手，强化山水林田湖草沙等各种生态要素的系统治理、综合治理，以河湖为统领，统筹水环境、水生态、水资源，推动流域上中下游地区协同治理，统筹推进流域生态环境保护和高质量发展，体现了"流域—控制区—控制单元"的分区治理思路和原则。在其他具体环境问题领域，亦存在针对具体环境议题所制定的专项性规划。例如，依据《中华人民共和国防沙治沙法》（以下简称《防沙治沙法》）的相关要求，2013 年国务院批准的《全国防沙治沙规划（2010—2020）》规定，根据不同沙化土地类型区的个性问题和治理重点展开沙区治理。

　　总体来说，中央政府间接的方向性指导类规范主要体现为各类区域性环境规划文件。该类行为法规范具有如下核心特征。其一，该类行为法规范彰显着中央政府的"宏观统筹和整体安排"，并与区域性环境事务具有高度的契合性。可以认为，政府的规划行为是对生态整体性、连通性、系统性这一环境事务根本特质和运行规律的确认与应对。其二，规划类文件本质上是国家对区域性环境问题的一种"纵向"治理手法。诚如学者所言，作为一个体现整体安排又兼具灵活与适应

---

[1]　王昌森. 关于构建环境规划法的思考［D］. 青岛：中国海洋大学，2014：22.

性的动态的政策过程，规划在输出不计其数的政策文本的同时，"引导或干预经济主体的活动，塑造或制约各级政府的行为"[1]。在这一意义上，规划类文件多以政府部门为制定主体，并以"塑造和制约政府治理行为"为主要目的。相对于实践中大量存在的地方政府间"横向"合作式治理，规划类文件在"纵向"上规范并指引着政府的区域环境治理行为。其三，规划类文件之于区域环境治理议题的重要意义在于，以国家规划这一带有立法权意味的方式，对具有相似外部条件和环境功能的地域单元范围进行权威划定以形成大致的区域范围，由此构建区域内的统一安排和不同区域间的差异性治理，并构成特定区域范围内各地方政府开展协同治理的行权边界。换言之，基于自然条件适宜性、资源环境承载能力、生态服务功能等因素进行的区域规划，必然因与行政区划不一致而构成行政区之间的联合，政府的治理行为不再以行政区为基本单元和利益界限进行科层制治理，而是必须在规划规定的区划范围内、以区域整体利益为出发点进行横向政府之间的协同治理。其四，规划本身并没有对协调地方政府间关系的具体机制进行规定。作为以区域整体为调整对象的"纵向"治理方式，规划文件中对地方政府间的协调问题大多并不涉及。在后现代治理思潮的影响下（即认为任何一种单一治理方式都有自身不可避免的局限性），这种横向合作机制的缺失恰恰彰显"纵向"规划类文件的力所不逮之处，由此催生构建"横向"治理模式和机制的迫切需要。

（三）地方政府间的契约治理类行为法规范

"每个国家的绝大部分社会矛盾纠纷都发生在地方，解决在地方。"[2]地方既是中央顶层设计的主要实施者，也是规则制度的主要创新者。在中央力量之外，地方各级政府同样是区域环境治理的重要力量。现行环境保护法律体系遵循"地方各级人民政府应当对本行政

---

[1] 韩博天，奥利佛·麦尔敦，石磊.规划：中国政策过程的核心机制［J］.开放时代，2013（6）：8.
[2] 黄文艺.认真对待地方法治［J］.法学研究，2012（6）：22.

区域的环境质量负责"的基本思路。[1] 根据"权责对等"的公法原则，地方政府的治理义务隐喻着中央政府向地方政府进行"有限性授权"之必要。基于此，地方政府有权在中央政府建构的大框架下进行横向协作。

在文本规范的类型上，这种地方政府间的契约治理类规范主要表现为地方政府共同签订的区域环境保护合作协议。合作协议的运用在推动区域环境治理发展变革的同时，在法律属性和效力上又具有模糊性和不确定性特征。在文本形式上，这些"合作协议"在名称上各异。比如多数区域环境保护合作协议使用的标题多为"协议"，但也包括"倡议书"（《长江三角洲区域环境合作倡议书》）、"方案"（《江苏盛泽和浙江王江泾边界水污染联合防治方案》），以及"意向书""宣言""意见"等。虽名称各异，但其共性在于均是一种政府间的契约治理机制，即在我国政府主导的区域环境合作治理模式下，政府通过签订各种形式的公法契约来推动合作的区域治理方式。举例来说，在长三角区域环境治理中，2022年上海市、浙江省、江苏省签署《长江口—杭州湾近岸海域生态环境保护合作协议》，推动健全长三角区域生态环境保护协作机制；在京津冀区域环境治理中，为加快推进该区域生态协同发展，加强通宝唐三地区域联防联控联治，2022年北京市通州区、天津市宝坻区、河北省唐山市签订《通宝唐区域生态环境保护协同机制框架协议》。协议约定建立生态环境保护联建联防联治合作机制，健全信息通报制度和监测数据共享制度，共同应对和处理跨界突发环境事件及污染纠纷；在珠江三角洲区域环境治理中，2004年泛珠三角地区"9+2"政府共同签订《泛珠三角区域合作框架协议》和《泛珠三角区域环境保护合作协议》；在粤港澳区域环境治理中，粤港澳大湾区的环保合作已开展多年，随着《珠江三角洲地区改革发展规划

---

[1] 我国《环境保护法》第六条第二款规定："地方各级人民政府应当对本行政区域的环境质量负责。"这在其他规范文件中亦多多有涉及，如《水污染防治行动计划》第（二十九）条规定："强化地方政府水环境保护责任。"

纲要》《粤港合作框架协议》《粤澳合作框架协议》《深化粤港澳合作推进大湾区建设框架协议》和相关专项性环境规划和环境协议的相继推出，粤港澳大湾区政府间的环保合作不断拓展和深化，粤港澳三地不断推进大湾区空气质量管理、跨界河流治理、珠江河口水质管理、东江水质保护等合作；在海河流域治理中，2020 年水利部海河水利委员会与海河流域八省（自治区、直辖市）水文机构，签署《海河流域水文协同发展合作框架协议》，共同推进流域水文协同发展，为流域治水提供有力支撑。[1]

地方政府间签订区域环境保护合作协议，已经成为地方政府具体开展协同治理的主要规范依据。这一治理行为既是各治理主体基于协商一致达成统一治理"合意"的文本确认，同时也是具体合作行为得以开展的渊源性制度依据。总体而言，地方政府间的横向契约治理的主要特征可以归纳为如下几点：第一，地方政府间的横向契约治理具有典型的"契约特质"，即缔约主体为区域内互相不具有行政隶属关系的地方政府及部门，基于平等协商所达成的协同治理的合意及具体措施安排。质言之，形式多样的区域性合作协议是"契约"这一行为机制引入包括环境事务在内的社会公共事务治理中的新型治理方式，具有典型的非干预性特征。从这一角度而言，大多数的区域合作协议均是区域内各地方政府基于自愿原则达成的共识，表达其合作解决共同环境问题的治理意愿。第二，地方政府间的横向契约治理体现明显的"权力次序位阶"，绝大多数的区域合作协议并非突破中央制度框架的地方先行先试，而是为落实国家预先制定的法律、规划及其他指导意见类权威性文件的统一精神而签订的。在此过程中，中央的授权是部分的和有限的，中央政府保留控制整个政策形成的权力，地方政

---

[1] 在流域治理中，关于流域管理机构与流域内省级政府水利厅（局）共同制定的规范性文件的性质，应根据协议的具体内容区分对待。其中诸如《海河流域水文协同发展合作框架协议》《海河流域水协作宣言》虽由海河水利委员会作为缔约主体，但是协议旨在确立地方政府水行政主管部门间的横向协调和协作机制框架。与此不同，《黄河流域省际边界水事协调工作规约》中主要规定了省际边界水事纠纷的处理原则和程序。由于流域管理机构具有协调跨省水事纠纷的职权，故这种规约更具有有权机关的单方立法性质。

府间的合作必须符合中央的顶层意志和整体安排。另一方面，在重点环境区域的治理问题上，中央对地方的分权同样是部分的和有限的。对于在全国范围内具有重要影响和关键地位的重点区域的环境治理，中央政府仍然保留其作为直接治理主体的相应权责。第三，区域合作协议的内容与一定形式的组织安排密切相关。"我们生活在一个组织化了的社会。组织就是我们生活和交往的社会现实，离开了组织就无法理解我们的社会，也无法安排我们的行动。"[1] 在这一意义上，地方政府间达成的合作协议与地方性组织形态（如联席会议等），存在紧密的嵌套关系。一方面，合作协议的有效实施包括协议内容的修订、履行以及纠纷调处等均需要相对稳定的组织机构来完成。[2] 因此，多数合作协议中往往包含了建立相应协调和执行性组织机构的具体内容。对于综合性的（同时具有事务性和组织性内容）合作协议而言，其中的合作机制条款是成立包括联席会议在内的协调组织的文本依据。另一方面，合作协议亦被作为区域性协调组织对一致取得的共识性认识进行文本固定后的产物，此种协议多数为事务性协议，指向具体合作领域的事务安排。作为区域环境治理中的重要力量，地方政府之间共同签订的区域合作性文件在数量和比重上是相当庞大且繁杂的，穷尽大量繁复的地方样本并非本书的主要目的。因此，此处仅选取部分具有代表性的地方制度样本，以期相对简明地呈现问题的基本线条。

四、小结

党的二十大要求健全环境治理体系，区域环境治理法律制度的规范供给是环境治理体系化的重要保障。当前阶段，我国区域环境治理法律制度在数量与内容上相当庞杂，这就使针对现行法的梳理与归纳

[1] 张康之，李东.任务型组织之研究［J］.中国行政管理，2006（10）：31.
[2] 汪建昌.政策网络视角下的区域行政协议运行研究［J］.南京师大学报（社会科学版），2016（4）：69.

工作本身具有独特意义。由于我国区域环境治理法律制度整体上的"前法制化"发展阶段以及现行法体系中充斥着大量实践导向的政策性文本内容，试图通过文本罗列和逻辑上的归纳梳理，显然难以全面反映生动复杂的制度样态，通过类型化的梳理方法既能够实现文本的系统整合又能有效兼顾制度运行中的实践面貌。大体而言，针对代表性制度文本的类型化梳理大致可以作出如下总结。

第一，大量以区域为调整单元的文本规范之蓬勃兴起，映射出区域环境治理已经成为国家环境治理体系中的重要组成部分。政府的环境治理方式与手法正在以区域为调整单元的全新场域下发生变革。概言之，这些制度规范不再关注于单一辖区范围的碎片化治理，而是以区域整体作为调整单元和利益考量对象，在更大空间范围内追求一种政府间的协同治理效果并重塑其治理逻辑。[1] 例如，国土空间规划改革中以生态整体性保护为目标明确设立"生态空间"规划单元；最新修订的《环境保护法》中有关区域内政府间相互协同的一般规则；《大气污染防治法》及其配套规范中增设的"联防联控"治理模式；《水污染防治行动计划》及其配套规范中确定的"流域—控制区—控制单元"的分区治理模式；以《全国主体功能区规划》为基础的相关规划类文件在国家层面对政府间区域环境治理作出的统筹安排；彰显地方改革与创新的地方政府间区域环境保护合作协议等文件，深刻地影响着政府及其部门的行权方式与相互关系。

第二，我国区域环境治理法律制度主要沿循组织法规范和行为法规范两条脉络而展开。在组织法上，区域环境治理法律制度是一种意图通过设立区域性环境治理机构或组织，来统筹和协调区域内各级政府治理活动的组织法努力。从目前既有的制度文本来看，按照组织体结构由紧密到松散和职权由强到弱之渐进次序，这些规范可划分为区域环境管理机构、区域环境协调小组、联席会议、河长制等方面的组

---

[1] 胡佳.区域环境治理中的地方政府协作研究［M］.北京：人民出版社，2015：89-94.

织法规范。在行为法上，区域环境治理法律制度是一种意图通过规范政府主体的治理行为，从而实现区域协同善治的行为法。主要包括中央政府的区域性环境规划制度，权威治理、利益调处和责任考核等直接式治理制度，以及地方政府间的横向契约式治理制度。在治理主体上，区域环境议题下政府间的协同治理关注不同地域、不同层级间的政府关系，其在纵向维度上体现为中央政府和地方政府，在横向维度上体现为不具有隶属关系的多个地方政府。在此意义上，"政府"的概念是一种宪法意义上的整体政府概念，囿于规制主体集中在"区际"关系，政府内部的部门间关系（"部际"关系）在多数文本规范中被有意地回避了。

第三，在规范的有序布局和体系效益形成上，我国区域环境治理法律制度的相关内容尚未形成融贯协调的法律体系。首先，中央层面的制度规范仍然较为原则模糊，缺少不同制度之间的衔接机制，难以形成体系上的制度合力。其次，现有制度内容过多体现中央纵向权威的压力式治理，系上级政府通过权威性命令方式对环境治理施以责任分派式的行政控制，利益衡平及相应的激励机制不健全。伴随中央政府一系列"指导意见""试点方案""行动计划"紧锣密鼓地出台，现行制度规范仍呈现运动式、压力式的治理特征。再次，各级政府部门制定的大量政策性文件，以及地方政府间订立的区域环境保护合作协议的法律属性相对模糊，法律效力亟待强化。在目前制度规范中，非正式法源性文件仍然占据重要地位，这些数量庞大的非正式法源性文件徘徊于"严格法制"与"改革实践"之间，衔接着"规范"与"现实"之双重命题，规范化和制度化程度相对较低。总体来说，随着政府环境治理关系和治理方式的革新，我国区域环境治理法律规范体系亦将经历面向法治目标的规范转型变革。在此过程中，政策性规范之合法性亟待加强，大量制度空白有待填补和完善，各项制度间的有效衔接将提上日程。应当说，我国区域环境治理法律制度仍然存在着大量不足，并面临着由此引发的诸多现实困局。囿于篇章结构安排，此处仅就现行制度梳理予以简要归纳，有关区域环境治理制度困局的具体展开将在下文中详细阐述。

第二节　区域环境治理法律制度的现实困局

亚伯拉罕·林肯（Abraham Lincoln）曾言："如果我们知道了我们在哪里，要走向哪里，我们就能更好地判断要做什么，如何做。"由此，针对区域环境治理现实困局的整体考察与分析具有重要意义。2016 年原国家环保部发布的《中国环境状况公报》显示，全国环境质量状况呈现整体好转态势，但区域性环境问题仍然十分严峻。党的二十大报告也明确提出，在充分肯定党和国家事业取得举世瞩目成就的同时，必须清醒看到，我们的工作还存在一些不足，面临不少困难和问题。生态环境保护任务依然艰巨。以区域大气污染治理为例，国家在京津冀大气污染治理过程中的一系列重大举措促成了京津冀地区大气环境逐渐好转的良好局面，2016 年京津冀 13 个城市空气优良天数比例在 35.8% ~ 78.7%，较 2015 年提高 4.3%。但从横向比较上，全国平均优良天数比例为 74.2%，而京津冀地区仅为 56.8%，区域性大气污染问题仍然十分严重。此外，在水环境领域，区域性问题同样十分显著，全国主要河流仍然面临流域污染问题，如海河流域为重度污染，黄河、辽河、淮河等流域为轻度污染等等。2021 年 12 月《"十四五"重点流域水环境综合治理规划（2021—2025）》也提出，当前，重点流域水环境综合治理面临的结构性、根源性矛盾尚未根本缓解，水环境状况改善不平衡不协调的问题突出，与美丽中国建设目标要求和人民群众对优美生态环境的需要相比仍有不小差距。重点流域干流和国控断面水质大幅提升，但支流、次级支流和中小河流水质状况改善不明显，省控、市控断面水环境形势不容乐观，部分河段仍存在劣Ⅴ类水体。工业和城市生活污染治理成效仍须巩固深化，老城区、城中村及城郊接合部等区域环保基础设施建设还存在短板。以氮、磷为代表的营养性物质问题日益凸显，太湖、巢湖等湖泊蓝藻水华仍处于高发态势。这些成绩和不足向我们表明，我国区域环境治理正在稳步前进，但仍须注意的是相关现实困局仍然存在，如果传统的"辖区治理"模式不能在具有整体性和流动性的环境领域得到根本性的革新与修正，抑或是当前为数众多的政策性治理措施不能在法治化的轨道上得以规范和重塑，区域环境治理议题就无法得到系统性和根本性的解决。

一、区域环境治理顶层立法的规范性法效果不足

2014年《中共中央关于全面推进依法治国若干重大问题的决定》指出，"实现立法和改革决策相衔接，做到重大改革于法有据、立法主动适应改革和经济社会发展需要"。在这一意义上，"区域环境治理也不应是一个'脱法'的过程，而是需要在我国现行立法体制框架内进行"[1]。应当说，只要依法治国仍然是国家治理的发展方向，那么"法条主义"的制度要求就总是在场的。另一方面，通过前文的制度梳理发现，我国区域环境治理制度仍然面临诸多合法性问题，其在文本的规范性、治理模式的稳定性和制度体系的完备性等方面，呈现出较为明显的"前法制化"特征。诚如学者所指出，"目前不少地区之间正在进行跨区域环境治理合作机制的有益尝试，但其稳定性和制度化程度普遍较低"[2]。通过归纳与分析，目前我国区域环境治理中的合法性困局主要集中于以下方面。

第一，区域环境治理中的"立法空白"与"景观式"立法。现行区域环境治理制度体系的立法缺失，使其无法为实践的有效开展提

---

[1] 王超锋.我国区域环境立法机制的构建探究［Ｊ］.宁夏社会科学，2017（1）：80.
[2] 任丙强.生态文明建设视角下的环境治理：问题、挑战与对策［Ｊ］.政治学研究，2013（5）：68.

供充分的制度保障与规则指引。首先，从现有法律文本上来看，有关区域环境事务的立法规制散见于各项立法中的"区域环境治理法律条款"，缺乏统一性和系统性的专项立法。事实上早在 2009 年，作为对十一届全国人民代表大会代表提案的回应，国家发改委表示已经开始组织起草"促进区域协调发展条例"，其后在 2018 年，中共中央办公厅、国务院办公厅印发了《关于建立更加有效的区域协调发展新机制的意见》，但遗憾的是该项正式立法工作至今一直未能完成。[1]其次，《环境保护法》第二十条的规定虽然改变了以往针对不同环境要素分散性立法的规范状态，但其在立法内容上仍然过于原则和模糊，条文本身所有效涵摄之内容仍十分单薄，未能进一步就治理的主体、程序、实施和保障机制等作出细化规定，从而无法为复杂的区域环境治理实践予以有效规制。这也是一般性的区域合作立法面临的共性问题。再次，对区域性环境规划行为，尚未实现有效的法律规制。规划因其宏观蓝图性和目标设定性，往往对规划范围内相关主体指向环境的行为产生深远影响和规范效力。作为一个体现整体安排又兼具灵活与适应性的动态政策过程，规划在输出不计其数的政策文本的同时，引导或干预主体的活动，塑造或制约各级政府的行为。因此有必要将环境规划行为与其他治理措施相区分并给予充分关注，针对其运行过程中"多规衔接"及合法性问题予以相应规制。

相较于一般法律规则层面的立法空白，地方政府的大量"既无大错，也无大用"的"景观式"立法，使得区域环境治理的规范体系一定程度上沉浸于"虚假繁荣"之中，改革的深意于此被淡化。所谓"景观式"立法泛指立法主体输出的是一些因过于宏观原则而不具有可操作性和可执行性的规范文件，"好看而不好用"是该类文件的典型特征。[2]在区域环境治理场域，虽然中央层面一般性规则处于相对空白

---

[1] 《全国人民代表大会财政经济委员会关于第十一届全国人民代表大会第二次会议主席团交付审议的代表提出的议案审议结果的报告》[EB/OL].2009-12-15.
[2] 孙春牛.地方立法别搞"景观化"[N].人民日报，2013-09-30（05）.

状态，但各级政府及其部门仍然在区域环境治理领域表现出了极大的热情。实践中，为了体现本辖区对中央宏观区域政策的贯彻与执行，也为彰显本辖区在区域事务中的积极态度和影响力，地方政府间共同签署了较多的空洞的、口号式的合作文件。但由于这类文件在内容上的空洞性与原则性，其实际实施效果极为有限，也因此被学者形象地比喻为"景观式"立法现象。[1]另一方面，"景观式"立法与我国政府在区域环境治理领域的"双重治理性格"密切相关。囿于区域环境事务的敏感性与政治性色彩，加之环境本身的公共物品属性及其在空间上的外溢性，政府间尤其是地方政府间的协同合作仍然裹挟着相当成分的"作秀"性质。这集中表现为政府的"双重治理性格"，即各级政府在区域环境治理的政策制定上如同英雄般激进，甚至带有些许冒进和超前意味，而在政策推行和执行过程中保持渐进式、折中式的消极策略。[2]可以说，无论是一般性立法规则的空白，抑或是"景观式"立法和政府的"双重治理性格"，都从不同角度揭示出我国区域环境治理领域所面临的"表面热闹，内在迷失"的立法困局。

第二，地方政府间签订的区域环境保护合作协议，面临法律属性模糊的合法性困局。在区域环境治理场域，为了解决一些实践中十分迫切的区域性环境难题，回应改革过程中公众普遍关注的社会问题，各级政府及其部门常常会以签订各种"合作协议"的灵活方式"填补"立法之空白。实践中，地方政府间以推动区域环境协同治理为要旨所共同签订的环境保护合作协议普遍存在。[3]应当说，区域环境保护合作协议的治理方式以其高度的灵活性和高超的"衡平"艺术协调各方矛盾与冲突，巧妙地缓和不同地区间紧张的利益关系，并为区域环境治理中不同主体间的诉求表达、利益衡平与传送提供了灵活的治理工具。然而需要注意的是，政府间横向协议的治理模式在具体实施中仍

---

[1] 秦小建.立法赋权、决策控制与地方治理的法治转型［J］.法学，2017（6）：79.
[2] 王惠娜.区域环境治理中的新政策工具［J］.学术研究，2012（1）：56.
[3] 何晓妍.论区域环境保护合作行政协议的适法性［J］.广西职业技术学院学报，2014，7（4）：34.

然面临着合法性与合理性的双重质疑。一方面，在权力来源上，由于我国立法并未明确指明地方政府间享有自行订立"公法契约"之权力，地方政府的上述行为存在"自我授权"的嫌疑。另一方面，在法律属性和效力上，地方政府之间达成的合作协议的性质与效力属于立法的空白地带。与其说这些合作协议具有法律上的约束效力，毋宁说其更像是一种合作意愿的申明和表达，当出现"违约行为"时，协议内容显然无法作为政府间权利（力）主张和救济的正式依据。[1]

总言之，若不是出于对短期治理目标或政治需要所裹挟的实用主义及功利主义之考虑，而是坚持以法治的思维和方法，在确保合法性和正当性的前提下通过重塑政府间环境治理关系和变革传统治理手段来解决区域环境治理议题，就必须跳脱"灵活多变"的政策性手法，将命题从关注作为实用主义前提的成本、优劣、效能等，转换到作为法律治理前提的法律关系、权责配置、利益衡平、权利保障等法律问题的关注之上。不可否认，以政府间横向区域合作协议为典型代表的"灵活"治理模式在转型时期的特定国情背景下，因契合于面向改革的时代精神而具有一定现实意义。但在严格法治的视域下，这些实践中广泛存在的行权模式因缺乏必要的合法性支撑，而有待进一步制度化。作为对政府执政履责方式的一场深刻变革，政府的区域环境治理活动应于法有据，应当说，当政府部门在缺乏必要立法授权而径行行事之时，它已悄然戴上了立法者的皇冠，而这显然与现代法治精神背道而驰。

二、区域环境治理机构的管理职权不强

在组织载体层面，尽管近年来我国区域环境管理机构有了长足发展，但仍然存在诸多问题。作为以政府治理为核心力量的公共性议题，通过建立统一的区域环境治理机构来有效调处相关议题的组织法努力

---

[1] 崔卓兰，黄嘉伟. 区际行政协议试论［J］. 当代法学，2011，25（6）：21.

具有现实性的积极意义。但在实践中，由于区域环境治理机构职能定位上的模糊不清和权威性不足，相关机构治理权的行使效能和实际约束力相对有限，难以对相关地方政府的决策行为形成预期中的协调与规范作用。

首先，中央设立的区域环境治理机构（如流域管理机构、区域环保督查中心）权威不足、职能有限，无法对区域环境事务进行统一而有效的协调。一般来说，针对多个行政区环境事务的统一协调必然会牵动地方政府的辖区利益。而在传统唯 GDP 论的畸形经济发展观影响下，为了发展本地区经济，地方政府往往扮演污染企业"保护伞"的消极角色，从而增加了区际协调的难度。在这一意义上，赋予区域环境管理机构一定的权威性以及与之相匹配的职权范围极为重要。在我国，机构定位模糊、权威性不足、职能范围有限一直是制约区域环境管理机构充分发挥协调作用的重要原因。一方面，在职权范围上，区域环境事务本身相对敏感且牵涉利益十分广泛，对之不当处理极易酿成大规模的环境事件，出于这点考虑，相关文件或上级政府部门的授权往往相对谨慎。以区域环保督查中心为例，作为中央监督地方实施国家环保政策的重要机构，生态环境部对区域环保督查中心的放权却极具"保留性"，没有将具有实质影响力的区域管理权能赋予督查中心，且遵循"一事一委托"的工作原则。[1] 这种在权力链条中边缘化和模糊式的权力设置使得督查主体的积极性大打折扣。同时，我国区域环境管理机构的职权范围大多较为单一，主要局限于简单的沟通职能。然而区域环境事务却十分纷繁复杂，简单的沟通职能显然无法应对具体多样的治理实践。[2] 另一方面，在权威性上，管理机构自身权威性不足，导致其对地方政府涉及环境事务的决策行为的协调力度不强。再以区域环保督查中心为例，督查中心在实际运行中主要从事

[1]　方印.我国区域环保督查中心论［J］.甘肃政法学院学报，2016（3）：5.
[2]　邓可祝.我国区域环境合作的组织机构研究——以美国州际环境合作组织为借鉴［J］.法治研究，2013，82（10）：60.

的是信息调查收集工作以及生态环境部各司局下派的例行事务，其职能发挥主要在"查"而非"办"。在地方自我治理模式之下，督查中心难以得到地方政府的足够信任，无法真正承担起区域公共物品供给者和跨域环境纠纷协调者的角色。[1] 此外，我国的流域管理机构隶属中华人民共和国水利部，是水利部的派出机构，而当其在因协调省际环境事务而面对多个省级地方政府时，就会形成在行政层级上"矮人半头"的不利局面，亦即因行政层级较低而引发权威性不足。

其次，地方政府间主要依凭组织化程度较低的联席会议展开磋商和合作，从而常常面临共识事项难以获得真正执行的尴尬困局。具言之，针对协调小组的组织形式而言，该类组织虽然名义上具有一定的区域性环境管理权限，但其权限范围大多仅限于斡旋与协调，属于一种相对弱化的协调性权力。与地方政府的行政管辖权相比，这种相对弱化的协调性权力缺乏必要的权威保障与依托，协调力度较为有限。加之组织本身的松散性和权限范围上的模糊性，协调小组的组织形式对区域事务的协调能力仍具有非制度化的不稳定性特征。此外，针对联席会议的组织形式而言，一方面，由于会议召开周期往往间隔较长时间，其无法对全部区域环境事务作出及时反应。另一方面，鉴于会议的商谈性，即便在会议期间形成临时性合意的相关文件，仍然会因效力问题而在执行中面临"议而不决""决而不行"的难题。诚如学者所言，"目前的行政首长或其他政府职能部门联席会议仅是一个基于友情或道义的协商会，对协商结果的执行既没有约束能力，也没有管理职能"[2]。可以说，联席会议制所确立的是非制度化的协商性合作机制，这一机制谋求以集体商谈的磋商方式实现协同治理。磋商方式本身的倡议性和商谈性，导致共识性决定或是较难达成，或是执行效果差强人意。

[1] 毛寿龙，骆苗.国家主义抑或区域主义：区域环保督查中心的职能定位与改革方向［J］.天津行政学院学报，2014，16（2）：53.
[2] 卓凯，殷存毅.区域合作的制度基础：跨界治理理论与欧盟经验［J］.财经研究，2007，33（1）：62.

三、纵向权威下的治理效果难以持续

区域环境治理的另一现实困局表现为中央政府基于政治权威和高权行政开展的治理活动难以产生持续性的治理效果。在纵向协同层面，目前区域环境治理成效的取得主要依赖中央政府的命令式、运动式和干预式的单向治理手法，地方政府处于被动的政策响应者地位，未能突破辖区治理中层级管控模式的传统框架，呈现出"重管控，轻协调"的调整思路，最终导致治理效果的临时性和反复性。

从驱动机制来看，我国当前区域环境治理未能跳出"压力型体制"的窘境。党的十八大以来，面对日益严重的区域性环境问题，中央政府密集出台《大气污染防治行动计划》《水污染防治计划》，以及《能源行业大气污染治理方案》等强制性减排政策，以期通过明确重点区域近中远期生态环境治理目标以及指标的层层分解落实，来实现区域环境事务的权威管控。质言之，这些治理措施在驱动机制上主要依靠自上而下式的压力机制，自中央政府开始，逐级下达约束性任务，并根据任务考核结果给予官员惩罚或奖励。在当前的制度体制下，环境减排指标和计生、综治维稳等一样，属于"一票否决"指标，必须保证完成。[1] 此外，时下颇为热络的重点区域联防联控制度同样裹挟着权威治理的印记，虽然联防联控制度包含了部分协调性的机制和内容，但总体而言，该项制度仍然以"管控"为核心。正如学者所言，联防联控机制体现了在重点区域实行中央到地方"自上而下""一核多区"的统一监管。[2] 从《大气污染防治法》第五章"重点区域大气污染联合防治"的规范条文来看，没有任何一条涉及地区间的利益协调或是中央对承担过重生态义务地区的扶持和激励，在这一意义上，该项制度在实际运行中所主要依凭之动力仍是自上而下式的权威压力。然而，

[1] 《中华人民共和国国民经济和社会发展第十三个五年规划纲要》提出"实行最严格的环境保护制度，严格落实约束性指标"，同时指出，"本规划确定的约束性指标以及重大工程、重大项目、重大政策和重要改革任务，要明确责任主体、实施进度要求，确保如期完成"。
[2] 柴发合，李艳萍，乔琦，等.我国大气污染联防联控环境监管模式的战略转型［J］.环境保护，2013，41（5）：24.

如此强大的权威压力并未彻底改变我国区域环境事务所面临的治理困局。一方面，在压力体制下，政治权威及其形成的政治责任是驱使地方政府领导人采取积极应对策略的主要制约力量。但地方政府及其领导人兼具政治人、经济人和道德人三重特性，兼具政治晋升、经济效益最大化和道德情操上的价值追求。[1]这种多重身份及多重追求并不总与区域性的生态追求相一致。将区域环境治理寄希望于地区领导人身上，难以形成相关治理制度和机制的常态化。另一方面，压力型体制以中央和上级政府的压服式权威为背景威慑和驱动力，而当上级压力不足或因政策重心变迁引发压力转移之时，相关治理活动势必会重新"回归"原本状态，从而引发治理效果上的难以持续。

从治理方式来看，我国当前区域环境治理未能摆脱"运动式"治理窠臼。区域环境治理不但关涉环境治理方式的区域性变革、政府环境关系的区域性重构，还与区域经济社会发展战略的整体调整、产业布局的变迁、技术手段的革新等因素密切相关。在这些关联因素没有发生整体性和系统性变革的情况下，政府的区域环境治理仍在相当程度上依赖于"运动式"的治理方式。"运动式"治理是区域环境治理中的一项顽疾，其一般特征可以归纳为：以特定公共性事件为契机（如突发性跨界污染事件或其他重大社会性事件），在民众的强烈呼吁和媒体的放大效应下，中央领导及有关部门开始高度重视并组建不同种类和级别的协调平台，依赖自上而下式的政治权威和压力体制，实现特定时段针对特定问题的治理目的。以北京奥运期间京津冀地区环境治理为例，为了改善奥运会期间京津冀地区的空气质量，中央和相关地方政府开展了一系列"阵风式"的治理行动。这些治理措施主要包括：制定《第29届奥运会北京空气质量保障措施》，并成立北京奥运会空气质量保障工作协调小组作为开展大气污染联合防治的工作机

---

[1] 李顺，徐富春，王利强，等.国家环境数据共享与服务体系研究［J］.中国环境管理，2011，3（2）：11-17.

构[1]，采取一系列联合治理行动，包括"企业停产、机动车限制行驶、施工工地停止作业"等极端性应急措施。[2]在治理效果上，上述治理措施共同促成北京空气质量达到十年以来的最高水平，但奥运会期间取得的治理效果是短暂的，其后北京空气质量逐渐下滑。[3]事实上，无论是早期治理实践中的联席会议还是近期出现的"全国大气污染防治部际协调小组"；无论是北京奥运期间对区域环境管理权力的"一体化打包"配置，还是亚运会期间京津冀、长三角等地开展的联合治理行动，实质上均构成了"运动式"治理的重要组成部分。由于"运动式"治理涉及范围广、治理力度大、见效周期短，并能高效统合区域力量，消除地方政府间权力行使的空间壁垒及其他合作困局的负面影响，"运动式"治理在目前区域环境治理中仍占据重要地位，并极大地影响和制约了我国区域环境治理的法治化进程。

四、横向利益失衡引发内生性合作机制匮乏

"法律其实是各种利益衡平和协调的产物，'沟通与协调'是环境法自我实现的必然要求。"[4]作为一项牵动多个行政区切身利益的治理活动，各方参与主体间的利益衡平直接决定了主体的合作意愿和履责态度，并最终影响着区域环境治理实效。由此，主体间的利益失衡将导致处于劣势地位的参与方因缺乏内生性的合作意愿，而采取"变通"策略和消极不合作行动，并最终引发治理效果的不可持续以及最终合作的"溃败"。目前，我国区域环境治理领域存在着较为严重的利益失衡问题。作为推动政府间环境治理行为走向协同的重要法律保障，以衡平区际利益为核心的生态补偿机制尚未形成，利益补偿和激励机制未能与联防联控机制等管控措施形成有效衔接和有益补充。

[1] 刘世昕.奥运北京空气质量保障措施获国家批复[N].中国青年报，2007-11-02（07）.
[2] 王玲.奥运期间北京若遇极端天气将进一步限制机动车行驶[N].经济日报，2008-08-01（004）.
[3] 王永吉.专家析北京奥运后空气质量下降，新老问题叠加造成[EB/OL].2013-01-15.中国新闻网.
[4] 吕忠梅.环境法导论[M].北京：北京大学出版社，2015：33.

第一，地方政府间横向利益衡平机制尚不健全。环境冲突的背后往往隐藏着深厚的利益作用与利益角逐。[1] 伴随改革开放后的财税改革和事权下放，各级地方政府逐渐形成了各自独特的利益视角和利益结构。在区域环境治理场域，即便是中央权威在场或是区域环境协调组织被赋予了足够大的权限，如果地方利益得不到很好的衡平与补偿，区域环境治理同样会陷入"囚徒困境"的恶性竞争泥淖。因此，地方政府间横向利益协调机制的不健全，势必导致弱势的地方政府会主动规避甚至退出协同治理，从而引发主体之间的"明合暗离"。

在我国，地方政府间的横向利益衡平主要通过地方政府间的横向生态补偿机制加以实现。从法理上来说，承担更多治理义务的地区为受益地区的生态改善和环境利益提升所作出的牺牲，理应获得来自受益地区的横向补偿。但在实践中，长期以来对"生态服务功能"及其价值的忽视，使我国区际生态补偿制度发展缓慢，地方政府间的横向补偿常常陷入无法可依的尴尬境遇。以京津冀地区为例，河北省作为京津地区重要的生态屏障，承担着北京市81%、天津市93.7%的生产和生活用水；承担着经济生态负担的消除、降解功能；承接京津地区污染企业的转移及其带来的生态负效应；提供其他生态产品。[2] 在河北省北部与京津接壤区域，形成了包括32个贫困县、270万贫困人口的"环京津贫困带"。[3] 该地区承担着京津地区生态屏障、涵养水源等重要生态功能，但除少量的专项资金补偿外，由于京津冀三地间横向生态补偿机制尚未建立，横向的利益补偿仍极为有限。[4] 以现有的制度规范来看，虽然2021年中共中央办公厅、国务院办公厅制定了《关于深化生态保护补偿制度改革的意见》，针对"横向生态保护补偿"进行了宏观部署。但该《意见》在内容上仍然相对宏观，有关横向生

[1] 刘莉.邻避冲突中环境利益衡平的法治进路［J］.法学论坛，2015，30（6）：40.
[2] 中共石家庄市委党校课题组，黄玥.河北生态补偿制度存在的问题及对策研究［J］.中共石家庄市委党校学报，2014，16（11）：39.
[3] 王玫，李文廷.环京津贫困带生态环境现状及发展对策［J］.河北学刊，2008，28（6）：143.
[4] 张治江.生态建设：京津冀协同发展亟须突破的瓶颈［J］.中国党政干部论坛，2014（11）：70.

态补偿中的权利主体、义务主体、补偿等级、补偿的方法和途径、可量化的评估标准等具体机制和配套制度仍然亟待完善。应当说，目前地方政府间横向生态补偿机制的不健全是导致地区间利益失衡的重要制度性原因，其直接造成地方政府合作治理意愿不强及内生性利益驱动的缺乏，严重阻碍了我国区域环境治理和区域生态建设的发展。总言之，法律规范以利益为核心关注点，旨在调整利益的确认和分配。利益驱使是区域环境治理的根本诱因。从这一角度来说，区域环境治理制度的生命力和实效性强弱在于其是否对各方参与主体之利益诉求作出了适恰的回应。在权威型调控之外，推动各方参与主体走向协同一致的内生性动力在于主体间利益的衡平。利益衡平机制的缺失是造成我国区域环境治理停留于短期治理效果以及合作协调机制难以有效运行的重要原因。

第二，利益衡平机制未能与联防联控机制等管控措施形成有效衔接和有益补充。重点区域联防联控是目前我国区域环境治理领域的一项重要制度。从规范层面来看，《环境保护法》第二十条第一款被视为该项制度在环境基本法层面的概括性表述。2018 年修订的《大气污染防治法》采用专章形式，以"重点区域大气污染联合防治"命名，详细规定了重点区域联防联控制度的各项内容。然而，通过对上述文本的梳理和分析可以发现，无论是基本法层面的《环境保护法》第二十条的相关规定，还是《大气污染防治法》第五章第八十六条至第九十二条的专章规定，均没有提及地区间生态利益补偿的内容，也未规定联防联控制度与地区生态补偿制度之间的相互衔接问题。这一立法缺失导致地区间生态补偿机制始终处于一种"任选项"状态，没有成为政府在处理区域环境事务时所必须考虑的事项，有关地区间利益的衡平与调处往往在中央的强制性环保任务和政治责任的强大压力下被冲淡和弱化。基于前文分析，不同地区之间的联合防治离不开地区间利益的协调与衡平。无论是基于权威背景的管控手段还是基于协商背景的协调手段，均须以利益协调与衡平机制作为支撑。利益衡平机制与联防联控等管控措施在衔接机制上的立法缺失，易于引发制度之间的隔阂与衔接上的不畅，从而无法在体系上形成制度合力。在目前的制度实践中，虽然部分规范和实践对两者的相互衔接与补充进行了有益探索，如为落实《京津冀及周边地区落实大气污染防治行动计划实施细则》中"七省联动、共同保障"的要求，京津冀三地签订的《京津冀区域环境保护率先突破合作框架协议》中规定了特定城市之间的"对口援助"机制，作为该项内容的进一步落实，北京市与廊坊市、保定市签订的合作协议中，确定了 4.6 亿元的补偿资金；天津市与沧州市、唐山市签订的合作协议中，确定了 4 亿元的补偿资金。但由于规范本身的政策性和临时性，及其适用范围与调整事项的特定性，这些制度规范和实践未能形成有关利益补偿机制与联防联控机制相互衔接的相对稳定的、常态化的制度安排。

第三，中央或上级政府的强势介入及其对地方利益的关注不足。需要说明的是，在我国"单一制"的国情背景下，中央政府的财政转移以及其他财政上的扶持措施，是有效协调地方间横向利益失衡状态的重要方式。借用美国学者托马斯·戴伊（Thomas R. Dye）的经典论述，政府总会为了追随特定时期的发展目标，对全社会的价值进行权威性分配，并选择做或不做的事情。[1] 由于相关的政府治理实践刚刚起步，而区域性环境议题又极为严峻且大多表现为社会普遍关注的焦点问题，如京津冀雾霾治理等。为了快速且有效地解决治理中的难题，中央或上级政府直接以权威身份介入区域环境治理过程成为当前实践的热门选择。另一方面，这些由中央或上级政府统一安排的区域性治理活动大多具有"特定的治理目标"。为了在短时间内推动目标的实现，并避免因协商而陷入困局或造成拖沓，中央或上级政府往往会以政治权威对承担生态义务地区的相关利益诉求予以有意弱化和压制。

[1] 托马斯·R.戴伊.理解公共政策［M］.谢明，译.北京：中国人民大学出版社，2011：1.

　　在上述因素共同作用下，中央或上级政府的治理过程势必会形成一种典型的"政策洼地"效应，即为了尽快实现区域性治理目标，而在政策制定上有意强化部分地区的环境治理义务并弱化其利益补偿。例如，在京津冀区域环境治理中，中央在政策制定上长期以牺牲河北、内蒙古等地的利益为代价，来保障京津地区的环境治理，形成一种"拱卫京师"的局面。再以"京津风沙源治理工程"为例，由于近年来北方地区连续出现的大范围浮尘、扬尘和沙尘暴天气及其对京津地区造成的严重影响，国务院领导亲临河北、内蒙古视察治沙工作，指示"防沙止漠刻不容缓，生态屏障势在必建"并决定实施京津风沙源治理工程。在此背景下，国家于 2001 年和 2012 年先后开展了京津风沙源治理一期和二期工程。详言之，"京津风沙源治理工程"系由国务院主导和推进，以改善京津地区的大气质量为目标，其二期工程范围囊括京津、内蒙古、陕西在内的 6 个省（区、市），工程涉及了大量贫困地区。[1]学者的实证分析显示，中央政府对上述地区的利益调处主要通过国家财政补贴的方式进行，国家的补贴并未有效弥补农户农业收入的损失。[2]中央政府在推进治理工程的过程中，显然没有对负担生态义务的相关地区之利益给予充分确认和保障。在当前的区域环境治理实践中，由于缺乏对区域内各地方政府利益的确认和有效补偿，承担较多生态义务的地方往往会因缺乏内生性利益激励而采取消极抵制、"准退出"等非正式的抵抗策略。[3]中央政府在地方利益调处与衡平问题上的关注不足是造成地方间利益失衡与合作困局的另一重要原因。

---

[1]　京津风沙源治理工程涵盖了众多贫苦地区。例如，在一期工程中，内蒙古自治区的 31 个工程区县中有 15 个国家扶贫开发重点县；山西省的 13 个工程区县中有 5 个国家扶贫开发重点县；河北省的 24 个工程区县中有 17 个国家扶贫开发重点县，即国家扶贫开发重点县占工程区县的 49.33%。参见刘璨、张巍. 退耕还林政策选择对农户收入的影响——以我国京津风沙源治理工程为例［J］. 经济学（季刊），2007（1）：276.
[2]　钱贵霞，郭建军. 京津风沙源治理工程及生态经济影响解析［J］. 农业经济问题，2007，28（10）：54-57.
[3]　练宏. 弱排名激励的社会学分析——以环保部门为例［J］. 中国社会科学，2016（1）：85.

五、传统环境治理目标导向的偏差与错置

当前我国区域环境治理的又一困局表现为传统环境治理目标导向的偏差与错置。环境治理目标是各级政府部门执政履责的依据和追求，具有指引行为的导向性作用。一直以来，我国环境治理目标的设置主要表现在"不法行为控制"和"总量控制"两方面：其一，通过对主体行为模式的规范限定和法律后果的配套规定，以此实现法律对各种"不法行为"的控制。其二，利用各项指标体系（尤其是约束性指标）为特定区域的污染排放设置一个"控制总量"，并通过垂直方向的逐级拆解予以落实，以此克服"不法行为控制"目标仅仅关注于单一个体行为的不足。应当说，"不法行为控制"和"总量控制"目标在我国以往环境治理中起到了十分重要的积极作用，构成了我国环境治理目标体系的主体结构。但两者在区域环境治理领域却表现出明显的非适应性，无法有效应对区域环境治理实践的全新需要。

首先，针对"不法行为控制"目标而言，其关注焦点在于个体行为的适法性，即认为只要当事人的行为符合相关环境法律法规的要求，就不会引发国家强力之介入。在多数的公法领域，以"行为人不违反"为导向的规制目标是较为适恰的。但对于环境法来说，且尤其是在区域环境治理领域，这种以个体行为管控为核心的规制目标却并不那么合适。[1] 将"个体行为的适法性"与"区域环境质量"作为可同义转换的概念，本身存在着论证上的结构性跳跃。以区域大气污染治理为例，区域内所有的工厂和汽车尾气均达到国家相关标准，并不必然使区域的空气质量满足人们的健康生存条件。更遑论区域内各地区间不同的空气标准、守法情况与实际执行效果等差异因素。

其次，针对"总量控制"目标而言，污染物总量控制最初较为完整地出现于 2006 年《国民经济和社会发展第十一个五年规划纲要》

[1] 徐祥民. 环境质量目标主义：关于环境法直接规制目标的思考［J］. 中国法学，2015（6）：119.

之中，规划强调要将主要污染物排放总量减少作为一项具有约束力的指标，并依照行政层级和行业进行逐层分解。简单来说，总量控制目标建立了一套从中央到地方政府的以行政区或行业为基本单位的污染物控制体系，通过顶层"总量控制"和其下各级的"拆解落实"来实现主要污染物排放量的层级管控。从表面上看，总量控制目标存在一个区域性的总体控制指标。但实际上，通过对区域性指标在行政区内部的纵向拆解以及层层落实的考核与问责机制，总量控制目标的核心仍是一种以行政区为基本管控单元的纵向层级管控式目标体系。更为重要的是，以辖区为单元对污染物排放量进行量化的控制并不意味着区域环境质量会实现正向的提升和改善。经常出现的情况是，虽然本地环境规制强度增强（包括执行更严格的总量排放标准），但本地区的环境质量并未得到相应的改善，减排数字与环境质量之间存在一定程度的背离。某种意义上，出现这一困局的重要原因在于单纯着眼于本辖区的总量控制忽略了污染因子的跨区域传输特性。概括来说，传统污染物总量控制目标试图通过设置污染物排放总量以及总量指标的层层拆解，来实现污染排放强度的属地控制。由于没有充分考虑污染物的跨地区流动和交互影响等因素，以及跨地区增益性治理活动在排放指标中的抵扣问题，总量控制目标亟待完善与革新。可以说，总量控制目标将"环境污染物排放总量""环境污染水平"和"环境质量"作为可同义转换的概念，本身存在着论证上的结构性跳跃。

　　归根到底，无论是奉行个体管控的"不法行为控制"目标抑或是着眼于污染物排放总量及其拆解落实的"总量控制"目标，其基本的逻辑在于：处于特定行政区的地方政府通过降低本地的污染物排放量即可改善本地的环境质量，即认为通过传统的属地环境管理体制即可实现环境治理目标。然而，在区域环境治理场域中，上述两种目标设定因忽视了污染本身所具有的溢出效应，而难以充分回应区域环境治理的全新需求。具体来说，囿于生态系统的整体性和环境要素的流动性，不法行为所引致的污染和破坏往往因溢出效应的存在而在影响范围上呈现区域内的空间相关性。例如，在甲地所产生的污染会因水流或风力等自然作用而被传输至乙地，从而在乙地形成二次污染，而这些"外来"污染物并未占用乙地当地的指标限额。更具现实意义的是，这些从甲地输入的外来污染可能与乙地当地污染源相互化合，进而形成全新的复合污染。另一方面，"不法行为控制"和"总量控制"均属于一种"被动型"的目标设置，两者分别以行为的适法和污染物的排放量控制作为目标导向。然而，区域环境治理场域存在着大量"主动型"的治理活动（或称"正向治理活动"），如前文提及的"京津冀风沙源治理工程"就是典型代表。然而在目前的总量控制指标体系中，政府的正向治理行为并不能够在中央划定的总量范围外增加本地额外指标，从而无法有效涵摄地区间增益性的正向治理行为。

六、区域环境治理责任机制的缺失与弱化

法律对社会公共事务的调整目的得以实现的最终保障在于责任的设定和追究。正如学者所言，对于环境法这一带有强烈政策性意味的法学分支学科，法律责任条款是决定制度有效性的关键因素。[1] 长久以来，我国政府的环境治理沿循以"辖区治理"和科层体制为主导的治理模式，包括法律责任在内的相关制度安排均围绕"行政区"这一规制单元进行层级式设置。简单来说，传统治理模式依循的是一条"属地管辖—属地责任"的基本线索，此种责任承担方式与"辖区治理"模式是相适应的。然而，伴随区域环境治理议题的日趋凸显，建立于传统"辖区治理"模式基础上的责任制度体系已然难以适应现代环境议题的区域性、流动性和复合性特征。适应于"辖区治理"的属地式责任机制在面对区域性环境治理议题时，陷入了法理上的适用困局。

---

[1] 徐以祥，刘海波.生态文明与我国环境法律责任立法的完善［J］.法学杂志，2014，35（7）：30.

　　在责任承担的依据层面，传统环境治理的责任机制以"逐级落实"和"逐级考核"为核心，依循传统的属地责任与层级式的科层治理之基本逻辑。以区域大气污染治理为例，依照《大气污染防治行动计划》第二十七条和第二十八条的相关规定，我国大气污染防治领域采用的是"分解目标任务"和"逐级考核"的责任承担和追究方式。具体来说，在省级层面中央政府委托国家生态环境部门与各省级地方政府分别签订"大气污染防治目标责任书"，以此作为任务落实和责任追究的具体依据，各省级政府再如法炮制于各自辖区，将环境治理责任逐级落实。[1]可见，传统大气污染治理责任机制仍然以行政区为基本单元，并沿循纵向上的层层分解思路进行责任划分。然而，在区域环境治理视域下，生成于某一地区的污染因子并不会固守在该地的行政边界范围内，而是在水流、风力等因素的共同作用下发生跨越行政区边界的传输与迁移。受此影响，一些地区成为其他地区"环境污染在空间上拓展"后的被动接受者，抑或成为来自他区的污染"与本区域内的污染因子发生作用而产生复合污染"的接受者。[2]由此，污染物的跨域转移引发了"法律责任"的跨域转移和承担。于此情形，倘若径直适用现行法中地方政府的属地治理责任，则属于明显的责任错置，这不仅违反公平原则，也无法实现"通过法律责任来调整行为"的目标。

　　在责任类型上，传统环境责任机制以行政区为问责单元，沿循落实到"人头"的碎片化问责方式。实践中，只有少部分的制度规范涉及了区域性责任的类型，比如《环境保护法》第四十四条规定的以"区域"为问责单元的区域限批制度。又如 2017 年 8 月，原国家环保部联合北京、天津、河北等六省（市）地方政府联合颁布的《京津冀及周边地区 2017—2018 年秋冬季大气污染综合治理攻坚行动量化问责规定》第十一条规定，"行政区域内被问责的县（区）达到 4 个的，

---

[1]　相关"目标责任书"文本，可参见生态环境部网站."《大气污染防治行动计划》目标责任书"专栏的相关介绍。

[2]　陈贻健.区域性复合环境污染防治法律对策研究：以霾污染为样本［J］.法学杂志，2016，37（12）：79.

应对市（区）委书记及有关人员实施问责"。这一规定在强化上级治理压力的同时，也将县（区）级地方政府的环境治理责任与更大空间范围的市级地方政府及其主要负责人相勾连，从而有利于在更大区域内统筹协调环境治理事务。然而，目前绝大部分的环境治理责任机制仍然停留于属地责任层面，由于没有充分因应区域环境事务的整体性，这些源于辖区治理模式的责任机制，无法为以区域为调整单元的区域环境治理提供相应的责任制约。

在地方政府间的协同治理场域，各方共同签订的区域环境保护合作协议普遍面临"责任条款"缺失的问题。实践中，多数横向"合作协议"中仅仅包括行为模式的相关规定，却对"法律后果"的设定含糊不语。虽然在某些区域生态补偿性质的合作协议中包含了"违约方"的金钱给付责任，但这种责任承担方式仍然仅限于经济补偿而不包括其他责任类型。例如，在新安江流域生态补偿试点中，依照各方约定，只要安徽出境水质达标，下游的浙江省每年补偿安徽 1 亿元，反之则由安徽向浙江补偿 1 亿元。[1] 而在经济补偿之外，在新安江流域治理中并未规定各方因违反上述约定所应负担的行政责任、政治责任或其他责任类型。在法理上，从法律规范的逻辑结构视角观之，任何完整的法律规范均应包含假定条件、行为模式和法律后果。[2] 法律后果的缺失势必导致责任机制的失灵，并使规则本身陷入弱规范性的疲软境遇。

[1] 张启兵.安徽全力推进新安江生态补偿 [J].环境保护，2012，40（24）：58.
[2] 孙笑侠，夏立安.法理学导论 [M].北京：高等教育出版社，2004：196.

第四章 区域环境治理法律制度现实困局的理论解析

　　任何一种社会问题都存在着现象与要素、表象和本质的"虚实二向性"[1]。前文区域环境治理法律制度的现实困局表明，我国区域环境治理的制度化仍须加强和完善。简单的文本梳理及困境分析仍较为粗浅，有必要从理论上对区域环境治理中的多重法律关系及其关键影响要素予以深层透析。从法律关系的视角切入，区域环境治理制度主要围绕三重法律关系展开：中央（或上级）政府与地方（或下级）政府间的纵向协同关系；地方政府间的横向协同关系；政府与社会公众间的外部监督关系。于此，中央、地方与公众三者之间的张力关系构成了影响区域环境治理制度化程度的基本矛盾。进一步地，三重法律关系背后蕴含了"权威""利益"和"权利"三项决定区域环境治理成败的关键要素，质言之，传统治理困局的深层根由在于对"权威"要素的过度依赖以及对"利益"和"权利"要素的关注不足。在未来区域环境治理法律制度的完善上，应确立三项关键要素间的嵌套式互动关系，在此基础上围绕三重法律关系及其关键要素展开法律规制。

---

[1]　夏引业.我国应设立虚实结合的宪法监督体制［J］.政治与法律，2016（2）：66-70.

第一节　区域环境治理中的多重法律关系分析

　　法律规范渗入社会生活之中并通过法律关系的多样化构建来实现调整意图。人们总是倾向于将当前区域环境治理的诸多问题归结为治理机构不健全、权力（利）[1]义务配置不科学等具体因素，却对这些因素背后所体现之法律关系及隐含的深层理论问题视而不见。法律关系是社会关系在法学场域的转换表达，法律职业共同体在思考和处理法律问题时，通常要依循法律逻辑和思维区分出各种不同的法律关系。[2]从法理上来说，法律关系的分析视角就是把区域环境治理活动纳入法律规制后，针对治理过程中涉及的主体及其相互间关系进行的一种法学提炼。就此而言，区域环境治理法律制度主要围绕三重关系展开：一是中央政府（上级政府）与地方政府（下级政府）之间的纵向关系；二是不具有隶属关系的地方政府之间的横向关系；三是政府与社会公众间的外部监督关系。

一、中央政府与地方政府间的纵向协同关系 [3]

　　通说认为，法律关系是法律规范所调整的主体之间的权利义务关系。"法律关系错综复杂，但其核心始终不外乎权利与义务二者。"[4]这种"以权利义务为内核的法律关系"观反映了将传统法律关系概念在环境法领域进行推广使用的思维惯性。实际上，在现代环境法治视野下，环境法律关系不仅包含了权利和义务内容，更包含了大量的权力（职权）和义务（职责）内容。传统法律关系理论用作核心范畴的

[1] 张文显.法哲学范畴研究［M］.北京：中国政法大学出版社，2001：96.
[2] 张文显.法理学（第三版）［M］.北京：高等教育出版社，2007：159.
[3] 需要说明的是，广义上的纵向法律关系应当包括中央政府与地方政府、上级地方政府政府与下级地方政府两种具体类型。但由于中央政府与地方政府间关系更具典型意义，它与广义上的纵向法律关系属于特殊与一般的关系，故对中央与地方法律关系的描述不仅包含纵向法律关系的一般特性，而且包含中央与地方法律关系的个性特征。同时，地方层面的上下级治理关系以央地关系为蓝本，在一定程度上体现为对央地关系的"层级复制"。因此，为了标题上的表述简洁，此处仅简单表述为"中央政府与地方政府"，而在该部分的内容上，实际上涵盖了纵向上的其他法律关系。
[4] 郑玉波.法学绪论［M］.台北：台湾三民书局，1981：113.

权利和义务概念涵盖不了真实的公法关系中的权力因素，而不同层级、地域政府间"权力—权力"关系同样是现代环境法律关系的重要组成内容。

在纵向维度上，区域环境治理中的"权力—权力"关系体现为中央政府（上级政府）与地方政府（下级政府）间的纵向协同关系。[1] 传统上，中央政府对地方政府的纵向协同被认为是一种"等级命令"关系。"社会的或政治的意义上的权力，意味着权威和上下级之间的一种关系。"[2] 基于这种上对下的单向命令关系，中央政府可以对地方政府的环境治理活动施加直接式管控。中央政府与地方政府间的这种纵向命令关系一直是传统行政管理学和行政法学的研究重点。以"命令—控制"涵盖纵向法律关系的全部内容，并把职权和职责包含其中，从传统的科层制理论角度分析的确具有合理性。但是，从实证的角度分析则未必尽然。其一，尽管纵向命令传导仍然构成政府关系的主要部分，但环境法中地方政府对中央政令的消极抵制同样不可忽视。其二，把区域环境治理中的中央权力解释为需要得到地方权力的支持与配合，并在一定程度和范围上与地方权力相对等，进而形成上下交流、合作及一起解决面临问题的平权型协同法律关系，更加符合区域环境治理的现实需求。

因此，纵向维度上的区域环境治理关系具有"双重性"：从传统的命令与服从角度看，体现为中央政府对地方政府环境治理活动的命令式调整。在这里，中央政府的治理意志沿着自上而下的等级制指挥链，由最高层向下传导。[3] 如前文类型化部分所梳理的由中央政府确定治理目标，地方政府层层落实执行的治理方式。从平权型合作角度看，体现为中央政府与地方政府间的互动与协同，包括多渠道的反复协商、试验、评估、调整、改进等双向互动过程。实际上，越来越多

[1] 为了表达简洁，下文中不再每次均表述为"中央政府（或上级政府）和地方政府（或下级政府）"，而是以"中央政府和地方政府"作为简略表达。
[2] 凯尔森.法与国家的一般理论［M］.沈宗灵，译.北京：中国大百科全书出版社，1996：213.
[3] 丁煌.西方公共行政管理理论精要［M］.北京：中国人民大学出版社，2005：37.

的研究表明，中央政府与地方政府间的关系并非单向性的"命令—控制"关系，而是表现为相互合作、相互博弈的过程。[1] 中央决策并非总能发挥"指挥棒"效应，毫无变化和减损地传递至基层组织，中央政府与地方政府间的关系愈发显现出互动和博弈色彩。[2] 在此意义上，区域环境治理场域的中央政府与地方政府间的纵向协同关系，并不仅仅体现为自上而下的命令式传导，而理应包括中央政府与地方政府就区域环境问题在治理责任承担、资金保障、政策扶持等多方面的互动与博弈。

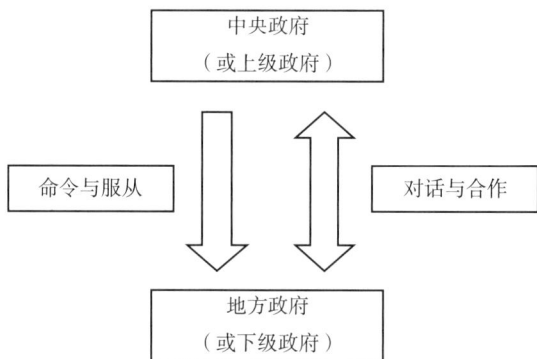

图 4.1　中央政府与地方政府间纵向协同关系的"两重性"

二、地方政府间的横向协同关系

区域环境治理活动及效果的整体性引发了治理义务与治理责任的"共同性"，从而使抱团取暖和协同共治成为地方政府的必然选择。由于环境问题本身具有强烈的空间关联性，其在特定环境要素系统构成的地理空间范围内具有整体性。这使单一行政区内的环境议题不可避免地呈现"外溢化"和"无界化"的特征，环境治理不再是局限于

---

[1]　徐晨光，王海峰 . 中央与地方关系视阈下地方政府治理模式重塑的政治逻辑［J］. 政治学研究，2013（4）：33.
[2]　唐在富 . 中央政府与地方政府在土地调控中的博弈分析——诠释宏观调控中政府间关系协调的一种新尝试［J］. 当代财经，2007（8）：24.

特定辖区的地方性事务，由此产生了地方政府之间开展"联合行动"的横向合作需要。可以说，区域环境事务的"无界化"与传统辖区治理的空间行权边界之间的矛盾与冲突，引发了地方政府间进行横向合作的现实需求，并形成了不同地方和不同政府部门间的横向法律关系。另一方面，在地方政府之间的横向关系层面，20 世纪 90 年代以来，伴随"治理"理念的大行其道，"地方治理"的理念被当作一种改善传统管理体制的重要手段，输入亚洲、非洲等发展中地区。"地方，作为追求可持续发展的一个主要场所已获得认可。"[1] 这就使得即便是针对中央政府直接形成的区域环境治理制度和决策而言，其仍须借助地方政府间的协同治理活动予以落实。同时，为回应区域议题及其治理的地方性特征，也由于中央政府无法准确、全面地涵盖"地方性知识"与"地方性舆论"等地方利益纠葛中的关键信息要素，地方政府间的横向合作则成为区域环境治理的现实需要。

质言之，区域环境治理中地方政府之间的横向法律关系是指，位于同一生态区内的不具有相互隶属关系的地方政府之间，基于治理和改善区域环境质量的共同愿望，以相互平等之身份所形成的横向协同治理关系。实践中，这种横向协同关系包含了两种具体情形：一是处于同一行政级别的地方政府间横向协同关系，如省政府与省政府之间、市政府与市政府之间等；二是处于不同行政级别但不具有隶属关系的地方政府间的"斜向"协同关系，如 A 省政府与 B 省甲市政府之间形成的协同治理关系。由于"斜向"协同关系中的地方政府仍处于不具有隶属关系的状态，因此本质上仍然属于横向协同关系的涵盖范畴。在目前的区域环境治理实践中，地方政府间的横向协同关系之结成，主要是通过签订区域环境保护合作协议的方式来实现。囿于"合作协议"本身相对模糊的法律属性，地方政府间的横向协同关系亟待相关立法的有效规制。

[1] Bulkeley H. Down to Earth: Local government and greenhouse policy in Australia [J]. Australian Geographer, 2000, 31 (3): 289-308.

　　此外，地方政府间的横向协同关系还隐含了一个区域环境治理中的地方自主权问题。[1] 由于区域环境问题的外部性及其引发的跨行政区溢出效应，传统上以领土为界限的中央与地方的支应关系不复存在。在我国单一制背景下，地方政府间的横向联合及其协同行动极有可能与上级政府的领导权威形成交叉甚至构成挑战。以往学者们的研究一般将政府间的协同治理局限在地方政府之间"横向"协同关系的单一维度。应当说，这种有关政府间协同关系的一维化描述是不尽周延的，并且与世界各国区域环境治理实践相悖。从实践角度来看，我们很难想象在一个主权国家中，地方政府针对区域性环境事务所展开的横向联合等协同治理行为，会与中央政府的领导权威毫无关联和交集。事实上，在宪法层面上，区域环境治理中地方政府间的横向协同和联动必将涉及地方自主权与中央领导权在央地事权划分层面的复杂关联。根据《国务院关于推进中央与地方财政事权和支出责任划分改革的指导意见》（国发〔2016〕49号）的精神，合理划分中央与地方财政事权和支出责任是政府有效提供基本公共服务的前提和保障，是建立现代财政制度的重要内容。财权与事权的关系问题，本质是多主体之间财政资源的配置问题。[2] 以三峡电站水资源费收取问题为例，由于三峡库区涉及湖北省和重庆市两个省级行政单位，故中央政府决定按照两省在库区范围淹没土地之比例，确定收入分配。[3] 然而，湖北省对此提出异议，认为中央行政决定并不构成水资源费收取的法律依据，应当依据《水法》和《取水许可和水资源费征收管理条例》的相关规定来确定收入分配。[4] 显然，该事例中的水资源费分配问题涉及了两个地方省级政府和中央政府间的复杂关系，中央政府关于利益分配的

---

[1] 何渊.论区域法律治理中的地方自主权：以区域合作协议为例［J］.现代法学，2016，38（1）：49.
[2] 贾小雷.纠纷与治理：自然资源收益分配政府间协调机制的完善——以水资源费为例［J］.中国矿业大学学报（社会科学版），2019，21（3）：47-58.
[3] 按照《关于三峡电站水资源费征收使用管理有关问题的通知》的规定，三峡电站水资源费收入的10%上缴中央国库，其余90%按比例（湖北省16.67%、重庆市83.33%）在湖北省和重庆市之间进行分配。
[4] 张辉，赵良英，严兴春.解决三峡电站水资源费征收分配问题［N］.湖北日报，2011-03-11（03）.

单方决定遭遇了一定程度上的质疑和挑战。地方政府之间自发式的横向协同治理行为，必然会关涉中央政府的政治领导权威，从而引发央地权力划分这一更具根本性的宪法问题。中央与省级（自治区、直辖市）地方政府层面水资源费征收和分配相关制度的完善有助于实现水资源的国家所有权，从而保证国家对水资源有效保护、监测、勘测、规划和管理，促进水资源的节约、保护及可持续利用。[1]

三、政府与社会公众间的外部监督关系

在我们的时代，形形色色的"政府主义"被当作改造传统的政治结构和权威形态的方法，从不同路向刻画着政府与公众间的关系。可以说，在这些有关政府职能变迁与政府形塑的宏大讨论中，"政府"始终被视为对手握公权之行政部门的隐喻，而有关"风能进，雨能进，国王不能进"的控权思维和权利保障思想，以及它所彰显的不同时期"政府部门与社会公众"之间的外部监督关系一直贯穿始末。在 17 世纪末期，政府被视为一个全能且神圣的"利维坦"。诚如霍布斯的经典定义，"他是一个人格，一大群人相互订立契约，使他们每个人都成为这个人格的一切行为的主人，以便在他认为恰当时，为了大家的和平与共同防卫运用全体的力量和手段"[2]。19 世纪初，伴随自由主义的逐渐兴起，要求削弱绝对统治色彩的自由主义思潮大行其道，包括政府在内的一切均被认为是人的理性产物，是"许多人依据法律组织起来的联合体"[3]。政府的行为被限缩在保护国家安全、外交和社会秩序等有限的范围。[4] 第二次世界大战后，分别以"市场失灵"和"政府失灵"为轴心的两次改革浪潮，使"行政国家"和"有限政府"两个相互冲突的政府型塑深入人心。概言之，从 17 世纪末期后的"警

[1] 贾小雷. 纠纷与治理：自然资源收益分配政府间协调机制的完善——以水资源费为例［J］. 中国矿业大学学报（社会科学版），2019，21（3）：47–58.
[2] 霍布斯. 利维坦［M］. 黎思复，黎廷弼，译. 北京：商务印书馆，1997：131–132.
[3] 康德. 法的形而上学原理［M］. 沈叔平，译. 北京：商务印书馆，2009：138.
[4] 哈特穆特·毛雷尔. 行政法学总论［M］. 高家伟，译. 北京：法律出版社，2000：16.

察国家"，到 19 世纪自由主义时期西方国家"守夜人"式的政府，到二次世界大战后因"市场失灵"转而倡导的"行政国家"（全能政府），再到 20 世纪后期备受推崇的"有限政府"，政府形塑和型塑及其与公民间的关系，始终是任何社会公共治理议题的核心关切。

在区域环境治理场域，我国现行区域环境治理的制度与实践带有浓郁的命令管制色彩。无论是强调污染物排放的联防联控，还是强调指标落实的各类"行动计划"，抑或是近期颇为热议的"大气污染调度令"等，均体现了公权力的强势干预。[1] 公权力在区域环境治理的现实运行中占据主导作用，这在现行区域环境治理法律规范中不难得到印证。应当说，在"环保主要依靠政府"的逻辑下，公权力对于区域环境保护而言有其不可或缺性，然而环境公权力管制的优越之处仍具有相对性。[2] 作为公权力代表的政府，尤其是地方政府，其自身往往具有独特的利益偏好而并不总是无偏私地代表公共利益，如在"唯GDP"发展观的指导下不作为或乱作为，为了辖区经济发展而不顾生态成本竞相放松环境规制，沦为"区域环境问题的制造者"。[3] 于此情形，政府治理行为之合法性及其引发的权利保障之担忧是区域环境治理所须回答的核心问题。"政府部门与社会公众"的外部监督关系是区域环境治理多重法律关系中的重要一环。

除上述具有宪法意义上的权力监督与权利保障关系外，政府与公众之间的关系同时也通过各级政府的"链条式"治理活动，得以形成和确立。详言之，政府的区域环境治理活动具有"链条式"特征，即无论是中央政府针对区域的整体安排或指令，还是地方政府之间的协同式治理活动，均会通过"链条式"的传导最终"外化"作用于企业或公民个体之权益。以地方政府之间共同签订的区域环境保护合作协议为例（如图 4.2），甲乙两地地方政府共同签订的合作协议，通过

[1]　贺震.治霾需依法有据［J］.中国环境监察，2016（12）：30.
[2]　蔡守秋.生态文明建设的法律和制度［M］.北京：中国法制出版社，2017：136.
[3]　黄万华，白永亮.基于区域经济竞争优化环境治理绩效的府际环境合作机制研究——以跨区水污染治理为例［J］.当代经济管理，2011，33（4）：60.

甲地地方政府对本行政区内各级行政机关的任务布置，以及甲地各级
行政机关根据协议和上级所布置的任务内容而针对辖区内企业或公众
采取相应管制措施，最终形成对甲地企业或公众之权益的实质影响。
在这一意义上，公众与政府间的权力监督与权利保障关系虽然并未呈
现直观上的"相对性"，但却通过各级政府层层递进的"链条式"治
理活动得以连接和确立。

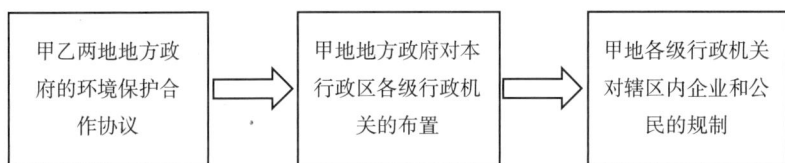

```
┌──────────────┐     ┌──────────────┐     ┌──────────────┐
│ 甲乙两地地方政 │     │ 甲地地方政府对本 │     │ 甲地各级行政机关 │
│ 府的环境保护合 │ ⟹  │ 行政区各级行政机 │ ⟹  │ 对辖区内企业和公 │
│ 作协议        │     │ 关的布置        │     │ 民的规制        │
└──────────────┘     └──────────────┘     └──────────────┘
```

图 4.2　链条式治理关系图谱

　　依循"关系理性"[1]的向度，前述三重法律关系可以进一步抽象
为两种主要关系类型：一是作为区域环境治理主要力量的各级政府
间的内部关系，其包含中央和地方政府间的"纵向"关系和地方政
府间的"横向"关系两个具体子类；二是在国家与社会层面上，作
为国家代表的各级政府及其部门与社会成员的外部关系。相较而言，
前者（即政府之间的内部关系）是区域环境治理的核心关系，后者
（即政府与社会成员的外部关系）是以针对政府环境治理行为所提
供的权利救济途径和公众参与机制的形式予以呈现和探讨。换言之，
前者形成的是各级政府围绕区域环境议题所展开的治理关系，后者
是以政府治理行为之合法性与合理性分析为视角，以公众参与和个
人权利保障为核心所形成的对政府治理活动的监督关系。从功能论
的角度出发，前者构成了区域环境治理法律关系的主轴，而后者是
对前者的监督与保障。

---

[1]　所谓"关系理性"是一种在超越单子化个人的社会关系中，去理解"个体"的存在根据、社会的运行法则和根据的理性。它从人与人之间的"交互关系"和"依赖关系"两个具体向度来理解个体与个体、个体与社会间的永恒法则。参见贺来."关系理性"与真实的"共同体"[J].中国社会科学，2015（6）：30.

第二节　多重法律关系中的关键要素识别

区域环境治理的实际效果从根本上取决于政府之间能否实现权力的协同行使，即不同层级、不同地域的政府部门若为了一个共同目的而采取联合行动，这就有一个如何步调一致的问题。[1] 因此，关于区域环境治理的法律规制之核心议题在于：对区域环境治理中能够促使政府的治理权力实现"聚合"性协同行使的关键要素进行有效识别，进而通过纵向和横向法律机制的构建和运作，实现统合行动。在这一意义上，从法律关系的视角切入，中央与地方政府之间关系的实质是一种"纵向协同"法律关系，其运行是以"权威"要素为核心；地方政府之间关系的实质是一种"横向协同"法律关系，其运行以"利益"要素为核心。在国家与社会的层面上，政府部门与社会成员的外部监督法律关系，其运行以"权利"要素为核心。

一、纵向协同关系中的"权威"要素

在中央政府与地方政府间的纵向法律关系维度，环境事务的强烈公共性色彩使其始终需要一个"强而有力"的中央政府来推动，中央之于地方的"领导权威"构成了纵向协同关系的基调与底色。分析实证主义法学家对法的效力来源早已有丰富的阐述，英国法理学家哈特（H. L. A. Hart）在其代表著作《法律的概念》一书中指出"国家必须以强力保证法律生效"，国家机器的公权强制力是法律得以实施的保障和直接来源。这种统一的国家权力经内部分工后，在纵向维度上依行政层级进行垂直细分。就此而言，此种权力带来的权威性效力不仅保障法律得以成为社会个体成员的行为指引和约束，更在国家机关内部依据权力位阶，使得中央（或上级）政府的行权行为构成地方（或

---

[1] 让·里韦罗, 让·瓦利纳. 法国行政法 [M]. 鲁仁, 译. 北京: 商务印书馆, 2008:129.

下级）政府的决策和执行依据。

申言之，这种领导权威一方面体现为规范效力等级方面的"合法性"要素，即高位阶法律规范是低位阶法律规范的制定依据和效力来源，例如国务院制定的主体功能区规划是地方政府制定区域和专项规划类文件的根据和指导，地方区域性规划不得违反国家层面的主体功能区规划中的设立原则、范围及内容，否则将遭到合法性质疑。另一方面体现为具有政治力量的"强力"要素，即中央政府制定及实施的区域环境治理行为及保障性措施（如地方政府官员环保政绩考核制度），直接构成了推动地方政府走向协同行动的强制性力量。

具体来说，在"合法性"要素方面，中央对地方的领导权威体现为一种宏观的和间接的"方向指引"式治理。以规划类治理行为为例，中央政府通过主体功能区划及其他规划类文件，形成一种有关区域环境事务的宏观性统筹安排，并凭借"合法性"之要求，通过各地地方同类下级文件的层层传导和落实，实现中央层面的治理目标。需要说明的是，这种"方向指引"式治理在治理效果上具有"间接性"，其并非直接介入具体环境事务的治理过程中，而是进行中央层面的区域环境治理总体战略的宏观安排，并由地方政府负责具体细化和落实。同时，通过考核奖惩制度的配套规定，确保中央制定的任务目标在地方取得既定的实施和执行效果。

在政治力量的"强力"要素方面，中央对地方的领导权威体现为一种直接性的"强力"治理。推进"APEC蓝"的联防共治实践所取得的良好效果正是中央政府运用权威式权力治理的结果。在此实践中，中央统一制定《京津冀及周边地区2014年亚太经济合作组织会议空气质量方案》，各地一把手作为总负责人亲自落实工作。正是中央政府的权威性作用保证了地方政府的积极合作，这种强制型府际空气污染跨域治理模式强调集权下的"统一""命令""服从"，以此促进各方严格按照规则和指标行事，否则将受到行政拘留、约谈等惩罚。

从反面来说，"如果中央本身对于地方所具有的强制力不够的话，区域环境管理机构的实体性将不能保证，对于地方环保局的监督执行力度也不足"[1]。党的二十大报告中也明确提出，要深入推进环境污染防治，深入推进中央生态环境保护督察。可以说，在政治力量的"强力"要素方面，作为区域环境治理主体的中央政府，直接包揽了区域环境事务的核心工作，并通过权威式的政治"强力"直接促成地方间的统一行动。

由此可见，促成政府治理行为走向协同的一个关键是"权威"要素，即中央的领导权威经由"合法性"和"政治强力"向下传递，构成地方政府间协同行动的强制性约束力量。从法律的一个必要面相上来说，法律是一种强力的秩序，如果要使法律价值准则发生效力，就必须要由强力加以支持。[2]区域环境治理法律制度的落实和执行在很大程度上要求中央政府部门发挥统筹和总领作用，并运用"权威性律令"对各级政府的协同行动形成纵向上的权威式调控。

二、横向协同关系中的"利益"要素

在地方政府之间的横向法律关系维度上，"利益"要素是决定地方政府间能否建立横向协同关系进而推动区域环境事务走向"善治"的重要因素。毋庸赘言，环境利益是一种纷繁复杂式的社会存在。伴随环境问题日益严重，环境利益出现并逐渐发展成一种广泛的诉求，不同主体间的利益冲突也越来越多。[3]这一论断在以行政区为界分的"辖区利益"层面同样适用。质言之，对大部分具有协商性质的地方性合作条款而言，由于政府间的横向性关系构造，"权威"

[1] 万薇,张世秋,邹文博.中国区域环境管理机制探讨[J].北京大学学报(自然科学版),2010,46(3):454.
[2] 沈宗灵.现代西方法理学[M].北京:北京大学出版社,1992:228.
[3] 史玉成.环境利益、环境权利与环境权力的分层建构——基于法益分析方法的思考[J].法商研究,2013,30(5):49.

要素的强制性作用已经相当弱化，此时，能否经由协商达致统一协同的效果，取决于法律规范得以获得实效的内生性动力——"利益"这一关键要素。

从法社会学的一般理论来看，利益要素缺失，使地方政府倾向于采取"造势者"策略，一个典型的例证是基于业绩考核出发的"景观式"立法，即"面子"立法工程。生态建设之不能脱离于互惠，丝毫不少于经济建设之不能脱离于交换。"发展必须源于互惠并服务于互惠。"[1]在这一意义上，"互惠"的实现有赖于利益的衡平。在一般意义上，法律制度的最终权威来自它们所保障的社会利益的实现，法律虽是一种强力的秩序，但是这并不意味着强力本身就是最终的动力和价值归依。"法律或法律秩序的任务或作用，并不是创造利益，而只是承认、确定、实现和保障利益。利益也就是通过政治组织社会的武力对人们关系进行调整和对人们的行为加以安排时所必须考虑到的东西。"[2]在这些法社会学观念的影响下，人们逐渐认识到影响法律实际效果的因素并不在法律条文本身，那些被嵌入更广泛的社会场景之中、对多元主体所主张的各种利益的实现和保障程度，从根本上决定了法律制度能否达到规制目的。就此而言，在地方层面，区域环境治理制度的实施目的在于实现地方政府公权力的协同行使，而能否真正走向协同的关键，则取决于不同制度手段对各行政区牵涉的利益（即"辖区利益"）予以回应和实现的程度。

详言之，在区域环境治理场域，地方政府间的不同利益偏好与失衡现象主要表现为如下三个方面：第一，地方政府对于行政区经济利益往往表现出优先发展的"特殊偏好"，这种情形尤其适用于经济落后地区的发展现状。在我国统一领导、分级管理的体制下，地方政府具有双重身份，即既是国家进行经济管理的一个层次，要执行中央政

---

[1]　V. 奥斯特罗姆，D. 菲尼，H. 皮希特 . 制度分析与发展的反思——问题与抉择 [M]. 王诚，等译 . 北京：商务印书馆，1992：121.
[2]　丹尼斯·劳埃德 . 法理学 [M]. 许章润，译 . 北京：法律出版社，2007：16.

府的各项决策，又有自己的经济利益，会根据自己的利益作出种种决策。[1]在财政改革和"分灶吃饭"后，向地方分权的改革趋势导致地方政府作为经济发展的管理者和调控者这一身份特征弱化，而经济活动主体的身份面相凸显。例如：在改革的初期，作为东部经济发展的龙头，长三角和珠三角等地为了追逐经济效益而付出了巨大的环境成本。其中最为著名的"苏南模式"以推崇乡镇企业发展为标志，其所引发的环境问题众所周知。21世纪初，受到社会各界普遍关注的西南水电开发热潮，同样与当地政府对GDP的畸形追求紧密相关。另一方面，在中央和地方行政分权的情况下，地方政府的财政事权逐渐明晰化，地方政府作为具有独立意识形成和行为能力的法人实体，其行为逻辑和偏好受到现行财政创收体制和行政官员政绩评价机制的约束和引导。行政区的经济增长和产出效益不仅直接影响行政官员的政绩考核、职位晋升，而且构成地区财政收入的基础。由此，鉴于行政区经济利益的提升对地方政府、职能部门甚至官员个人的利益增进具有直接传导性，地方政府在对各类行政区利益尤其是经济利益和环境利益的估量和评价中，往往赋予经济利益优先序位和更重的分量。此外，根据环境库兹涅茨曲线的假定，这种优先发展的"特殊偏好"在经济发展水平相对较弱的落后地区表现得更为明显。学者以我国西部县域经济为对象的研究表明，"相对于东南部而言我国中西部县域经济实力较弱，再加上政绩考核和全面实现小康的政治目标，许多地区最终还是无奈走上了先污染后治理的老路"[2]。为了在季度性"拉链考核"中不掉队，地方领导往往为招商引资疲于奔命，"捡进篮子都是菜"成为这些落后地区社会发展的真实写照。

第二，环境利益本质上具有公共性、整体性、长远性。在当前地区发展的管理和评价体制下，经济利益和环境利益具有竞争性和冲

---

[1] 沈立人，戴园晨.我国"诸侯经济"的形成及其弊端和根源［J］.经济研究，1990，25（3）：12.
[2] 王庆华.中西部县域发展经济与保护环境的困境［J］.发展研究，2017（2）：39.

突性。首先，环境治理行为非但不能直接转化为切实可见的经济收益，而且对经济投入和各类成本损耗具有依赖性，进而使财政收入受损、官员政绩"不光彩"。其次，环境投入行为不像经济部门的生产投入行为那般，具有物质产出的直接性、可预见性、现实收益性，并由此带动行为主体的行动积极性和显在政绩。环境治理行为往往具有空间上的波及效应，是"前人栽树、后人乘凉"的利在千秋的"潜绩工程"。倘若不转变地方政府及其官员的"经济人"理性，不形成经济发展和环境治理的良性互动，则环境利益的价值性难以真正实现。最后，环境利益的外部性、公共性明显，某一行政区内部的环境治理行为可能并不会直接改变本地区的环境质量，而是使邻近地区基于"搭便车"而不当得利。这种状况的极端结果就是乌尔里希·贝克所指出的"有组织的不负责任"，并最终造成地区之间的生态不公现象。[1]

第三，各行政区的个性化发展导致环境利益需求存在差异。环境库兹涅茨曲线表明，环境保护与经济增长之间呈现一种倒"U"形关系，在纵向时间维度上，一个地区的环境状况会随经济发展水平呈现先恶化后改善的情形；在横向维度上，处于不同经济发展水平和发展阶段的地区的环境保护意识、环境需求和目标展现出较大的差异性。[2] 可以认为，落后地区治理污染的主观意愿、技术水平、财政支持、行动能力等往往不尽如人意，由此带来合作治理的现实困难。诚如学者所言，"发达地区对环境的高要求同欠发达地区对经济发展的迫切需求，构成了达到整体环境目标的障碍，也成为困扰地方政府环境合作的难题"[3]。此外，除去经济因素的影响以外，各地的环境容量、自然资源禀赋、所处的污染物输出和输入区位因素等，均导致不同地区具有个性化的环境治理目标和规制重点。例如，在京津风沙源治理一期工

[1] 薛晓源，周战超.全球化与风险社会［M］.北京：社会科学文献出版社，2005：23.
[2] 陈向阳.环境库兹涅茨曲线的理论与实证研究［J］.中国经济问题，2015（3）：51.
[3] 杨妍，孙涛.跨区域环境治理与地方政府合作机制研究［J］.中国行政管理，2009（1）：67.

程中，工程所涉及的五省市中，除北京和天津以外，大部分西北地区的经济发展水平较低。内蒙古、山西等西部省份为京津风沙的防治承受了巨大的生态负担。然而，宋元媛等2013年的一份实证研究表明，落后地区多年开展的生态工程和项目不仅对地区经济发展的促进作用微乎其微，更是给贫困地区带来较大的财政压力，退耕还林项目对农户总收入起负向作用。[1] 应当说，落后地区基于自身发展的客观需要和利益考量，本身具有追求经济效益、优先发展经济的动机和倾向，但在被国家归入"区域"这一生态单元后，不得不以牺牲本地经济发展机会、财政收入为代价而采取生态措施。在行政区经济利益遭遇区域整体环境利益并为后者压制其表达和实现时，倘若因落后地区的"生态努力"而受益的经济发达区没有基于利益平衡这一公平原则对受损地区进行补偿，势必将影响区域环境治理措施本身的可持续性和执行效果。

综合上述分析可以窥得，在地方政府间的横向关系维度，由于各方主体间的平等地位及"权威"要素的缺席，"利益"要素成为影响地方政府之间走向协同统一的关键因素。在法学视角下，针对"利益"要素展开的有效调处与衡平，是维护地区间环境公平的关键所在。以增进区域环境利益这一"公共理性"为目标指引，利益衡平机制将有效促使地方政府自主走向联合，并为促成区域环境治理措施的具体实施提供长效性保障。

三、外部监督关系中的"权利"要素

在区域环境法律制度快速发展和变革的背景下，诚如学者所指出，"行政机关设计新的社会秩序的权能实质上是建立行政法规范的活动，

---

[1] 宋元媛，黄波，全世文.京津风沙源治理工程对农户收入影响实证研究——以"退耕还林"项目为例［J］.林业经济，2013（9）：42.

行政法的扩权本质便从这种秩序设计中体现出来"[1]。为了对区域环境治理中政府"扩权"行为进行有效规制，有必要在国家与社会的层面上，以社会成员的个体式权利保障，实现对政府治理权力的有效制约和监督。

在国家与社会的层面上，作为国家形象化身的政府部门与公民个体间的外部关系始终是现代法治社会的重要关切。个人权利保障思潮总是以政府的恣意行权为背景假定，它总是警惕地思忖着如何"将国家这个带有兽性的'利维坦'"拒之门外。[2] 在这个意义上，我们所使用的"权利"是一个宪法意义上的概念，其内涵包括：以利益享有者身份参与公共事务治理和以个体权利保障来实现对政府行权的监督。事实上，"由于公共权力的扩张性和道德的不完善性"，有关"风能进，雨能进，国王不能进"的控权思维，长期宰制着法治国家制度变迁的具体路向。[3] 这在动辄表现为群体事件和"草根抗争"的环境领域更为凸显。

与世界其他国家和地区的现实境遇有所不同，环境事务和区域事务本身的公共性特征在我国"大政府—小社会"的特殊国情下进一步发酵。在权利思维的惯性作用下，公众的环境诉求与不满总是以政府主体为直接宣泄对象。诚如学者所指出，"如果说国外其他地区的环境抗议，更多的是直接针对市场与企业的环境污染行为，那么在中国，环境抗议则往往指向政府主体"[4]。以近年来发生的典型环境事件为例，无论是厦门的"PX 项目"事件还是京津冀挥之不去的"雾霾"天气，公众首先都是归责于政府的治理失败、监管不力、执行怠懒。我国近几年发生的几起重大工业事故大爆炸案也引发了对政府在预防治理重大工业事故灾害中应有的治理警觉和作为的思考。"问责于政府"早

[1] 关保英.比较行政法学［M］.北京：法律出版社，2014：111.
[2] 李龙，刘连泰.宪法财产权与民法财产权的分工与协同［J］.法商研究，2003，20（6）：43.
[3] 关保英.行政法治的时代精神解读［J］.政法论坛，2017，35（1）46-60.
[4] 黄斌欢，杨浩勃，姚茂华.权力重构、社会生产与生态环境的协同治理［J］.中国人口·资源与环境，2015，25（2）：106.

已不再是学术研究中的专业辞令，多地生态环境部门官员的引咎辞职即是很好的例证。可以说，在关涉个人"生存权益"的环境领域，政府的环境治理活动因"直面"公众的基本权益诉求，而总能成为博人眼球的敏感话题。这就引发了政府治理和行权过程中的"公众参与"和"权利保障"问题。

此外，"区域"本身的公共性特征使相关议题和矛盾并不仅仅面向公民个体，也以"集体的形式"加以呈现，这导致政府的怠于履责或不当治理行为极易酿成大规模的群体性抗争。事实上，区域性的环境风险常常会与心理、文化、社会、制度等过程相互作用，从而增加环境风险的被察觉程度，进而影响到群体和个体的环境风险行为。[1]风险社会的相关研究成果表明，个体的风险感知存在普遍的"社会嵌入性"，即个体不仅会按照不同的偏好与价值观念对区域环境风险信息进行加工、剪裁，还会根据社会共同体的群体文化和相互影响来感知风险议题。在"涟漪效应"的影响下，这些个体和集体式的反映又会通过二级、三级乃至更多次级影响模式得以不断强化，从而将原本并不十分显现的区域环境议题在"出口"上予以多倍放大。在这样一种"放大效应"下，政府与公众间的紧张关系，以及有关政府区域环境治理行为的合法性与合理性争论，往往以近乎革命般的"权利式宣言"和"草根抗争"的激烈形式集中显现。

由此可见，囿于区域环境议题本身的公共性、敏感性和牵涉利益的广泛性，传统"传送带"理论对政府行为合法性的当然解释在区域环境治理场域已不敷适用。为了塑造政府治理行为的正当性和民意基础，在政府间内部治理关系以外，应当围绕"公共事务治理中公众参与性权利的保障"和"政府治理权行使之于个体权利侵害之救济"两方面，展开政府与社会公众间的外部监督法律关系，进行构建区域环

---

[1] 王芳.冲突与合作：跨界环境风险治理的难题与对策——以长三角地区为例［J］.中国地质大学学报（社会科学版），2014，14（5）：80.

境治理中政府权力的外部制约机制。

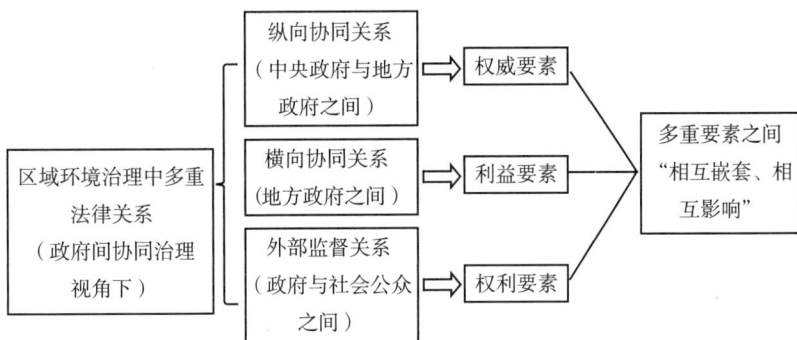

图 4.3　区域环境治理中的多重法律关系及其蕴含之关键要素

第三节　重设与修正：区域环境治理中多重要素间的嵌套式互动

一、单一"权威"要素的运行逻辑与反思

在之前的部分，本书论及了区域环境治理三重法律关系中的三项关键要素。三重法律关系是在对区域环境治理实践（"生活事实"）中的主体及其相互间关系的逻辑抽象基础上，以法律关系的视角对其作出的法学提炼。循此为进，在不同法律关系中推动区域环境治理实践向前发展的是，隐含于这些关系背后的关键要素，包括纵向治理关系中的"权威"要素、横向治理关系中的"利益"要素和外部监督关系中的"权利"要素。质言之，这些从区域环境治理法律关系中提炼而来的、蕴含独特法律意义的关键要素具有更为根本之意义，它们各自的作用机理及相互关系影响着不同法律关系中主体间的权责配置，塑造区域环境治理的实践样态，并决定区域环境治理法律制度的发展方向。由于区域环境治理法律制度的完善是一个体系化的整体性努力，

因此对于这一制度体系中具有核心驱动作用的关键要素之把握，亦不应是孤立与割裂的。正是不同要素间的相互影响和作用，共同决定着区域环境治理法律制度的发展与完善方向。例如，中央政府的纵向治理在强调"权威"的同时，也应引入"利益"要素，通过利益衡平与激励增进地方政府的治理主体意识和积极性；地方政府间的横向协同同样应当在中央政府的权威性领导下进行，通过"权威"要素来强化横向合作的效力，等等。

然而，在目前的区域环境治理实践中，推进治理进程的主要是纵向治理关系中的"权威"要素。党的十八大以来，中央政府密集出台的各类"行动计划"、综合治理行动，以及其中规定的指向区域环境问题的各项约束性指标，集中体现了中央政府的权威式治理策略。党的二十大报告也就着力推动绿色发展、促进人与自然和谐共生的内容，提出应加快发展方式绿色转型，深入推进环境污染防治，提升生态系统多样性、稳定性、持续性，积极稳妥地推进碳达峰碳中和等目标的实现。在极为紧迫的区域环境问题面前，"权威"要素受到空前强化，"利益"和"权利"要素被冲淡和弱化。在单一"权威"要素的作用下，区域环境事务的治理逻辑主要依赖于地方政府对中央政府行政命令的被动响应和执行，体现为一种自上而下的权威式压服。于此，当地方政府面临共同的区域环境问题时，通常不是采取横向协商，而是寻求上级政府的指示和命令。这一惯性做法也得到了现有法律的肯认甚至"鼓励"。例如，根据《水法》第五十六条的规定："不同行政区域之间发生水事纠纷的，应当协商处理；协商不成的，由上一级人民政府裁决，有关各方必须遵照执行。"据此，上级政府通过行政权威对区域环境问题的调处具有"强制解决"和"必须遵照执行"的效力。可以说，"权威"要素的"自运行"[1]是我国区域环境治理的最大现实。

在区域环境治理领域，当其他协调和保障机制尚不完备时，"权威"

---

[1] 这里的"自运行"是指权威要素的单一运行状态，其对应于我国目前过于强调单一纵向权威治理的制度实践。主要特征表现为片面强调"权威"要素的作用，对"利益"和"权利"要素关注不足。

要素对于促成具有"竞争性"关系的地方政府实现联合治理行动，具有一定程度的积极意义。随着中央向地方权力的全面下放，地方政府成了具有相对独立经济效应和二元目标函数的利益主体，以行政区为边界的地区之间横向竞争关系凸显。[1]在竞争性经济关系的塑造和指引下，各地方形成了各自为政的相对割据式发展路向。区域环境事务的整体性、公共性和传导性客观上需要打破行政区疆界的阻隔和限制，实现地方政府间合作治理。由于地方政府相互间不具有行政隶属关系，在相关横向协调机制缺失的情况下，"竞争性"关系和各自独特的利益需求结构共同促使它们之间的合作只能服从于上级或中央政府的权威安排。在这一意义上，以"权威"要素为动力推进的治理往往更直接和高效，行政边界壁垒只要通过共同服从和执行中央和上级政府的任务指令即可轻易跨越。

在相反的向度上，"权威"要素的作用效果并非万能，一定意义上它犹如为身患顽疾的病人打上一剂"强心针"，虽然具有直接显现的功效，但如果忽视其他要素与机制的作用而一味强调权威之作用力，则如同"强心针"的反复注射，而终难形成长效性的治理效果。在区域环境治理场域，"权威"要素的实然运行逻辑和特征在于：中央政府制定统一的区域性整体目标，该目标依赖垂直的行政层级向行政区逐级分配和分解落实，并凭借行政力量督促区域内各地方严格按照指示和命令行事。例如，中央针对我国大气污染最严重的京津冀及周边地区，制定量化的改善指标，由国务院与京津冀及周边地区各省级人民政府签订目标责任书，将目标层层分解落实到各级政府。此即依权威推进区域环境治理的体现。于此过程中，为了实现中央的既定目标任务，河北省于 2016 年 11 月开创并实施了"大气污染防治调度令"这一非常规治理手段，通过停产等行政调控措施和严肃问责确保目标如期实现。2021 年 12 月 1 日，河北省人民政府印发《河北省建设京

---

[1]　苏斯彬.竞争性行政区经济与区域合作模式重构——基于长三角地区的实践和探索［M］.杭州：浙江大学出版社，2016：5.

津冀生态环境支撑区"十四五"规划》，提出高水平保护重点区域生态环境，推动廊坊北三县与北京通州区生态环境共建共治。此外，当治理过程与具有重大影响的事件叠加时，"权威"要素的强制性和决断性特征往往更为凸显。"APEC 蓝"及其短期治理效果的出现正是等级制权威治理的典型体现。但是，治理手法的简单化和单向性决定了仅凭纯粹的纵向权威治理，很难实现区域环境事务的常态化和长效治理。

从根本上说，"权威"要素的内在局限无法在自我修正中予以妥善解决，其症结在于没有为其他关键要素的运行创设空间。无论是为"权威"提供法治化的运行载体还是提升规制的融贯性，均须接受横向治理关系中的"利益"要素和外部关系中的"权利"要素的交互性检视。首先，"权威"要素的内在局限集中体现为以"个别化命令"为表现形态和规制的非融贯性。在表现形态方面，围绕"权威"要素展开的纵向治理关系尚未实现制度化和规范化运行，缺失应有的"合法性"要素。区域环境治理中，中央或上级政府的治理方式仍然停留在针对具体事务进行"因事而异"的个别化指示和直接干预式处理的"低级"阶段，治理行为的稳定性和可预期性弱。由于权力运行的非规范化，一旦中央政府将治理重心转移之后，已经取得的治理效果也就难以持续。例如，在 APEC 会议结束后，随着中央治理重心的转移及其带来的"权威要素的撤离"，主要污染物指标的平均浓度随即出现了反弹。从长远来说，这种带有临时性和运行性色彩的权力运行是对中央权威的一种侵蚀。"只有那些以制度化框架合理界定了自身权力限度的中央政府，才能够为其权威性的获得确立坚实根据。"[1]纵向治理中的"权威"要素需要从"个别化命令"的形态向"一般化和规范化法律"的表现形态演进。通过中央政府和地方政府间关系的制度化塑造，以法律规范为权威的实现载体，将"权威"要素的运行转

[1] 魏治勋.中央与地方关系的悖论与制度性重构［J］.北京行政学院学报，2011（4）：25.

化为法学话语体系下法律规范效力的实现问题。就此而言，中央政府的治理措施应当于法有据，并体现为法律治理下的"权威"。其次，规制的非融贯性是指，中央政府虽意欲以权威推进环境治理目标的实现，但因其设定的目标存在偏差抑或对地方政府作出的约束不足，由此导致"权威"因素运行中的规制意图与手段间缺乏连贯性和呼应性。诸如前文论述的"总量控制"和"不法行为目标"等仍然以辖区为基本单元，是基于负外部性影响而设定的量化目标，无法对地区间的交互性影响和正向治理行为进行关照；在政绩考核制度上，现有政绩考核指标的重经济、轻环境，重辖区内环境考核、轻区域整体环境考核的"片面化"指标体系设置等困局，均体现了基于单一"权威"要素的规制缺乏对制度体系内整体融贯性之关注。

　　作为对单一"权威"要素治理逻辑的进一步反思，单一"权威"要素无法形成区域环境善治的根本原因在于："权威"要素对"利益"要素和"权利"要素的关照不足，进而没有为区域内地方政府间横向治理关系的构建以及政府与社会成员外部关系的良性运转提供制度空间。一方面，"利益"因素的考量是具有"竞争性"关系本质的地方政府间走向合作的决定性要素，除了某些政治性和高度强制性的行政指令外，地方政府是基于自身利益的需要而决定其行动方向的。在"权威"要素的宰制下，区域环境治理实践重在以单纯的管控和防治思维实现治理目标，疏于关注和调整合作各方的利益状态，进而没有建立一定的利益补偿机制对具有较大正外部性地方政府的利益损失进行补偿。长此以往，中央政府的权威指令难免会遭到地方政府的抵抗和博弈而陷入"失灵"状态。在利益补偿机制缺位的情况下，合作利益的难以公平分配性使得弱势地方政府会回避甚至退出合作，从而使地方政府间的合作走向失败。[1]

　　另一方面，"权威"要素运行中尚未吸纳"权利"要素衍生的保

---

[1]　黄竹胜，练琪.完善政府合作，促进北部湾经济区的发展［J］.法制与经济，2010（10）：124.

障性需求。相较于"权威"和"利益"要素，"权利"要素处在不同的层次和范畴，是将政府（包括中央政府和地方政府）作为一个统一体后，与社会成员形成的外部关系中提炼出的关键要素。在这个意义上，政府整体的治理具有权威性权力治理的"强制性"色彩。在政府治理中，应对社会成员的权利保障诉求进行回应。但就现有制度和实践来看，"权威"要素在运行中既没有对社会成员参与治理的"民主性宪法权利"作出回应，也忽视了具体治理措施中的私权保护问题。就前者而言，公众参与是包括环境治理在内的社会公共事务治理中面临的一般共性问题。在中国现实语境下，公众参与的实现程度主要取决于政府的制度供给是否为参与权的实现提供了制度保障。在这一思路下，公众参与区域环境治理以政府间横纵向治理的法治化为前提。只有政府间治理行为已经建构起健全的制度环境、组织安排和行为规则时，才能希冀在各项制度安排中设置公众的利益表达渠道。当政府治理仍停留在非制度化的权威指示安排阶段时，公众参与必然是零碎的和非规范化的，根本无法上升至权利保障和实现的层面进行有意义的讨论。针对后者，主要是指在具体治理活动中，当治理措施的施行造成个体权利侵害时，没有对这种侵害作出有益的救济和损失补偿。例如，为完成大气污染治理目标，政府运用行政命令强制企业停产、限产，这一举措侵害了企业主体的自主经营权，但却没有作出相应的利益补偿。流域治理中，对上游地区农民的收益损失补偿不足等。可以说，"权威"要素的内在局限及其对"利益""权利"要素的疏于"关照"共同导致了区域环境治理制度的运行困局。区域环境治理制度只有超越单一纵向治理关系中"权威"要素的"一维运行逻辑"，在与其他关键要素的互动中，才能真正实现区域环境治理之规制意旨。

二、多重要素间嵌套式互动关系的确立

"协同"是区域环境治理行为运行的核心诉求和应然走向。而单

纯依赖政府间纵向治理关系中"权威"要素的自运行显然无法达致真正的、自主的、可持续的协同状态。"权威"要素的自身内在局限表明，区域环境治理的制度内容应当同时关涉政府间内部纵向治理关系中的"权威"要素和横向治理关系中的"利益"要素，以及外部关系中政府与社会成员个体间的"权利"要素。协同效果的实现取决于三重法律关系中三项关键要素的内在运行需求能否得到适恰满足。有必要指出，这三重法律关系中的三项关键要素系法学层面抽象类型化的产物。在现实治理过程中，三者并非在"平行关系"中朝着协同的方向各自独立运转的、彼此孤立绝缘的封闭存在。区域环境治理的协同效果是"权威""利益"和"权利"三项关键要素在三重法律关系中嵌套式互动发展的结果。

多重要素间嵌套式互动关系的重设，核心在于确立一种以"权利"关照为背景的"利益攸关"权威观，旨在通过"利益"与"权利"要素的注入，来修正单一"权威"要素作用效果的偏差与不足。这种修正并非单向性的，而是体现为"权威""利益"和"权利"要素之间的互相作用，即一种"嵌套式"的互相作用与修正关系。具体来说，多重要素间嵌套式互动关系表现为：区域环境事务的治理是中央或上级政府依"权威"制定的法规政策目标以强力推进和逐层拆解细化的过程，而这一过程是通过地方政府之间以"利益"协调为核心的横向合作具体落实的，纵向权威式治理需要吸纳"利益"要素的衡平要求并激发地方政府的治理积极性，横向合作式治理需要引入"权威"要素以强化地方政府间合作行为的约束力。同时，在"权利"要素层面，环境利益的公共属性使得指向环境事务的决策本质上构成了一个"民主性议题"，无论是政府内部纵向还是横向治理关系在运行中均有必要适时吸纳社会成员的权利保障诉求，以防止政府的治理行为偏离环境议题应有的公共价值关怀。

以"权利"要素为背景性设置，"权威"要素与"利益"要素的嵌套式互动体现在："权威"要素应为"利益"要素创设运行的空间，并在"权利"要素的关照之下获得正当性宣称。分析法学代表人物约翰·奥斯丁（John Austin）指出了法是一种命令（command），其产生的前提在于存在制定者和接受者的身份区别。由于实际力量的对比差异，政治上的劣势者（inferior）将不得不接受政治上的优势者（superior）的"制定"，此即法律上的"强制"性权威。[1]"权威"要素产生于权力的等级构造，权威的运行往往伴随着强制、命令、服从、义务、制裁等特征。在这个意义上，中央政府相较于地方政府具有主权者的优势地位，其依权力层级制定的法规政策对下级政府的强制适用力不言而喻。但是，这种权威观推行的治理是存在缺陷的，即未能充分关注不同行政区间的利益均衡，以及对地方政府的利益激励。在当代，中央政府与地方政府间的上下级关系并非单纯意义上的命令与服从关系，中央政府法规政策的制定和出台亦是伴随着与地方政府之间不断往复的信息收集反馈、起草、征询意见、地方先行试验、评估、修改等互动过程而产生的。由此可见，在纵向治理模式中，中央或上级政府的权力权威仍不能片面地理解为是"主权者的命令"。另一方面，在区域环境治理脉络中，地方政府处于各种关系的连接点上，其集"代理型政权经营者"与"谋利型政权经营者"的双重角色于一身，这使单一"权威"要素之作用效果容易遭到下级政府的非正式抵抗。[2]由此，"权威即强制命令"的狭隘权威观未能洞悉促使"权威"真正展现规范效力的内在动因，应当在嵌套式互动关系的指引下，确立一种"利益攸关"的权威观。概言之，在"利益攸关"的权威观指引下，中央政府虽有权基于全国范围的需要制定治理目标并授权地方政府予以落实，但是必须保障地方政府的利益主体地位不能随意被限制或剥夺。同时，政府整体上采取的治理措施亦应当回应权利命题衍生的社

---

[1] 约翰·奥斯丁.法学的范围［M］.刘星，译.北京：中国法制出版社，2002：4.
[2] 荀丽丽，包智明.政府动员型环境政策及其地方实践——关于内蒙古S旗生态移民的社会学分析［J］.中国社会科学，2007（5）：126.

会成员利益实现和保障问题。于此，地方政府的利益主体地位不能仅仅在权力等级构造的结构中进行片面理解，即将其视为中央政府的代理人，经中央授权后在行政辖区范围落实中央意志进行利益处置。应当肯定，行政区利益本质上属于特定地方之公共利益，地方政府是地方公共利益的代表者和实现者。可以说，区域环境治理能否有效运转不仅依赖于"权威"要素的有力推动，也在相当程度上取决于整个治理活动是否体现利益衡平、利益激励和权利保障的内在要求。

首先，从利益衡平角度来说，利益衡平是环境公平原则在区域事务中的具体体现。利益衡平主要包括：纵向关系中，由中央或上级政府对获利少和正外部性大的付出方进行利益补偿，如进行中央专项性的转移支付；横向关系中，建立区域内地方政府间的利益协调机制，实现收益共享和损失共担；外部关系中，社会成员因政府治理权行使而造成的个体权益受损，有权获得补偿。利益衡平机制以公平原则为内在指引，力求在受益方和付出方之间形成利益的对等互换。在政府内部关系中，地方政府作为独立的利益主体，任何一方基于区域整体利益的需要做出的受损行为，受益方应给予充分的利益补偿。具体来说，由于环境要素具有外部性和影响范围的递进性、波及性，当跳出行政区范围进入更广阔的区域空间时，站在区域环境整体性的角度，无论是中央依权威推进的抑或地方政府之间联合采取的合作治理行为，区域环境利益相对于行政区环境利益具有明显的公共性，此时行政区利益作为区域利益的组成部分和实现方式，势必要求作为区域成员的经济落后地区以牺牲经济发展自由和机会为代价，作出增进整体环境效益的治理行为。因此，站在区域整体角度，要求区域内的弱势地区克服经济发展偏好而采取协同治理措施，必须由受益方对付出方受损的利益进行确认和补偿。只有将治理行为建立在共同受益的基础上，填平利益的鸿沟，才能使合作治理获得持续性的运行动力。在外部关系上，政府面向区域环境治理任务目标而采取的治理措施，往往带有对私主体权利进行"任意处置"的意味，进而面临治理的正当性和合法性质疑。应当以利益衡平为出发点对特定私主体提供救济和补偿，以防止造成权力侵害权利的不公现象。

其次，从利益激励角度来说，地方政府具有差异化的诉求及自身独特的价值偏好，使得在关注"利益"要素的衡平功能之外，仍应注重对地方政府内在"治理区域环境事务的意愿"进行培养与强化，而"利益"要素的激励面相对激发地方政府治理意愿而言具有重要作用。利益激励是指，在对环境利益的重要性进行识别和塑造的基础上，激发区域内地方政府及社会成员基于区域整体的角度，维护环境利益的主体意识，使区域环境治理成为政府机关及普通民众的行为选择。通俗地讲，就是将环境利益塑造成"天下熙熙皆为利来，天下攘攘皆为利往"场景下的利益特质。利益激励体现为一种实用主义的阐释进路，在该进路下，当一种利益本身具有"有用性"并且能够最大化地满足主体偏好时，方能激发主体的行动自觉。"偏好是这样一种状态或安排：在一个人的判断中，一件事物优先于其他事物。"[1] 环境物品的外部性和环境利益的公共性特征使得这一利益本身并不能如经济利益一般为主体提供源于利益自身的量化和直接的激励。但是，当我们超越狭隘的经济理性视角而对利益的"有用性"进行阐释以后，可以得出以下结论：良好的生存环境及"为处境相似的后裔提供可用资源和必需品"应属于社会成员的偏好。[2] 这一偏好在当前现实情境中因符合社会实践而更具有解释力。此处，我们所确认的环境利益的"有用性"不同于经济增长带来的财富有用性。"收入和财富并非就其自身而言是值得向往的，而是因为，一般地，它们是极好的通用手段，使我们能获取更多的自由去享受我们有理由珍视的生活"，即经济利益的效用在于工具性实效性。[3] 而环境利益作为提升生活质量的建构性要素

[1] 斯蒂芬·芒泽. 财产理论［M］. 彭诚信，译. 北京：北京大学出版社，2006：169.
[2] 斯蒂芬·芒泽. 财产理论［M］. 彭诚信，译. 北京：北京大学出版社，2006：178.
[3] 阿马蒂亚·森. 以自由看待发展［M］. 任赜，于真，译. 北京：中国人民大学出版社，2012：10.

而自身固有"有用性"。

在确认环境利益的"有用性"之后，需要对现行的激励结构进行调整，通过一定的制度设计，激发地方政府走向协作以实现区域环境利益的主体意识。地方政府的自主发展权虽然包含进行环境治理、实现环境利益的规范性内涵，但是囿于环境利益自身不能提供促进自身价值实现的自我激励，应在评价和考核制度中建立对实现环境利益行为外在的有效激励机制，并力求避免环境治理的激励与经济建设的激励存在竞争性冲突，而导致偏好之间不相容现象的发生。现阶段，可以考虑通过优化地方官员绩效考核体系，建立健全环保工作实绩考核体系的方式为地方政府的环境治理行为提供激励。在指标体系设计方面，这种考核体系应当将地方政府对整个区域内其他地区的影响纳入考核激励的范围。既要考核地方政府对本辖区环境保护所作出的贡献，也要综合考虑对整个区域环境质量所带来的正外部性或负外部性效应。

此外，区域环境事务的整个治理过程亦应包含对"权利"要素的充分关照，通过引入权利救济和公众参与，从外部关系的角度来修正政府公权治理活动的偏差与不足。在中国语境下，政府间治理关系的制度化构建是畅通公众参与渠道的前提和基础。环境利益本质上是一种"共有财产"，为不特定的社会成员所共同主张和享有，环境利益的实现不仅需要成为政府的偏好，更应当获得利益享有者——社会成员的偏好支撑。应在政府间协同治理制度安排中为公众参与区域环境治理的参与性权利提供渠道和保障。应当说，"权利"要素的注入不仅是基于对公众参与性权利及其他个人权利的保障需要，更是在政府治理活动的外部向度，对权力式治理所提供的一种民主性监督，以促使政府的区域环境治理活动始终不会偏离维护和实现公共利益的既定价值轨道。

综上，政府内部纵向治理关系中"权威"要素的孤立运行是当前区域环境治理制度陷入困局的深层次根由。"权威"要素自身的内在局限需要在与"利益"要素和"权利"要素的相互检视中予以修正和完善。于此，应确立一种以"权利"关照为背景的"利益攸关"权威观，通过"利益"与"权利"要素的注入，来修正单一"权威"要素作用效果的偏差与不足，推动政府区域环境治理的制度化和法治化进程。

第五章　我国区域环境治理法律制度的完善方向

　　法律制度内含的法律命题是关于特定法秩序下，法律要求什么、允许什么、禁止什么的陈述。[1] 这些陈述具有行为指向性，是围绕行为的合法性评价建立起来的法学话语体系。从法律规制的视角，区域环境治理制度是围绕政府之于区域性环境事务展开的治理关系和治理行为作出的调整和评价，并在国家与社会的外部关系上对社会成员的个体权利提供保障和救济。出于体系化构建的需要，区域环境治理制度应当从基本原则和具体制度两方面进行完善。

第一节　我国区域环境治理法律制度应遵循的基本原则

　　当我们试图将政府主体围绕区域环境事务展开的治理关系进行法律规制时，有必要追溯到具体法律规定的上游，探寻具体制度的"本源"——法律原则。"法律原则是法律宣示，是法之要旨与目的的凝练，是法律规则的基础，在法律结构中处于核心地位。"[2] 区域环境治理制度的基本原则应体现各个治理主体相互交往和互动过程中的内在价值需求。本书认为，区域环境治理的基本原则应当包括区域平等原则、中央权威与地方合作相结合原则、公众参与原则。其中，区域平等原

---

[1] 罗纳德·德沃金.身披法袍的正义［M］.周林刚，翟志勇，译.北京：北京大学出版社，2010：248.
[2] 庞凌.法律原则的识别和适用［J］.法学，2004（10）：35.

则为行政区之间法律地位的塑造提供价值指引，中央权威与地方合作相结合原则同时规制于政府主体之间依纵向和横向而展开的双重治理关系，公众参与原则便在更广泛的权力监督与权利保障层面辐照区域内社会成员的利益诉求。

一、区域平等原则

区域平等原则是指区域范围内各行政区具有平等的法律地位，不应因各行政区政治地位、经济实力、行政级别等方面的事实性差异而在"优势地区"和"弱势地区"间形成不公平的法律对待。无论是中央政府（或上级政府）依权威对区域环境事务作出的纵向治理，抑或是区域内各地方政府依协商进行的横向合作安排，其实质均是面向区域整体环境利益对各辖区利益予以调整和配置。在这一过程中，只有贯彻区域平等原则，才能实现利益调整和配置的公平性，从而使区域环境治理获得法治基础和保障。

在现行法律体系中，各行政区之间的平等关系只能从分散性的法律条款中归纳出来，其并没有被明文规定为处理包括环境事务在内的一般原则。[1] 例如在《行政区域边界争议处理条例》的规定中："处理同一级别行政区之间因行政区域界线不明确而发生的边界争议，由争议双方互谅互让地协商解决。经争议双方协商未达成协议的，由争议双方的上级人民政府决定。"应当说，平等原则最初确立于个人领域，是关于个人平等权的宪法表述。"人人生而平等，他们都从'造物主'那边被赋予某些不可转让的权利，其中包括生命权、自由权。"[2] 从自然法学视角，个人平等权被视为不受任何具体社会情境约束和限制的、不证自明的正当权利，并且先于国家制定法存在、作为检验和

---

[1] 2008 年湖南省人民政府《湖南省行政程序规定》第十五条规定："各级人民政府之间为促进经济社会发展，有效实施行政管理，可以按照合法、平等、互利的原则开展跨行政区域的合作。"
[2] 路易斯·亨金，阿尔伯特·J.罗森塔尔.宪政与权利：美国宪法的域外影响［M］.郑戈，赵晓力，强世功，译.上海：上海三联书店，1996.：3.

监督制定法是否构成"法定的恶法"的标准。在我国，个人平等权不仅在宪法层面获得正当性宣称，并且在民事实体法和诉讼法中均获得法律原则的基本地位。[1] 在行政区之间，区域平等原则系地方政府之间处理共同性事务时遵循的一项处理原则，但尚不能断言区域平等如个人平等一样，已然具有明确的权利构造和权能内容。究其原因在于：其一，人的平等权得以确立的前提在于自由预设，其逻辑起点在于自然人"是自己身体和财产的主人……对每个人而言，他之所以是他自己的，就在于他有着独立的自由意志和自我处置权"[2]。自然人相互之间的平等系来自自我管理的自由权。沿此脉络，区域平等原则的真正确立须以地方自治为前提和保障。当前地方自治尚未获得宪法保障，地方的权限范围基于中央立法授权，故在中央权威治理强势凸显之背景下，地方自治和平等将仍束缚于"权力预设"之中，难以真正获得法制保障。其二，现有的区域平等法律条款均指向处于同一层级行政区划的行政区之间，是基于统一管理这一秩序性需求而进行的组织体制安排的产物和衍生品。由于没有对相互之间不具有隶属关系的不同级别政府之间的法律地位进行明确规制，因而不能将现有的分散性规定视为关涉法律的价值正当性的思考，这也引发了在现行区域环境治理法律体系中确立区域平等原则之现实需要。

从区域环境治理的法治化要求出发，考虑到区域平等在现行法中已经有所体现，应适时将其确立为区域环境治理的基本法律原则。在根本意义上，区域平等原则的制度价值在于：为政府间治理关系的建立和治理措施的开展提供方向性指引及合法性基础，并针对某些区域内地方政府间不平等的实然状态发挥矫正作用。具体而言：其一，区域平等原则具有价值指引和权衡性特征。在法学的一般理论中，"原则是这样的一个准则：它应当得到遵守，并不是因为它将促进或保证

---

[1]　我国《宪法》第三十三条第二款规定："中华人民共和国公民在法律面前一律平等。"
[2]　汤姆·G.帕尔默.实现自由：自由意志主义的理论、历史与实践[M].景朝亮，译.北京：法律出版社，2011：1.

被认为可欲的经济、政治或社会形势，而是因为它是公平、正义的要求，或者是其他道德层面的要求"[1]。原则不同于规则，规则含有明确的权利义务陈述，规则的内容是进行"或有或无"的适用——规则或者得到遵守或者被违反。原则具有完全不同的实现方式，原则是依照"分量（weight）和重要性的强弱"进行适用。[2] 具体而言，区域平等作为一项法律原则后，仍然不意味着可以从中推得具体而明确的权利义务要求，而是作为一个价值性指引，它是为主张采取某种区域环境治理行为或措施提供理由和方向性指导。因此，区域平等原则是治理措施的合法性体现。其二，区域平等原则的确立有助于对行政区间不平等的实然状态发挥矫正作用。中国权力下放的特点并不是同等对待所有地方，而是形成了东重西轻的梯度分权格局。[3] 在国家对地方权力的政策性倾斜配置下，不同地方的资源累积、产业格局、人才结构等经济社会发展水平呈现较大的不平衡性和差距。这种现状在国家总体的发展战略意义上具有一定合理性，但在具体的区域环境治理和区域环境公平的视角下，则很大程度上导致了地区间生态义务分配上的"不平等的差别对待"色彩。这种行政区之间的实然不平等状态已经对弱势地区社会成员的个人权利造成侵害和不公。因此，在区域环境治理法律制度构建中有必要将区域平等确立为法律原则，从而在具体治理制度的制定和执行中发挥指引作用。

在区域平等原则的具体适用方面，应当同时对政府间纵向和横向协同治理行为发挥指导和约束作用。即无论是中央政府（或上级政府）自上而下推进的权威治理，抑或地方政府之间开展的合作治理，均应接受区域平等原则的价值塑造。区域平等主要意指机会上的平等。"机会平等，实质上描述的是一种分配状态，即在结果上表现出的不平等是由于个体努力程度不同造成的，而非环境上的差异造成

[1] 罗纳德·德沃金.认真对待权利［M］.信春鹰，吴玉章，译.上海：上海三联书店，2008：42.
[2] ［美］罗纳德·德沃金.认真对待权利［M］.信春鹰，吴玉章，译.上海：上海三联书店，2008：42，47.
[3] 薄贵利.集权分权与国家兴衰［M］.北京：经济科学出版社，2001：245.

的。"[1]区域平等原则所强调的是未来区域环境治理法律制度之完善，应当为不同地方创设公平的发展机会和外部环境。一方面，在纵向协同治理中，针对特定区域整体的环境治理问题，中央政府往往通过制定规划等规范性文件的方式进行宏观部署和统筹。这些规划性文件属于"尚未被整合进法律之中的、承载政府行动计划的公共政策（Public Policy）"[2]。从行为意义上，应当视为中央政府采取的政策性治理措施。这类政策性措施的特点在于，"旨在促进或保护作为整体的社会的某些集体性目标……在任何情况下，分配的原则都附属于总体性的集体利益概念，所以，为某人提供较少利益可以仅仅通过说明这将导致一种更大的总体利益而得到论证"[3]。就此而言，政策性治理措施的运行逻辑在于：围绕整体规划目标进行资源、资金等利益配置，这种配置往往是建立在牺牲某些对于整体目标的实现不太重要的地区的利益之上的倾斜性配置。在严格法治的制度要求下，国家的政策性治理措施必然要接受合法性的审视和修正。基于区域平等的"平等对待和关照"的一致性要求，需要考量国家的治理行为是否在区域内不公平地赋予了某一方不当利益，并且是以牺牲或剥夺其他主体某种正当利益为代价。因此，有必要通过对平等原则的适用来修正因政策性措施导致的利益失衡状态。另一方面，横向协同治理以契约机制为核心，虽然在区域环境事务领域，地方政府之间合作治理关系的确立很大程度上依赖于中央的授意，契约机制中的自愿和自主性受到相当程度的抑制，但参与主体的意志独立性和地位的平等性仍然是必不可少的。同时应当明确，只要具有合作协议缔结主体的身份就应当受到平等原则的约束，而不应局限适用于处于同一行政层级的地方政府之间。以长江三角洲城市经济协调会为例（该会议兼负协调区域环境事务的部分

[1] 胡鞍钢，魏星.区域发展政策的公平性分析——机会平等视角下的实证研究［J］.公共管理学报，2009，6（2）：14-19.
[2] E.博登海默.法理学：法律哲学与法律方法［M］.邓正来，译.北京：中国政法大学出版社，2004：6.
[3] 罗纳德·德沃金.认真对待权利［M］.信春鹰，吴玉章，译.上海：上海三联书店，2008：130-131.

职责），其成员既包括上海直辖市，也包括南京、苏州、无锡等较大市及其他不具有立法权的地级市，如 2019 年黄山、蚌埠、六安、淮北、宿州、亳州、阜阳等 7 市加入长三角城市经济协调会，这些成员并非处于同一行政级别。但当其共同组成协调组织并制定章程时均应坚持区域平等的基本原则。在横向治理关系中，利益因素是决定地方政府实现协同治理的关键要素，平等原则的确立有助于促使具有差异性利益需求的主体最终走向共识性合作。因此，由于地方政府间不具有权力支配关系，其治理行为的协同性不能通过权威的方式强制形成，只能通过共同承认的方式形成治理的"共识性合意"[1]。此种合意本身即预设了主体间的平等关系，区域平等原则应被规定为地方政府横向合作的首要原则。总言之，区域平等原则的确立使区域环境治理活动具备了合法性基础。无论是中央政府的统一治理行为抑或是地方政府间的合作治理措施，均应自觉接受区域平等原则的价值指引，其面向区域整体环境利益而对辖区局部利益作出的调处行为应确保不侵害各辖区间的平等法律地位，从而作出公平对等的权利义务配置。

二、中央权威与地方合作相结合原则

区域环境事务的特质使得政府主体尤其是中央政府的行权方式和治理逻辑呈现显著的独特性，这种独特性促使中央政府的作用并非局限于宏观层面的统筹性协调，而是以更为积极主动的姿态，依凭权力和权威直接或间接地"强势推进"环境治理目标的实现。作为一个基础性的说明，有必要对"中央权威和地方合作相结合"这一在区域公共事务治理中具有"普适性"的基本原则，在区域环境治理场域下的独特意涵予以简要释明。党的二十大报告明确提出要"坚持加强党的全面领导和党中央集中统一领导"，我国《宪法》明确规定了"中央统一领导下，充分发挥地方的主动性、积极性"的职权划分原则，"中

[1] 魏德士.法理学［M］.丁晓春，吴越，译.北京：法律出版社，2005：132.

央权威与地方合作相结合原则"正是这一宪法精神在面向区域环境议题时的转换式表达。这使其既具有统领全体区域公共事务的一般性，又在区域环境治理的具体场域呈现相对独特的内涵。具体而言，不同于区域经济一体化中政府致力于消除阻碍要素、产品自由流动以实现资源优化配置的身份定位，中央政府在经济利益实现中的行权特征在于"逐步开放要素和产品市场"，以"消极一体化"（如打破行政区壁垒等）消除导致地方市场分割的制度障碍，并以"积极一体化"提供制度资源强化自由市场的正确信号。[1] 但是，无论是消极抑或是积极一体化的治理进路，本质上都是尊重并着力实现企业的创造财富和发展经济的主体地位，政府的角色在于为企业创造有利的政策环境，而不是以政府为主体对经济协作和联合进行行政化的操作和干预。反观区域环境治理，作为环境治理的责任主体，政府是在区域范围内实现环境协同治理的主要推动者和直接参与者，在政府系统内部，中央政府综合运用政治、法律、行政上的权力权威，主导甚至强制地方政府间建立合作协调机制以达成区域环境治理目标，这使区域环境治理在原则指引上具有更多意味的中央权威依赖性。在这一意义上，中央权威的强势推进映衬于区域环境治理的"强制性"特征，坚持中央权威的统筹协调是区域环境治理的一条基本价值准则。

　　进一步地，中央权威与地方合作相结合原则是对区域环境事务中政府间横、纵向协同治理模式之间关系的凝练表达。从政府间权力运行向度上，区域环境事务分为两种并存的治理模式：其一，基于政府组织体系的纵向等级结构，由中央政府或共同上级政府作为有权主体以协调或指令的方式进行治理；其二，区域内地方政府横向上通过协商进行合作治理。在治理实践中，这两种模式往往存在不同程度、不同方式的结合。而具体的结合方式（如适用优先性的安排、中央政府的介入方式及行权程度等）既要接受有助于"有效治理"的中央和地

---

[1] 李瑞林，骆华松. 区域经济一体化：内涵、效应与实现途径［J］. 经济问题探索，2007（1）：53.

方政府之间权限划分的一般理论指引，又要在中国现实的央地权力结构中进行具体化适用。

因此，在法理上，包括环境事务在内的区域公共事务治理应当体现治理活动的具体性和有效性，最大限度地发挥各自纵向和横向治理的优势。一方面，实行地方自治和合作的需求和价值在于：地方性事务具有知识的"分散性"和居民偏好的"地域异质性"，地方政府具有决策上的信息优势，因而更能有效率地供给公共物品以满足当地民众的需求并接受直接监督。我国各地的发展不平衡、自然和社会状况各异，存在差异化的发展偏好和利益诉求。在地方利益分化的情况下，当地政府和人民基于利益主体地位对地方发展的利益评判和排序具有决策权，并经民主机制构建的话语表达渠道参与地方治理。另一方面，在以下两种情形下，有必要强化中央的干预与监管：其一，当地方政府的治理行为存在弊端，即发生"唯GDP论"的地方保护主义从而引发地方政府对环境等公共价值关怀不足时，有必要强化由中央政府的介入和干预。本质上，政府的治理行为是出于对社会利益和发展目标之所在的权威性公权认定，但是需要反问的是此种认定和发展路向是否是社会目标的恰当表述和呈现。地方政府治理的最大缺陷在于存在"逐底竞争"或"底线竞争"（Race to Bottom）倾向，从而极易在缺乏中央干预的情况下陷入协同困局。由于民主机制不完善带来的信息获取保障机制的缺失及当地民众利益诉求表达机制不健全、不畅通，地方政府所追求的发展目标往往是只具有自身价值偏好或者政治上考虑的权宜之计。由此，中央政府对地方治理所进行的必要监督和矫正成为实现区域环境善治的必然需要。其二，当地方事务的影响范围扩大到跨行政区的区域范围，甚至具有全国影响（National Concern）时，对于地方政府不能自行解决，亦无法通过协商性合作解决的面临"地方能力局限"（Provincial Inability）的事务，中央政府应发挥全局式的统领与协调作用。

　　另一方面，虽然在环境事务领域中央的整体性统筹和监管作用必不可少。但在具体实践中，仍应针对区域环境事务的"层级差异性"对中央政府介入环境事务治理的权能、方式、程度等进行具体探讨。首先，地方政府总是存在着自身独特的价值偏好，除非中央政府制定环保政策法规且辅之以必要的考核评估机制，从而将环境治理作为对地方政府具有约束性和实际影响力的任务指标并逐层分解细化，否则地方政府将对环境利益疏于主动关注和照顾，当地民众的环保诉求很难进入到政府决策中予以考量。其次，环境事务具有渐进的扩散性影响，任何环境问题必然在源头上发端于特定地方范围，如果以此为起点无限穷追某一污染源的环境影响范围，则任何环境事务均必然会或多或少地造成"全国影响"，其逻辑后果是中央政府应当对所有环境问题进行直接治理。但是，无论是从空气流域理论提出的大气污染在地形因素的作用下覆盖特定区域，抑或是基于水流域生态系统的相对独立性和完整性，均有必要在中央统一的制度安排之下，构建地方政府间合作协调机制，并对二者的结合方式进行具体化构造。

　　承上，结合我国独特的国情特征，理论层面的应然性论述并不能证成和直接推导出中央和地方之间权限划分和分工的实然状态，这种分工仍然需要以具体问题为导向。实质上，在绝对的中央纵向调整和绝对的地方横向合作中间存在一个连续的谱系，现实的区域性环境问题之强弱程度其实是其中较为重要的一个点。亦如邓小平在市场经济方面的经典论述："计划多一点还是市场多一点，不是社会主义与资本主义的本质区别。"[1] 这一经典论述所蕴含之核心思想同样适用于区域环境治理领域。质言之，由于不同区域间自然条件和资源禀赋之差异，纵向调整和横向联合的多少与强弱也必然处于不同的位置，并且这个位置也是动态的，在不同情况下，会因区域环境问题的现实状况而不断调整，这也正是央地协同模式的生命力所在。另一方面，在

---

[1] 辛向阳.邓小平"南方谈话"的重要论断与当代中国发展［J］.当代世界与社会主义，2012（1）：22.

我国，中央与地方之间的关系不同于美国等西方国家的联邦体制，地方政府并不具有与中央政府平等的宪法地位，地方的权力被认为是来源于中央的认可与授权。详言之，在联邦制国家，各州与联邦处于平等的宪法地位，宪法或其他基本协定定义中央、国家或地方政府所拥有的权力，联邦不能通过立法权行使单方面改变各州的权限及解决权限争议。[1] 但在我国，《宪法》及下位法律并没有明确规定中央和地方权限划分的实质性标准和具体界限。具言之，全国人民代表大会是最高国家权力机关，它的常设机关是全国人民代表大会常务委员会，二者行使国家立法权；国务院是最高国家权力机关的执行机关，规定中央和省、自治区、直辖市的国家行政机关的职权的具体划分。生动地体现为，"中国作为单一制国家的主权最明显地体现在中央立法权上，任何地方自治的权力都由中央授予的"[2]。中央国家机关有权单方划分和形成中央和地方各自的权限范围。一定意义上而言，地方自治的权力来源和行使依据均来自中央的法律和政策性规定，中央的纵向协同安排在区域环境治理中占据重要地位。[3]

我国中央和地方之间治理权限划分已逐渐呈现出制度化和规范化的演进趋势。改革开放以来，随着"中央向地方分权"的财政体制改革，尤其是分税制改革后，改变了中央和地方政府在政府权力结构中的角色定位，地方不再是中央的代理机构，而是从权力的一个传递环节逐步发展为有自己独立利益和独立决策权的主体。[4] 这些有关央地关系的改革实践，为区域环境治理提供了有益借鉴。党的十八届四中全会通过的《中共中央关于全面推进依法治国若干重大问题的决定》指出："推进各级政府事权规范化、法律化，完善不同层级政府特别

---

[1] 张千帆.国家主权与地方自治——中央与地方关系的法治化［M］.北京：中国民主法制出版社，2012：32.

[2] 张千帆.国家主权与地方自治——中央与地方关系的法治化［M］.北京：中国民主法制出版社，2012：26.

[3] 2003年，十六届三中全会通过的《中共中央关于完善社会主义市场经济体制若干问题的决定》中指出："属于全国性和跨省（自治区、直辖市）的事务，由中央管理，以保证国家法制统一、政令统一和市场统一。属于面向本行政区域的地方性事务，由地方管理，以提高工作效率、降低管理成本、增强行政活力。属于中央和地方共同管理的事务，要区别不同情况，明确各自的管理范围，分清主次责任。"

[4] 徐键.分权改革背景下的地方财政自主权［J］.法学研究，2012，34（3）：56.

是中央和地方政府事权法律制度"。2019 年 10 月 31 日中国共产党第
十九届中央委员会第四次全体会议通过的《中共中央关于坚持和完善
中国特色社会主义制度 推进国家治理体系和治理能力现代化若干重
大问题的决定》提出，健全充分发挥中央和地方两个积极性体制机制。
理顺中央和地方权责关系，加强中央宏观事务管理，维护国家法制统
一、政令统一、市场统一。适当加强中央在知识产权保护、养老保险、
跨区域生态环境保护等方面事权，减少并规范中央和地方共同事权。
赋予地方更多自主权，支持地方创造性开展工作。按照权责一致原则，
规范垂直管理体制和地方分级管理体制。优化政府间事权和财权划分，
建立权责清晰、财力协调、区域均衡的中央和地方财政关系，形成稳
定的各级政府事权、支出责任和财力相适应的制度。构建从中央到地
方权责清晰、运行顺畅、充满活力的工作体系。政府间关系的法治化
是实现国家治理体系和治理能力现代化的必然要求和重要依托。值得
说明的是，《国务院关于推进中央与地方财政事权和支出责任划分改
革的指导意见》中明确"以基本公共服务受益范围为主、兼顾政府职
能和行政效率为划分原则，跨省（区、市）的基本公共服务由中央和
地方共同负责；对于跨省（区、市）环境保护与治理这类受益范围较
广、信息相对复杂的公共服务，根据财政事权外溢程度，由中央和地
方按比例或中央给予适当补助方式承担支出责任"。据此，跨省范围
的区域环境事务属于共同事权，由中央和地方协同治理。该《意见》
中的改革方向亦与现行环境法体系中确立的国家在重点区域和流域建
立联合防治协调机制的立法精神基本一致。"中央政府在处理这种'一
对多'关系中的基本职责是既要通过提供激励性制度投资，推动地方
政府间合作更为自主、有为，又要通过实施约束性政治调控，防止合
作走向失控、失序，进而威胁中央政府权威。"[1] 上述政策性文件为
区域公共事务治理中中央与地方间权限划分的法律制度构建提供了改

---

[1] 吕志奎.区域治理中政府间协作的法律制度：美国州际协议研究［M］.北京：中国社会科学出版社，2015：256.

革思路和重要借鉴。

具体到区域环境治理语境下，对于中央政府和地方政府之间治理权能及行权边界的划分应当坚持维护中央权威和促进地方合作相结合的原则。这一原则在适用过程中包括以下方面：第一，区域环境治理中，中央权威与地方合作相结合原则的确立以中央和地方间事权分配的法律制度构建为前提。离开这项工作，这一原则将失去指导意义。在今后的立法工作中，可以通过对宪法中的中央和地方关系条款进行解释以获得相关立法的授权。理想的宪法规范能够统合纷繁的社会事实并为主体之间权力（利）关系的拆分组合提供弹性的适用空间，从而将权力演变的内在诉求纳入其框架之中。[1]在此基础上，制定处理政府间关系的基本法，包括调整中央与地方关系的法律，明确中央和地方之间包括事权在内的治理权限划分，防止权力随意上移下放、权力重叠和侵蚀问题；具体规定地方政府之间横向合作的制度安排，建立政府间良性的合作治理法律秩序。第二，中央政府具有治理权划分和权能配置的决定权。"治理的层级设计，旨在发挥各层级统治机构在具体治理过程中的优势，以提供更好的公共服务和高效地完成国家或公共任务。"[2]基于此，应当以法律和行政法规的文本渊源形式对区域环境事务的治理权责进行制度化的划分，从源头上防止治理权责交叉重叠、治理主体不明的乱象。同时，从执法效率和现实可能性上，中央统一治理的权力性质应更多体现为立法性和监管性权力。既要为地方治理的展开提供框架性指引和行为依据，又要注重强化监管责任，防止因地方保护主义而危及中央法令政策的统一执行。治理行为最终仍依靠地方政府的执行性措施自行落实。但对于具有全国战略性地位和影响范围从特定区域外溢到全国的环境事务，中央政府应与地方政府作为共同的治理主体，甚至中央政府是承担主要职责的主体。对于地方性事务，在授权范围内地方政府是主要的治理主体，但中央政府

---

[1] 林来梵.规范宪法的条件和宪法规范的变动［J］.法学研究，1999，21（2）：37.
[2] 徐键.分权改革背景下的地方财政自主权［J］.法学研究，2012，34（3）：48.

仍然承担制定规划、标准和监督管理的职责，并防止地方政府"因追求局部利益而损害其他地区利益或整体利益的行为"[1]。"地方需要是多样化、多层次的，不可能都来找中央政府解决问题。对于超过某一地方范围的事务，由于各地之间因交易成本很高或'内部政治制衡'不起作用等原因而未必能达成一致解决方案，因而必须由中央政府调控。"[2]第三，赋予地方政府充分的自主权。区域环境事务的治理要义在于通过对地方政府之间的利益进行协调而达致长久化效果。这种利益协调的最佳方式就是在中央政府的制度框架内，由作为利益享有者的地方政府亲自参与协商和合作，而非在任何情况下均通过中央政府的直接干预和行政指令的方式强制合作。具体来说：首先，由于环境事务的区域性具有范围差异性，对于"小区域问题"而言（如"小流域治理"），将区域公共事务治理的希望寄托于中央政府，产生的问题就是政府太大而无法解决小问题，带来治理的低效率缺陷。[3]地方性事务蕴含独特的成员偏好和利益需求，加之行政层级的纵向区隔会使中央政府因主客观因素叠加带来的信息阻隔和失真，而面临信息获取障碍及社会调研和分析不足的问题，倘若直接实行"一管子插到底"的治理往往无法对真实诉求进行准确把握。由此带来中央政府直接介入的治理往往因无节制的干预而正当性、持续性不足，且带有运动式、间歇式色彩。其次，关于中央和地方政府在区域环境治理中的职责划分尚不存在明确的规范指引，在极具不确定性的治理预期下，中央和地方政府都存在机会主义倾向，从而加剧治理行为的短期化认知。在这一意义上，"中央提供的制度安排虽然具有规范性、制度化、水平高的优点，但应以高度的强制性权力为基础，而非以一致性为前

[1] 《国务院关于推进中央与地方财政事权和支出责任划分改革的指导意见》（国发〔2016〕49号）[EB/OL].2016-08-24.
[2] 张千帆.国家主权与地方自治——中央与地方关系的法治化[M].北京：中国民主法制出版社，2012：32.
[3] 刘亚平,颜昌武.区域公共事务的治理逻辑:以清水江治理为例[J].中山大学学报（哲学社会科学版），2006，46（4）：95.

提，故其动力水平相对比较低"[1]。地方政府间的自主合作亦十分重要。因此，在区域环境治理法律制度的具体构建中，应当充分发挥中央纵向治理与地方横向治理的各自优势，对中央权威与地方合作相结合原则的具体实现方式、程度、机制作出细化安排。

三、公众参与原则

在区域环境治理的场域下，公众参与原则是指政府作为区域环境治理的主导者和推动者，应通过妥善的制度设计确保社会组织、公民、企业等主体"渐进地"参与政府治理的决策、执行、监督等各个环节，形成政府主导下多元主体共同参与治理的局面。应当说，区域环境治理议题视域下的公众参与原则具有相对特定的价值意涵，即公众所参与的事务范围展现出跨域性特征，不局限于本行政区内环境事务治理，而是向区域性环境事务治理领域延伸和扩展。而这一趋势恰恰顺应了政府治理逻辑从行政区走向区域的演变过程，这根本上是由环境利益的影响范围和表现形态所决定的。具体来说，对于具有跨域影响的环境事务，行政区利益一定程度上被整体化的区域环境利益所吸纳和重新框定，本行政区的环境利益状态极有可能因区域利益整体性的需要而改变。以协议机制为例，区域内地方政府之间通过签订环境保护合作协议的方式对区域环境利益进行重新配置，协议中虽主要对缔约主体的治理权责进行统一安排，但协议内容往往以各地政府及其职能部门在本地创设规范性文件的方式，转化为对社会成员相关利益的处置依据。就此而言，传统公众参与原则的内容必须在区域环境治理议题中进行重塑，使之成为区域环境治理制度的指导原则。

我国区域环境治理中公众参与原则的确立离不开对"治理"概念的中国式解析。区域治理、跨域治理等并非我国本土化的概念，其是

---

[1] 韩志红，付大学.地方政府之间合作的制度化协调——区域政府的法治化路径 [J].北方法学，2009，3（2）：131.

治理概念叠加在区域性公共事务之上生成的概念类型。在域外法视域中，治理的核心要义是多元主体形成网络化的治理结构下以协商和合作关系实现公共事务的参与共治。"区域治理是指政府、非政府组织、私人部门、公民及其他利益相关者为实现最大化区域公共利益，通过谈判、协商、伙伴关系等方式对区域公共事务进行集体行动的过程。"[1]但是，当我们对区域治理概念进行移植使用的时候，必须对以下倾向保有足够的清醒认识，即移植活动时常以"域外制度较为先进"的论述，来掩护一个具有变革倾向的广义"立法式"主张。[2]换言之，对治理概念的使用应当在法律规制的意义上重新予以审视。一方面，中国的治理概念及制度构建应当是解释性的。以回应已有的公众参与实践，并适时促使政府治理实现转型优化发展。另一方面，中国语境下的治理概念应当是描述性的。立足我国现实的国情现状及现有的政治结构和权威治理形态，政府仍是区域公共事务治理的主导者和推进者，依附于市民社会建构的纯粹网格化治理结构尚未形成，域外的治理概念并不是对我国治理现状的真实和准确描述，我国区域环境治理概念的重心仍在于对政府间协同治理行为和关系的重塑中进行把握。

在我国现阶段的区域环境治理中，确立政府主导下，社会公众对区域环境事务的"渐进式"参与原则之必要性在于：第一，政府间协同治理行为会对区域范围内社会公众权利义务状态造成潜在的或现实的影响，公众有权以利益相关者身份参与治理活动。此种影响体现为两个层面：其一，社会成员作为环境利益的分享者，任何个体均有权基于成员身份参与环境决策，环境利益的整体状态和实现程度直接影响个体的环境境况和体验。换句话说，环境资源的不可分性和公共性，以及环境问题的科技性、未知性共同衍生环境决策的风险性和对政府单方决断的正当性质疑。环境决策只有充分吸纳相关社会成员、

---

[1] 韩志红，付大学．地方政府之间合作的制度化协调——区域政府的法治化路径［J］．北方法学，2009，3（2）：50.

[2] Newman M E J. The structure and function of complex networks［J］. SIAM Review，2003，45（2）：167‑256.

提升公共性品格才能谋求决策的正当性。其二，环境利益处于广布的利益网络中，公众有权作为"利害关系人"参与环境治理决策。"从资源的有效利用着眼，环境上的利益只是国家所应追求利益中的一环，环境决策对其他同等重要的利益而言均会有深远的影响。"[1]区域环境利益在实现过程中难免与经济领域的企业的经营自主权和自由发展权、社会保障领域中劳动者的就业选择权、民主政治建设中公民个人的自由权等基本权利发生冲突。以之前在厦门、大连、昆明等地发生的微观 PX 事件为例，关于 PX 化工项目最终命运的政府决策绝不仅仅是关涉单纯环境利益考量而作出的环境决策，而是在"项目规模及其进展情况、民意、利益相关方的诉求"等复杂交织的社会因素制约下作出的综合性政府决策。[2]此外，2020 年 3 月发生的深圳湾环评报告事件，也再次佐证了及时的信息公开和有效的公众参与才是环评制度能够起到预防作用的关键所在。由此，环境决策必须吸纳相关利害关系人的诉求表达。第二，在"行政主导型"环保体制下，引入公众参与以补强民主机制对政府行为的监督作用，提升政府治理活动的民主性。政府主导环境治理事务是中国环境治理的最大特征，在该背景下形成了全国人民代表大会立法监督、各级政府负责实施、环境保护行政主管部门统一监督管理、各有关部门依法实施监管的治理权力分布格局。[3]环境事务具有典型的公共性，由此带来区域环境治理是典型的民主性议题。从民主的实现途径角度来看，各级政府以权力运作为核心的治理方式仍属代议制民主和"传送带理论"的涵摄范畴。但由于现实环境的拘束、人性的局限、选举层级的存在等多重复杂因素，代议制民主在某种意义上只是实现民主的次优方式。[4]当环境立法活动高度依赖地方政府及其组成部门在公共事务管理中所获的相关信息

[1] 叶俊荣.环境政策与法律 [M].北京：中国政法大学出版社，2003：19.
[2] 陈海嵩.绿色发展中的环境法实施问题：基于 PX 事件的微观分析 [J].中国法学，2016（1）：74.
[3] 肖建华，游高端.地方政府环境治理能力刍议 [J].天津行政学院学报，2011，13（5）：65.
[4] 秦前红，刘怡达.地方立法权主体扩容的风险及其控制 [J].海峡法学，2015，17（3）：29.

时，地方政府便通过信息优势获得了对地方立法的实质控制权。[1]地方立法体现为行政主导而非人大主导模式，由此导致"部门利益法律化"，即地方政府及其部门借由立法或扩权或免责。为了有效防控地方政府机关攫取立法权的现实风险，除完善立法机关的机构人员配置以提高立法素质、进行立法监督以外，更应引入立法的公众参与原则，从而弥补立法机关的信息劣势地位，修正政府在区域环境治理中的失范行为。

有必要强调的是，区域环境治理中公众参与原则的实现程度是与"公众参与能力"的培育与提升过程相适应的"渐进式"演进历程。理论上，建立在信任和伙伴关系基础上的多中心网格化治理固然有独特的制度价值，但是此种治理格局系与社会成员自治能力及素质的增进密切相关的。在我国现阶段的环境治理中，社会公众的环境意识虽然呈现高涨趋势，但是这种意识萌发更多是在个人主义的层面进行，而不能断言已经培育并具备了追求"共同善"的环境公共性价值的能力。正如学者所言，要时刻警惕参与的平等提高过快，其速度远远超过"处理相互关系的艺术"的发展速度之不稳定状态的出现。[2]因此，应逐步培育和提升"公众参与能力"，激励公众接受公共生活的熏陶和滋养，提升其公民性，建构其自治意识和自治能力。[3]个人、群体、社团和利益集团等社会成员应在国家权力组织系统内部和外部"非官方的公域"[4]获得参与区域性环境决策的程序性制度安排，促使社会成员有意识且有能力参与到关于环境政策的公共讨论中。同时，鉴于社会力量发育不充分，民意与环境公共利益时有疏离，以及个别社会成员基于私利对公共问题作出的不实表达而产生的"邻避问题"等现实问题，政府主体仍应发挥主导性作用，

---

[1]　汤静.地方立法中部门利益之消解路径探析［J］.湖南师范大学社会科学学报，2013，42（3）：57.
[2]　塞缪尔·P.亨廷顿.变化社会中的政治秩序［M］.王冠华，刘为，等，译.上海：上海人民出版社，2008：4.
[3]　杜健勋.邻避运动中的法权配置与风险治理研究［J］.法制与社会发展，2014，20（4）：116.
[4]　邓正来.国家与社会：中国市民社会研究［M］.北京：北京大学出版社，2008：9.

对公共讨论中形成的复杂民意进行甄别和筛选，从而正确发挥民意表达的正向价值。通过区域环境治理中公众参与原则的确立和适用，可提升政府间协同治理行为的民主性，并防止政府的区域环境治理行为偏离应有的公共价值关怀。

第二节　完善我国区域环境治理法律制度的框架性思考

政府能否实现区域环境事务的协同治理取决于是否建构起良好的制度环境、合理的组织安排和完善的区域合作规则。[1] 当前环境法体系针对区域环境污染和生态破坏问题仅作出了包括重点区域（流域）建立联防联控机制和其他区域通过协调或协商的方式解决的相对概括式的规定。但对于这一机制能够顺利运转的、促成统一协调和联合行动的具体性制度安排却没有完整涉及。本书认为，在法治化语境中，应当通过具有"回应型"的区域环境治理制度的构建，以确保政府在区域环境治理中走向制度化、规范化的常态协同。在规制内容上，区域环境治理制度主要分为三个层面：第一，创设政府间"协同"治理关系的法律制度，包括建立多层次的区域性环境治理组织机构，以组织机构的职权设定及行使直接推进统一治理；完善区域环境保护合作协议制度，以协议机制的运行促成并约束治理行为的协调统一。第二，为"协同"治理关系提供利益激励和责任约束的法律制度，包括完善区域生态补偿制度，通过受益方与付出方之间的利益平衡和协调，激发协同治理的内在动力；引入区域环境责任，为政府之于区域环境事务的治理提供相适应的责任承担方式，以责任的潜在威慑性进行行为约束。第三，基于私权保障和救济的需要，对"协同"治理行为进行监督的法律制度。

---

[1] 陈剩勇，马斌.区域间政府合作：区域经济一体化的路径选择［J］.政治学研究，2004（1）：28.

一、建立区域环境治理协同立法制度

为了解决区域环境治理中法律依据缺位的制度困境，对于我国区域环境治理制度的构建而言，首要应解决的是区域环境治理制度的立法位阶及政府协同治理的合法性授权问题。在效力位阶上，应当在"法律"这一立法层级上制定区域环境治理法律制度，对区域环境治理机构的设置和职权、区域合作协议的法律地位、必备条款、效力及救济等实体和程序问题、区域规划的制定程序等一般问题作出规定。包括《环境保护法》在内的现行环境法律制度中，大部分规定仍是辖区式和点源式治理制度，区域环境治理制度尚未获得足够的立法重视。以"法律"的形式制定区域环境治理制度，旨在为政府治理行为提供合法性基础和授权，并对政府权力运行予以监督和保障。当前区域环境治理的文本依据仍主要停留在不具有法律效力的规划、意见、通知等政策性文件层面，这些文本的制定主体主要是国务院及其组成部门。从权力来源角度，由于缺乏国家立法主体的法律输出和制度化规范，这些政策性文本中针对政府治理的规制存在"自我授权"问题。因此，在中央层面，应通过全国人民代表大会和全国人民代表大会常务委员会行使国家立法权制定法律，以促进政策性规定向法律规范的立法转化。

在对区域环境治理制度作出一般性规定的基础上，地方层面应当构建区域协同立法机制，确保地方政府间具体开展的协同治理行为获得合法性授权。协同立法是指，当区域内各地方立法主体的立法项目具有重要的区域性影响时，应当通过建立主体间的沟通协调机制，消弭区域间法律制度的隔阂和冲突，进而实现法律规定之间的相互融贯。在依法行政原则的指引下，政府协同治理行为应获得合法性授权，即区域内各地方的人大立法主体和政府立法主体所立之法的明确授权。"在所有现代民主国家，行政俱已受法律规范约束。行政管理通过法律规范连成系统，此即合法性原则。"[1] 倘若各地方针对具有区域性影响的环境事务实施的立法行为仍是在各自为政的彼此区隔状态下进行的，则难免会出现地方性法规间的矛盾和冲突，从而注定以此为依据的地方政府间治理行为无法真正走向协同。在这方面，可以借鉴黑吉辽三省之间于 2006 年起开展的政府机关间协同立法实践。吉林省、辽宁省、黑龙江省通过正式签署《东北三省政府立法协作框架协议》并确立了三种合作类型："联合工作组"紧密型、"一省牵头，其他配合"半紧密型、"独立立法，结果共享"的分散型协同方式。针对不同立法项目的重要性及共性程度，确定适用的具体类型。2021 年12 月 23 日，江苏省、安徽省、浙江省、上海市三省一市司法厅（局）以视频连线形式召开长三角区域政府协同立法研讨会，共同签署了《长江三角洲三省一市司法厅（局）区域协同立法合作框架协议》（以下简称"框架协议"），明确了长三角政府协同立法的基本原则、合作重点、组织保障等事项。根据框架协议，三省一市司法厅（局）将加强政府立法协作，以长三角区域一体化发展国家战略实施为契机，建立完备、高效、便捷的长三角区域协同立法合作机制，推动重点区域、重点领域跨区域立法研究，促进资源要素有序自由流动，达到更高水平协同开放，充分发挥协同立法对区域经济社会发展的引领、推动、规范、保障作用。

　　具体来说，应在协同立法的主体范围和参与成员的代表性两方面对区域环境治理的协同立法机制予以完善。在主体范围上，应将协同立法主体从地方政府机关向地方人大及其常委会层面纵深发展，从根本上解决协同治理的合法性根据问题。这不仅是法律效力层级中"下位法不得违反上位法"的原则要求，更是区域内民意的正当体现。同时，在协同立法过程中，重视参与成员所代表利益的广泛性和均衡性。可以考虑吸纳区域以外的地方政府代表，防止所立之法对其他区域造

---

[1] 让·里韦罗，让·瓦利纳. 法国行政法［M］. 鲁仁，译. 北京：商务印书馆，2008：129.

成不公平现象，建立法律的独立王国。进一步地，在立法模式的选择上亦应坚持差异化的灵活制度设计。详言之，区域协同立法机制的构建包括三个不同类型：紧密型的协同立法沟通协调程序、分散型的立法前信息交流和立法后交叉备案。第一，对于已经纳入协同立法范畴的立法项目，应在传统的地方性法规和地方政府规章的立法程序以外，完善区域合作立法的沟通协调程序设置。通过建立区域环境立法的联络协调机构，开展立法协调活动。在机构运行中，明确立法活动的启动机制和实施流程，以免协调活动流于形式。第二，加强政府间的信息交流，对于尚未进入联合立法工作范畴的地方政府单独立法行为，若该立法项目具有较强的外溢效应因而构成区域共性问题，则应借助于立法信息交流与互通这一松散型协调方式，在启动前通过会议研讨、立法动态通报、调研等方式充分听取其他地方政府的立法意见和建议，并对立法项目实施后在区域范围内的可能影响进行充分评估。第三，建立交叉备案制度加强对地方立法的事后监督。[1]以省级立法主体作为实施枢纽，区域内各地方立法完成后向其他地方对应权限的立法主体进行交叉备案，由接受机关针对立法内容是否体现协调性及符合区域共同利益进行审查。

二、建立多层次的区域环境治理机构

在组织载体层面，"（区域环境问题）解决的关键不是行政机构如何去组织实施，而是行政机构是如何被组织和建立起来的"[2]。从比较法角度来看，建立多层次的区域环境治理机构是美国、欧盟等经验成熟国家和地区的共同选择。其中，"多层次性"意指依循政府间横向、纵向协同治理关系分别建立区域环境治理机构。在纵向协同向度，通过中央设立统一的实体性区域治理机构，以职权行使实现机构

---

[1]　王春业.自组织理论视角下的区域立法协作［J］.法商研究，2015，32（6）：12.
[2]　韩志红，付大学.地方政府之间合作的制度化协调——区域政府的法治化路径［J］.北方法学，2009，3（2）：127.

自上而下的权力治理。在横向协同向度，基于区域内地方政府间的协商一致成立区域环境合作组织，为政府间横向协作提供组织载体保障。总体而言，区域环境治理机构的设置思路是建立具有实体性的统一治理机构，同时鼓励探索建立其他具有协调性的合作组织，以同时彰显机构设置上的权威性与灵活性。

以美国为例，在区域环境治理中分层次地建立了联邦层面的区域办公室、解决特定大气污染问题的区域委员会（如臭氧传输委员会、南加州海岸空气质量管理委员会）以及州政府间自愿组成的区域合作组织等组织形式。[1]具体来说，第一，区域办公室是美国国会成立的、旨在促进联邦环保署诸多职能和措施实施的实体机构。其主要职能包括"在区域一级管理和推动联邦级大气管理措施和政策、监督州级和地方级政府的大气管理措施并对其行动进行监控和指导"[2]等。第二，国会授权联邦环保署针对特定的大气污染问题成立区域委员会，委员会人员由环保署代表、区域办公室的官员、各州（地方）政府代表及包括专家学者、非政府组织等利益相关方共同组成。区域委员会具有广泛而自主的管理职权，以确保环境治理目标的实现。以南加州海岸空气质量管理委员会为例，该委员会享有立法、执法、监督和处罚权，通过制定和实施空气质量管理计划并辅之以排污许可、监测监控、市场交易等措施，取得了富有成效的治理效果。第三，州政府按照联邦环保署划分的区域自愿成立区域合作组织，依托该组织广泛开展沟通交流、评估及培训等工作。美国上述的治理实践尤其是联邦政府自上而下的机构治理模式，对我国中央层面的治理机构改革和完善具有重要的借鉴意义。借鉴美国立法中的先进经验，我国区域环境治理机构的建立和完善应当在中央和地方两个层面、沿纵向协同和横向协同两重治理关系分别展开。中央层面的区域环境治理机构依纵向层级管控

[1] 宁淼，孙亚梅，杨金田.国内外区域大气污染联防联控管理模式分析［J］.环境与可持续发展，2012，37（5）：14.
[2] 宁淼，孙亚梅，杨金田.国内外区域大气污染联防联控管理模式分析［J］.环境与可持续发展，2012，37（5）：14.

关系实现自上而下的权力治理，其权力运行应凸显统一性和权威性。地方层面的行政区政府间组成的区域环境合作组织，应根据合作宗旨和事项的不同进行职能配置，并注重发挥合作组织的协调性作用。

在中央层面建立统一的区域环境治理机构，并赋予该治理机构广泛而自主的治理权限，体现治理的权威性。具体应从加强国务院职能部门间行权的协调和统一，强化生态环境部门及区域环境治理机构监管职能以体现权威性、自主性治理等方面予以完善。第一，由生态环境部牵头负责，建立国务院相关职能部门间协作机制，以各部门间职能协调为前提，确保区域环境治理机构的决策具备统一性和融贯性。部门协作机制是为了应对部门权力分割带来的协同困局，这在我国流域治理领域尤为明显。已有研究表明，流域治理在部门之间呈现"零碎化"特征，水质和水量、地表和地下水、城市工业农业用水等方面分别由包括生态环境部门、水利部门、国土部门、建设部门等不同部门分割管理。[1]不同主体的职权分割和交叉行使造成流域治理行为的碎片化、分散化和非连贯性。我国流域管理机构的定位是水利部的派出机构，这导致其很难承担跨部门问题的综合协调和管理工作。综合比较美国、法国、加拿大等国家流域治理实践，虽然各国的流域管理机构存在明显的职能差异和隶属关系，但均体现为在统一治理的原则下，建立政府各部门间的协作机制。[2]如法国在塞纳河流域的治理过程中，建立了由原环境部、原农业部、原交通部等部门组成的水资源管理委员会，该委员会在部门协作的基础上制定综合性的治理政策和规划。以此为借鉴，从治理的统一性出发，我国应当建立诸如环境资源管理委员会或部际协调小组等形式的部门间沟通协商机制，从而为区域环境治理机构提供统一而融贯的行权前提。第二，强化生态环境部对区域性环境治理的统一监管力度，在生态环境部下设具有实体性

[1] 陈庆秋.试论水资源部门分割管理体制的弊端与改革[J].人民黄河，2004，26（9）：20.
[2] 胡熠，陈瑞莲.发达国家的流域水污染公共治理机制及其启示[J].天津行政学院学报，2006，8(1)：38.

协调和管理权力的区域性治理机构，并赋予广泛而自主的管理权限和实施保障，从而确保该机构具有实质性权能内容以及对区域环境事务的实际影响效果。李克强总理在 2016 年国务院《政府工作报告》中明确指出，重要区域环境事务的治理往往具有关涉全局的重要性，必须由中央政府"强力推进"。区域环境问题既是本行政区内的事务，又涉及相邻行政区，并且部分事务的处理会影响到中央权力和目标的实现。[1] 在以区域环保督查中心为代表的机构实践中，由于缺失环境治理中诸如区域规划、监测、审核等核心性、关键性职能，区域督查中心往往扮演着区域信息收集的角色，治理效果欠佳。可行的做法是，在对区域督查中心进行重新定位和改造的基础上，将其重塑为生态环境部下设的区域性环保机构，通过改革赋予其更加独立的身份和职能，使其成为具有权威性的区域环境治理机构。在职能配置上，区域性环保机构主要在重要区域及其他跨省域环境事务治理中承担以下职能：第一，制定区域性环境治理法规和政策；第二，对区域环境问题进行统一执法和监督，基于区域整体需求进行项目审批及实施等行政性管理权；第三，对地方政府之间合作协议及规划的制定、合作组织的运行进行指导和引导；第四，在信息收集和分析基础上，对地方政府的治理措施进行考核；第五，对地方政府因区域治理产生的纠纷进行调处等。在职能行使过程中，区域性环保机构应注意与地方政府保持密切联系，以保证治理行为建立在充分的信息基础上，从而具备适应区域社会发展需求的适度灵活性，通过较为明确和广泛的职权配置充分发挥区域环保机构的统一协调作用。

此外，在中央区域环境治理机构改革方面，作为一个重要的发展趋势，2017 年 2 月和 5 月，中央全面深化改革领导小组会议分别审议通过了《按流域设置环境监管和行政执法机构试点方案》和《跨地区环保机构试点方案》，原国家环保部将在京津冀及周边地区开展跨地

---

[1] 肖爱.论区域环境法治中的权力结构［J］.法学杂志，2011（9）.

区环保机构试点。原环保部环境与经济政策研究中心主任夏光指出，"跨地区环保机构是在中央和各省级环保机构之间，再增加一层跨越各省级行政单元的环保机构。"[1] 此举正是在改变现行环境保护管理体制的基础上，力求以机构改革方式理顺并整合环境管理职权的探索。

在地方层面，地方政府间有必要建立区域环境合作组织作为推行协商式治理的组织载体。构建区域环境合作组织主要涉及设立依据、组织形态、职能类型、机构设置等问题。如前所述，当下我国区域环境治理实践中，地方政府之间主要以协调小组或联席会议的形式进行集体磋商，组织化程度较低，尚未建立起进行协同治理的常态化组织机构。为了确保政府治理的协同效果，地方政府间应当适时建立符合地方具体区域环境事务特性的合作组织。具体来说，第一，以"章程"性合作协议作为区域环境合作组织的设立依据。区域环境合作组织是基于地方政府间横向治理关系建立的组织形态，应在协商一致的基础上，通过签订"章程"性的合作协议，对组织设立和运行中的相关问题作出统一和明确规定。第二，在合作组织形态的选择上，应在不改变现有行政区划和层级的前提下，通过设立实体性管理机构来提升合作组织的稳定性和规范性。具言之，应力求克服现有联席会议和协调小组制度运行中的临时性、稳定性差、约束力弱等缺陷，通过对联席会议和协调小组的规范化改造，提升区域环境合作组织的稳定性和组织化水平。第三，根据待处置的环境事务的差异性，赋予合作组织不同的职权内容与范围。在区域政府环境合作治理初期，合作内容基本是框架性和原则性的协议条款，合作组织的运作也多数起到柔性磋商的作用，职权配置尚不明确。在今后发展中，应根据合作目标和功能的不同，赋予各组织对应的具体职权。这些具体职权包括但不限于协调监督职能、统一执法职能、统一规划决策职能，并需要进一步思考各项职能行使对社会公众造成的直接或间接效力及救济机制的问题。

---

[1] 马维辉.跨境污染案件频发，京津冀跨地区环保机构要来了［N］.华夏时报，2017-05-29（005）.

第四，完善区域合作组织的机构设置。在合作组织内部统一的决策机构以外，设立若干常设性或临时性的执行机构，承担相应的职责。决策机构是进行区域环境治理的议事协调机构，由其形成协同治理的统一意志和治理依据。执行机构作为决策机构所形成决议的贯彻落实机关，确保各行政区在辖区内部按照协同治理的要求，实现与特定环境事务相关的职能部门间的整合协调与落实。围绕以上问题展开区域环境合作组织的构建，将有助于摆脱单纯磋商带来的随意性和弱约束性，从而使政府间横向协同关系在区域环境治理中发挥更大的作用。

有必要指出，建立实体性组织机构并以此完善区域环境治理制度的立法思路需要辩证对待。不可否认，为区域环境治理提供组织载体，尤其是在中央层面设置"强势"的实体性机构的做法，有助于更为有效地促成统一治理目标的实现。但是，组织法上的制度创新往往需要付出较大的改革成本。因此，未来制度设计中，既要对改革的各方利益诉求有清晰的把握，又要兼顾能够满足这些诉求的资源供给能力和社会接纳程度。据此，当机构改革和组织形态设置的具体选项不甚明朗时，任何超脱于国情现实的细化改革设想都应当审慎看待，应具体分析设立区域性协调组织的相关成本及可能的治理收益，采取具体、适恰的组织模式，或是通过组织机构之外的其他协同机制进行灵活性弥补。

三、完善地方政府间环境保护合作协议的法律规制

地方政府间共同订立的区域环境保护合作协议，是地方政府针对区域环境事务实现横向协同治理的主要治理方式和文本载体。在当前实践中，无论是针对区域环境事务签订的框架式合作协议（如《泛珠三角区域环境保护合作协议》《广汉市－青白江区生态环境保护合作框架协议》），抑或针对特定环境要素治理签订的具体合作协议（如《关于新安江流域上下游横向生态补偿协议》《黄河流域（四川－甘肃段）

横向生态补偿协议》）均体现了协议机制在区域地方政府间横向治理中的重要实践价值。与此形成鲜明对比的是，区域环境合作协议尚处于法律调整的空白地带，协议本身并不具有创设各方权利义务的约束性效力。这种实然状态与区域环保合作协议机制所负担的制度功能极不相称。

将区域环境保护合作协议纳入法律制度范畴进行规制的重要意义在于，区域环保合作协议在区域环境治理实践中具有"基础性"的重要地位，即合作协议是各方参与主体采取协同治理行为的基础性依据，是以合同文本的形式将区域环境治理问题转换至法学话语体系的重要文本依托。区域环境治理的相关合作协调机制均在协议框架下展开，区域环保合作协议构成其他具体治理行为的评判标准和执行依据。因此，环境法学研究应格外关注协议这一法律机制的创新。具体来说，区域环境保护合作协议具有如下主要特点：第一，基于协议对缔约主体应有的约束性作用，相关合作条款直接构成合作主体的行为依据。同时对合作协议效力问题的进一步探索有助于明晰缔约主体之外的其他政府机关及社会成员权利义务的作用机理。第二，区域环境治理的实际效果依赖于合作主体的最终治理行为是否与协议条款相一致，即合作治理的实效问题可以转化为协议的效力实现、执行监督和违约救济问题。第三，区域合作协议的内容具有较大的包容性，既可以设置工作章程或组织性条款，用来规定合作组织的设立和运作机制，也可以设置事务性条款，用以规定合作的具体公共事务类型和领域。概言之，寻求区域环保合作协议法律治理的制度价值在于，其不仅有助于推动协议治理模式本身的制度化，而且有助于实现对那些以协议为源头发散出的一系列受协议约束的行为群之法律规制。

在制度完善层面，区域环境保护合作协议制度的完善主要围绕缔结原则、缔结主体、法律性质和效力位阶等方面展开。正如学者所言，构成法学之理性特征的不是确定性和正确性的获取，而是借由一系列标准、规则或程序的技术化构建和实现，以寻求法律规制的正当性。[1]
由此，区域合作协议这一行为机制作为地方政府在区域环境治理中最
主要的实施工具，有必要在法技术层面将其运行过程进行拆分和精细
化构建。

第一，关于区域环境保护合作协议的缔结原则及缔约主体。在缔
结原则上，与区域经济一体化中的合作协议不同，由于区域环境治理
的强制性特征，区域环境保护合作协议在缔结原则上不存在绝对意义
上的自愿原则。当协议机制具体应用到环境治理中时，应面向环境事
务的特质对区域环境合作协议制度作出适恰的独特安排。如前所述，
环境事务的公共性、整体性和环境物品的外部性特征为区域内地方政
府带来了"刚性"的合作要求。这种刚性需求进一步通过中央或上级
政府的法规政策予以权威性确认，并施以地方政府"强制性协同"的
义务配置。在这一意义上，基于自由意志决定是否参与缔约的自主选
择权受到一定程度的压制，经济事务合作中的"自愿参与原则"不再
适合作为区域环境保护合作协议的"基石"。同时，鉴于各地方政府
是互不具有行政隶属关系的缔约主体，当针对部分协议内容不能协商
取得一致意见时，应由中央或上级政府进行权威式调处和权责配置以
落实国家层面的整体治理目标。除了绝对性的自愿原则排除适用外，
地方政府的缔约行为仍应受到具有共通性的平等原则、互利原则等契
约机制的指导。

在缔约主体方面，需要明确的是地方政府生态环境部门的主体资
格问题和不同行政级别政府间能否平等缔约的问题。其一，地方政府
生态环境部门应当在地方政府的授权下对外缔约，其不应单独作为订
立合作协议的适格主体。根据《地方各级人民代表大会和地方各级人
民政府组织法》的规定，地方政府是本行政区内公共事务的执行性管
理者。在缔约内容不违反上位法明确规定的情况下，地方政府基于本

[1] 罗伯特·阿列克西.法律论证理论——作为法律证立理论的理性论辩理论 [M].舒国滢，译.北京：
中国法制出版社，2002：360.

行政区利益代表者的身份与辖区外其他地方政府签订合作协议，及其依照协议内容对本辖区内的公共事务作出的安排和部署符合现行法规定。考虑到地方政府与"组成部门"之间的领导与被领导关系，地方政府对其组成部门不适当的签约行为有权予以改变、撤销。同时，在未来立法完善中，应明确未获得本级政府的批准与授权，各地方政府的具体职能部门不得以"职权范围"为由径行签订区域性环境保护合作协议。其二，当不同行政级别政府间以平等的法律地位形成对等性的事项安排时，可认可其缔约主体身份及协议效力。实践中这种情形已经存在，如中央水利部派出的流域管理机构与流域内各省水行政主管部门签订的区域合作协议（如《海河流域水协作宣言》）以及包括上海（直辖市）、南京（地级市）等不同行政级别之地方政府共同签订的长江三角洲城市经济协调会工作章程等。在这种情形下，应当根据协议的具体内容来判断，其究竟是基于缔约主体之间法律地位平等性和对等性而协商达成的，抑或是缔约一方职权行使的结果。一般来说，只要体现了区域合作协议缔结的基本原则，则不同行政级别的政府机构同样有权以相互平等之身份作为缔约主体。

第二，关于区域环境保护合作协议的法律性质。协议的定性直接影响到其作用的主体范围。考虑到协议内容会对社会成员的权利义务状态构成潜在影响，应将区域环保合作协议定性为一种"公法契约"。从美国的域外经验来看，由于不存在公法与私法的严格区分，州际协定本质上被视作合同，同时考虑到缔约主体的特殊性，多数协议亦在一般性合同条款以外，设计了诸如"与法律、先例以及其他协定的关系条款""协定管理委员会的设置，包括授权条款、代表的选举条款、工作人员条款以及联邦政府的参与"等。西班牙作为大陆法系国家，在公私法截然区分传统的影响下，将区域性行政协议作为一种公法契约，主要受行政程序法而非合同法的调整。例如，《西班牙公共行政机关及共同的行政程序法》中对于行政协议的主要条款作出了格式化的说明和列举。虽然，美国和西班牙针对区域合作协议作出了不同的定性和法律调整，但均对于区域合作协议的效力范围在"合同相对性"方面作出了突破。[1]应当说，区域环保合作协议作为一种"公法契约"，本质上虽属契约之范畴，但又同时肩负公法上的治理任务，合作协议的内容往往会对社会成员和其他相关职能部门的法律状态构成影响。

据此，首先应肯认区域合作协议对社会成员的间接性效力。从区域合作协议的产生过程和内容来看，其本质上是一种合同，按照"合同相对性"原则，协议内容只应约束缔约主体。但是区域合作协议所处置的并非私法事务，而是对区域环境利益这一公共事务进行的配置。因此，协议内容一旦获得履行，必将潜在地影响区域内社会成员的权利义务状况。在此情形下，若罔顾这种协议的事实性效力而仍将其作为纯粹的合同对待，势必不利于社会成员的权利保障和救济。其次，当区域合作协议的内容涉及第三方政府组成部门职权行使时，除非得到该部门的同意或共同上级机关的协调，否则不应拘束第三方部门。由于环境事务往往牵涉地方政府不同职能部门的职权行使，故某一职能部门签订的合作协议内容若同时指涉其他职能部门的权限范围，则产生了协议效力作用范围的扩张问题。例如，《海河流域水协作宣言》是水利部海河水利委员会与八省市水利厅（局）针对海河流域水协调与合作事宜共同签署的合作协议，协议中专门对"流域水资源保护与水污染防治协作机制"作出规定。但此项规定在生态环境部门并非缔约主体的情况下牵涉到了生态环境部门的部分职权，由此存在"越权签约"的问题。本书认为，基于权责对等的基本原则，合作各方超出职权范围所签订的协议内容不应对其他职权主体产生拘束效力，除非该条款获得上级机关或相关部门的认可或追认。

第三，关于区域环境保护合作协议的效力位阶问题。区域环保合作协议的缔结目的在于各地方政府为了更大范围之环境利益而对各自

---

[1] 何渊．区域性行政协议研究［M］．北京：法律出版社，2009：60-61．

辖区的局部利益作出的调整或妥协，从这一意义上说，当协议与缔约主体的辖区规范性文件发生冲突时，协议内容应当优先，否则区域环境的协同治理将陷入空谈。在这一问题上可以借鉴 2014 年上海市人大常委会修订并施行的《上海市大气污染防治条例》的立法形式，在地方性法规、地方政府规章中设专章规定区域协同治理问题，为区域合作协议的运行提供法律依据。此外，通过在协议中设置"授权条款"，对缔结协议的权力来源和规范依据作出说明等方式，也能够一定程度上解决协议的适用效力问题。总之，出于协议效力的稳定性、可预期性考虑，应当对区域合作协议与辖区内不同主体、不同位阶的法规政策之间的适用关系、协议的批准等问题作出明确而具体的规定。作为一个必要的延伸与补充，区域环境保护合作协议制度的构建还应涉及协议的履行方式（包括自行履行、组织机构统一履行或二者结合的方式）、违约责任承担方式、争议解决机制等问题，并在上述方面作出相对具体的制度规定，以实现横向合作协议治理机制的有效运转。

四、完善以地区间利益衡平为核心的区域生态补偿制度

区域内各地方间的利益衡平是区域环境治理实现协同的内生性保障，而完善的区域生态补偿制度是实现利益平衡的重要制度性支撑。《环境保护法》从污染防治的角度，针对具有负外部效应的损害性行为确立了联合防治协调机制，但是并没有针对具有正外部效应的保护和改善性行为，给出相对具体的区域性补偿和激励机制。2021 年 9 月 12 日，中共中央办公厅、国务院办公厅印发《关于深化生态保护补偿制度改革的意见》，意见指出，生态保护补偿制度作为生态文明制度的重要组成部分，是落实生态保护权责、调动各方参与生态保护积极性、推进生态文明建设的重要手段。要加快健全有效市场和有为政府更好结合、分类补偿与综合补偿统筹兼顾、纵向补偿与横向补偿协调推进、强化激励与硬化约束协同发力的生态保护补偿制度。意见提出

的改革目标是：到 2025 年，与经济社会发展状况相适应的生态保护补偿制度基本完备。以生态保护成本为主要依据的分类补偿制度日益健全，以提升公共服务保障能力为基本取向的综合补偿制度不断完善，以受益者付费原则为基础的市场化、多元化补偿格局初步形成，全社会参与生态保护的积极性显著增强，生态保护者和受益者良性互动的局面基本形成。到 2035 年，适应新时代生态文明建设要求的生态保护补偿制度基本定型。但现有法律之于区域环境治理的规制存在"调整的模糊地带"，无法满足现实的实践需求。于此，应尽快完善区域生态补偿制度以有效衡平地区间的利益。

区域生态补偿制度以公平原则为价值指引，区域生态补偿的制度的范围一般包括，某一地区为区域性生态建设所负担的额外成本，以及基于对自身现实利益之抑制而付出的其他机会成本和损失。在区域整体环境治理目标的指引下，这些利益牺牲行为和利益受损状态应当得到大体公平的补偿。详言之，区域环境治理中，地方政府是直接推行具体合作事务的治理主体。由于区域内各地的经济发展水平不均衡，在各自的利益视角和利益结构下，不同行政区在发展过程中呈现出差异化的发展目标和个性化的环境利益需求。例如，在长三角地区，处于发展龙头地位的上海市对环境治理的重视和投入力度非常高，但苏、浙地区的一些二、三线城市和乡镇地区基于发展经济的迫切需求，对上海迁出的污染企业予以接纳并放松、纵容甚至包庇对本地污染行为的监管。上述行为最终导致环境污染风险在区域内流转、扩散乃至重新"回归"，进而衍生和发展为严重性区域环境问题。于此，区域内"弱势"地区在区域环境质量改善的整体性要求下，势必要妥协甚至牺牲自己的发展机会和利益，如果对其正当化的发展诉求置之不理，不予合理之补偿，势必会引发区域环境治理的"整体溃败"。区域生态补偿制度的立法意旨在于通过对因区域环境改善而付出经济和生态成本的地区（付出方）进行利益补偿，以矫正并衡平区域内受益方和付出方之间的利益失衡状态。

　　在国外，区域生态补偿制度基本上是通过生态系统服务购买的方式运行，购买类型主要有政府购买（公共支付体系）、私人交易、市场贸易、生态标签等。[1]例如，美国纽约市与水源地农民经过谈判和协商，达成一系列协议，由纽约市提供资金、技术援助等方式帮助上游农民改革劳作、控制污染物生成，以换取清洁水的供应。哥斯达黎加通过立法方式明确森林资源所具有的环境服务功能，对于森林提供的流域服务进行量化和市场化，并规定所有者对他们所提供的环境服务有权获得相应补偿。在加拿大，除了国家的资金投入以外，政府积极引导各类非政府组织参与生态补偿项目的资金投入，并充当与农场主协商的桥梁。此外，一些科研机构、行业协会在生态补偿的组织、管理、沟通、实施等环节发挥了重要作用。然而，我国目前区域环境生态补偿机制仍极不健全。例如，在流域补偿领域，"流域性的生态补偿机制基本上是以政府为主导，并主要依靠上级政府财政转移支付，横向的转移支付几乎没有"[2]。此种补偿因缺乏针对性而导致补偿标准普遍偏低。在立基于国情现实的前提下，上述国外的生态补偿经验为我国区域生态补偿制度提供了具有借鉴价值的完善思路。

　　区域生态补偿制度旨在为区域内不同地区之间的生态资源供需关系转化为利益补偿关系确立一系列可操作的依据和规则。概括来说，应在构建地方政府间横向生态补偿关系、明确补偿的客体范围、探索补偿数额的量化方法、引入多主体参与并提供多元化补偿方式等方面，加快区域生态补偿的立法工作，为区域生态补偿机制的具体运行提供常态和长效保障。第一，构建区域内地方政府间的横向补偿关系。当前，除了纵向上级政府（包括中央政府）对下级政府及当地居民的财政转移支付以外，应当构建并完善地方政府之间的横向补偿机制。2011年，

---

[1] 高彤，杨姝影.国际生态补偿政策对中国的借鉴意义［J］.环境保护，2006，34（10）：74.
[2] 陈瑞莲，任敏，等.中国流域治理研究报告［M］.上海：格致出版社，上海人民出版社，2011：156.

在原环保部和财政部推动下，国内首个跨省流域生态补偿试点在新安江正式启动，安徽和浙江两省所开展的新安江流域生态补偿实践具有重要的参考意义。进一步地，2016 年国务院《"十三五"生态环境保护规划》提出："中央财政支持引导建立跨省域的生态受益地区和保护地区、流域上游与下游的横向补偿机制，推进省级区域内横向补偿；在长江、黄河等重要河流探索开展横向生态保护补偿试点；到 2017 年，建立京津冀区域生态保护补偿机制，将北京、天津支持河北开展生态建设与环境保护制度化。"此外，2016 年国务院办公厅《关于健全生态保护补偿机制的意见》中也提出"研究制定以地方补偿为主，中央财政给予支持的横向生态保护补偿机制办法"。2021 年 9 月 12 日，中共中央办公厅、国务院办公厅印发《关于深化生态保护补偿制度改革的意见》，意见指出，要聚焦重要生态环境要素，完善分类补偿制度。包括建立健全分类补偿制度，逐步探索统筹保护模式。要围绕国家生态安全重点，健全综合补偿制度。包括加大纵向补偿力度，突出纵向补偿重点，改进纵向补偿办法，健全横向补偿机制。2021 年 12 月《"十四五"重点流域水环境综合治理规划（2021—2025）》也提出，探索建立生态补偿机制。尊重湖泊生态系统完整性和流域系统性，因地制宜推进生态保护补偿机制建设、产业布局谋划等工作，推进湖泊流域地表地下、城市乡村、水里岸上协同治理，加快形成湖泊生态环境共保联治格局。进一步健全生态保护补偿机制，综合考虑山水林田湖等自然生态要素，发挥中央资金引导和地方政府主导作用，完善补偿资金渠道。由于我国在区域性问题的解决上，长期存在对共同上级政府权威式协调的惯性依赖，忽视地方政府之间的沟通和协商。因此，区域环境补偿在关注横向机制构建的同时，亦应适当引入上级政府乃至中央政府的主导和直接推动，针对地方政府之间无法达成一致的部分内容，可以通过中央财政转移支付或专项补贴的方式予以解决。第二，明确生态补偿的客体和范围。应依照环境事务影响的不同范围和层级（如省际间或省内市际间），具体认定补偿关系的主客体关系。其基本认定原则在于，呈现正外部性的地区有权获得补偿，呈现负外部性的地区有义务支付补偿。在补偿的客体要素方面，包括但不限于"区域水资源使用权损失、限制传统行业发展权益损失、提高生态功能区域标准地方经济损失、生态工程管护费用和自然保护区管护费用等"，考虑到不同地区经济能力的差异化现状，应具体分层次地推进补偿范围依"直接损失—环保投入成本—平等的发展机会及权利"逐步发展完善。第三，在法技术层面，为增进环境利益本身所作出的努力和牺牲赋予经济上的衡量方法和规则，这是受益方和付出方之间得以进行利益衡平和生态补偿制度真正实现规制意旨的前提。为此，各级政府应积极推进市场交易机制的建立，明确生态补偿中补偿数额具体确定的量化评估机制和方法，建立补偿指标体系，确定生态资源、生态服务的价值，并针对补偿标准适时进行动态化的合理调整。第四，引入非政府组织参与区域生态补偿，探索建立包括资金补偿、项目补偿、对口协作、产业转移、教育和技术扶持、共建园区等多元化补偿方式。在补偿资金来源上，建立区域生态补偿专项资金，明确各地应当承担的补偿份额，制定补偿资金的筹集、调配、管理办法。此外，环境领域的污染问题与经济领域不合理的产业布局和结构密切相关。因此，区域环境问题的彻底解决离不开对区域环境共同体意识的培育，应充分考虑同一区域内的不同地区之间经济布局的客观联系，以及同一产业在区域内的空间组合规律，按照生态规律指引下的区域范围而非行政区范围进行产业发展规划，逐步实现产业布局的结构优化。就此而言，区域生态补偿应采取灵活的补偿方式，不应局限于传统的资金补偿方式，而应逐步探索绿色带动、产业协同等更具内生性和生态性内涵的补偿方式。

此外，我国区域生态补偿制度的构建和运行离不开对下述两个问题的探讨和研判：其一，集体所有权虚化带来的补偿金额量化难题。

在法技术层面，进行区域生态补偿的前提是，经由治理行为而产生的环境利益是能够被标准化为可计量的、可分割的商品形式，可以使这些指标进入市场体系进行数字上的量化。而市场化的前提是生态服务在产权主体和内容上的清晰界定。当这项任务面临国家所有及集体所有制时，产权主体的"重叠"与模糊会加剧补偿金额确定和量化上的困难。其二，对于保护方作出的"利他性"付出行为的衡量问题。保护方为环境改善所投入的治理成本可能并非完全是利他的，也应考虑到本地政府所负担的治理责任。从公平的角度，只有为受益方所作出的"额外特别牺牲"才有权获得补偿。补偿数额的确定应在充分协商的基础上，对这一因素予以妥当把握。总体而言，区域生态补偿制度宜采取渐进性的完善思路，当前应以政府为主要补偿主体，在纵向补偿之外，着力构建并规范受益方和付出方间的横向补偿关系，综合运用上级协调、平等协商、市场交易等调处机制促成地区间的利益衡平。

五、建立"共担与分担"相结合的区域环境治理责任制度

有效的环境法律规制应当因应具体环境问题之特殊性，科学、合理地配置政府环境责任的范围、组成和内容。[1] 区域环境治理以"区域"为治理单元，在"权责相适应"的基本原则下，政府的区域环境治理责任同样应围绕治理议题的"区域性"特征进行修正与完善，从而为相关失范行为提供相应的追责依据。2014年新修订的《环境保护法》虽然在旧法基础上补强了政府环境责任并建立了严格的责任追究机制，以实现对"地方各级人民政府应当对本行政区域的环境质量负责"的呼应和衔接。[2] 但其中的责任条款主要沿用属地责任模式，没有规定与政府间协同治理行为相对应的区域性环境责任类型和承担方

[1] 蔡守秋．论政府环境责任的缺陷与健全［J］．河北法学，2008，26（3）：25.
[2] 吴越，唐薇．政府环境责任的规则变迁及深层法律规制问题研究——基于新《环境保护法》和宪法保护的双重视角［J］．社会科学研究，2015（2）：22.

式。2016 年 12 月颁布的《生态文明建设目标评价考核办法》《绿色发展指标体系》和《生态文明建设考核目标体系》等建立了一系列与考核问责相关的制度。这些考核与责任追究制度都有助于督促各级政府以及环境监管部门对环境保护工作积极尽责。但是，它们都是用在上级对下级的监管、权力机关对行政机关的监督中，对横向的不同行政区间合作没有直接的保障作用。而以往为开展环境区域协同治理而形成的合作文件，没有为维护合作而设立惩罚性约束，没有对违反合作约定的行为设定责任。[1]2021 年 12 月《"十四五"重点流域水环境综合治理规划（2021—2025）》也沿用属地责任模式，提出完善湖长制组织体系，压紧压实湖泊保护治理属地责任，加大监督力度，防止制度"空转"和流于形式。应当说，责任制度的缺失将使政府在区域环境治理中的权力行使和义务履行缺乏强制性约束，从而阻碍区域环境治理制度的实效发挥。因此，应根据区域环境治理议题的特殊性完善政府环境治理责任体系，构建以"共担与分担"相结合的区域环境治理责任制度。具言之，区域环境治理责任制度的完善主要包括：区域环境治理责任的确立、区域内部责任的划分及属地式环境责任类型的修正与改造等方面。

第一，确立"共担"的区域环境治理责任。区域环境治理责任是以改善区域整体环境质量为责任目标，以区域内地方政府责任共同承担为特征，并通过协同问责机制进行责任追究的政府环境责任全新样态。为了使"协同治理区域"内各方保持合作意愿，开展有效的污染治理合作，必须建立对环境监管机关不执行合作约定行为的迅捷的责任追究制度。首先，在责任目标上，以区域环境质量改善为目标。该目标不仅强调以环境质量目标统摄污染物总量控制目标，更注重以生态区整体范围确定环境质量目标。如前所述，污染物排放总量控制目标本质上属于因应传统的属地管理体制而设立的量化治理目标体系，

---

[1] 胡中华.关于完善环境区域协同治理制度的思考［J］.法学论坛，2020，35（5）：29-30.

由于其对区域内不同地区间污染物溢出效应考虑不足，加之量化衡量方式本身存在的局限性，以属地式的指标落实和拆解为主要特征的总量控制目标无法有效和科学地指导区域治理实践。在当前的制度实践中，原环保部部长陈吉宁在十二届全国人大常委会第二十次会议联组会议上提出要"将地方环境质量与污染物排放总量挂钩，环境质量差的地方要承担更多的总量减排任务"；2016年印发的《关于以改善环境质量为核心加强环境影响评价管理的通知》中提出，在环评审批方面，建立项目环评审批与区域环评规划、现有项目环境管理、区域环境质量联动的"三挂钩"机制。这些制度与实践均体现了以环境质量目标为核心，指引治理行为及责任分配的制度革新趋势。此外，针对环境事务愈发显现的区域性特征，2016年国务院《"十三五"生态环境保护规划》适时提出了"分区域、分流域、分阶段明确生态环境质量改善目标任务"的基本改革方向。区域环境质量改善是立基于区域整体范围的、更高层次和更具包容性的指导目标，其与区域环境公共责任的建立是相容的。其次，在法律特征上，区域环境治理责任强调地方政府之间责任的共同承担，这种共担性责任是对传统行政区责任的超越和再造，其实质在于将区域整体环境治理目标指引下的合作治理行为履行情况，作为承担责任的基础。在区域性环境事务中，强调区域责任的共同承担是促使地方政府走向协同治理的潜在责任威慑和保障。最后，在责任追究上，应探索建立面向区域环境公共责任追究的协同问责机制。如在环保约谈方面，逐步完善现行《生态环境部约谈暂行办法》，构建面向区域整体并具有一定连带性的约谈制度。在跨区域多元问责主体相互协商的基础上，把问责的组织机构、法律规范、程序方法等有机联系起来，制定一套能够有效监督问责对象的激励、约束、保障机制，避免无序分散问责的横向协同问责机制。[1]

第二，确立区域内各地方政府内部的责任分担原则及具体实现机

---

[1] 孟卫东，徐芳芳，司林波.京津冀生态环境损害协同问责机制研究［J］.行政管理改革，2017（2）：25.

制。区域环境治理建立在各地方政府共享权力和利益、共担风险和责任的基础上，从而使各主体责任弱化、责任界限模糊、责任的分割和认定十分困难。[1]因此，在将区域环境治理责任作为一种"共担性"的整体责任之外，仍须确立与之对应的分担原则及具体实现机制，以落实区域内部责任的划分和最终确定。具言之，责任分担应坚持以来源责任为基础、兼顾责任承担的公平性和现实可行性等原则。首先，确立以来源责任为基础的责任分担原则。区域性环境问题在源头上是在各行政区内部产生的，按照来源确定对区域污染的贡献应当作为责任分担的首要依据。对于大部分区域性污染来说，应通过建立污染物排放清单和区域范围内环境信息互通共享的方法来界定来源责任。其次，应以公平性、可行性原则对来源责任进行适当修正。从公平性角度，来源责任最大之弊端在于其对经济发展落后的弱势地区利益的关怀不足，没有考虑到这些地区对区域其他成员所作出的贡献和牺牲。从责任界分的技术可行性角度，由于区域性污染成因及相互作用机理的复杂性，尤其在区域复合型大气污染中，无法准确认定各行政区的污染行为与损害结果之间的因果关系，由此带来区域内部责任分割陷入困境。因此，有必要建立以责任协调为核心的政府间谈判机制，并在"共担与分担"相结合的原则指导下，以技术层面获取的监控信息为基础，围绕内部责任划分问题进行评估和协商。

第三，对现有的环境责任类型进行区域式再造。现行环境治理责任制度因应于属地式的辖区治理模式，即以各行政区内部环境治理任务目标的完成情况作为主体归责的基本依据，未能体现"为区域整体环境状况负责"的公共性理念，并在责任类型设置上呈现"属地式"的特征。应以区域整体环境治理目标和义务完成情况作为政府承担环境责任的前提之一，将现有责任类型改造为落实区域环境协同治理的约束和保障方式。当几个地方政府面对共同的区域性环境治

[1] 张成福，李昊城，边晓慧.跨越治理：模式、机制与困境［J］.中国行政管理，2012（3）：102-109.

理任务时，应当首先接受区域共同责任的指引，对现有环境责任类型进行改造。以环评区域限批制度为例，依据《环境保护法》的规定："对超过国家重点污染物排放总量控制指标或者未完成国家确定的环境质量目标的地区，省级以上人民政府环境保护主管部门应当暂停审批其新增重点污染物排放总量的建设项目环境影响评价文件。"对于被限批地区而言，限批权的行使无疑具有剥夺地区发展权的法律责任色彩。[1] 在制度构建中，可以考虑对区域限批制度的适用条件进行修正和调整使其适应于区域环境治理的现实需要，即当某一地方政府违反包括区域性环境保护合作协议在内的协同治理安排而严重侵害整体环境利益时，由上级有权限批主体作出限批决定。沿此逻辑，针对因履职缺位的地方政府及其部门，或是直接造成生态环境损害的行为主体的其他责任类型，均可适当引入区域性意涵，并以之作为责任重塑的基本前提。

此外，除了对环境法上规定的"区域限批""越级罚""限期达标"等政府环境法律责任类型进行区域式改造外，应同时注重在区域层面合理运用以官员环境政绩考核为基础的个人性和政治性责任机制。党的二十大报告强调，要完善干部考核评价体系，引导干部树立和践行正确政绩观，推动干部能上能下、能进能出，形成能者上、优者奖、庸者下、劣者汰的良好局面。官员政绩考核制度与政府官员政治仕途密切关联，通过将国家发展中的约束性任务指标与政绩考核制度进行锁定，促使政府官员勤勉履职。从这个角度上，官员政绩考核可视为一种政府环境治理责任的承担方式。在"政策治国"的惯性下，包括区域环境事务在内的环境治理在一定程度上是通过党和国家所制定的政策性目标体系予以实现，其中党的政策方针对政府机关的政策制定具有根本性的统领作用。通过"党管干部"的约束机制把区域环境治理指标纳入领导干部考核的内容中，将有助于强化区域环境治

---

[1] 黄锡生，韩英夫.环评区域限批制度的双阶构造及其立法完善[J].法律科学（西北政法大学学报），2016，34（6）：138.

理的责任力度。例如，在 2013 年国务院颁布的《大气污染防治行动计划》中，将指向官员政绩的个人制责任承担具体规定在"建立区域协作机制，统筹区域环境治理"部分，提出在区域层面分解目标任务，由国务院与区域内省级政府层层签订目标责任书，将目标任务分解落实到地方政府和企业，制定考核办法进行分期及终期考核评估，将考核结果交干部主管部门作为对领导班子和领导干部综合考核评价的重要依据。然而，在目前官员综合考核评价体系中，存在数量众多、类型不同的任务指标，如何对这些指标依重要性程度划分权重并作出优先顺序排列，以尽量减少对地方政府形成无法兼容的"冲突激励"，是未来将官员综合考评融入区域环境治理责任体系的完善方向。同时，应着重防范考核目标的异化，避免地方官员单纯为了追求政绩效果而违背甚至与治理目标等政策初衷背道而驰现象发生。此外，需要注重考核评估过程的客观化、中立化，抑制并减少评价过程中的主观恣意评价。应当说，作为政府环境法律责任的重要补充，官员环境政绩考核制度在实现国家环境治理目标和推进区域环境治理方面具有重要的约束作用。

六、建立多元化的权利救济渠道与公众参与机制

区域环境治理的法治化之途旨在谋求完善和细化的规则设计对政府区域性环境治理权力给予适恰的监督与规制。同时，本书处置的议题绝非价值无涉的事实性问题，而是始终隐含着一个权利保障的价值性命题。这一潜在的权利保障命题可具体表述为以下两个方面：其一，基于政府的区域性环境治理行为所引发的纠纷及救济问题。其二，基于区域环境议题的公共性而产生的吸纳社会公众参与区域环境治理的现实需要。

第一，建立区域性环境侵权的行政救济和司法救济渠道。区域性环境侵权救济可以分为区域性环境私权救济和区域性环境公益救济。

前者是指当区域内某一地区的特定主体（如企业）认为政府的区域性环境治理行为侵害自身私权时所引发的私益救济问题。以地方政府间的横向协同治理为例，为了妥善应对共同性的区域环境问题，地方政府间往往会作出一系列促成合作和协同的制度安排。一般来说，这些安排主要系调整政府之间的环境关系，但在特定情形下，某些协同治理行为会对私主体的权利义务状况构成实际影响。如在"新安江区域生态补偿试点"中，安徽省为实现相关承诺从而获得浙江省和中央政府的资金补偿，势必会对辖区企业采取更为严格的管控措施；又如《江苏盛泽和浙江王江泾边界水域水污染联合防治方案》中约定："每日直接排入联防区域水域的最高污水排放量，盛泽镇工业企业不得超过10万吨，王江泾镇的工业企业不得超过2万吨。"上述协议条款在履行过程中同样会对排污企业的义务状况构成直接影响和限制，从而直接影响两地企业的发展权益。由此，出于对政府权力监督和私权保障的现实需求，应当赋予受影响企业提起行政复议和行政诉讼的救济渠道。另一方面，区域环境问题属于广义上环境问题的一种，出于维护环境公共利益之目的，法律规定的机关和组织有权对政府部门在区域环境治理中的不作为、乱作为，提起环境行政公益诉讼。由于后者可以依循现有环境公益诉讼制度寻求救济，故仅做简略叙述，下文主要以政府区域环境治理活动侵犯特定主体（如企业）利益及其救济制度之完善，作为制度构建上的论述重点。

基于以上纠纷产生的权利保障和纠纷解决的需要，有必要将传统的救济制度进行区域式改造。上述纠纷样态是伴随区域环境议题不断涌现后，治理单元从辖区向区域扩展后而产生的。倘若仍然以辖区范围设定私主体维权的边界，则无法实现权利的全面救济。理论上，作为一种跨域争议样态，区域性环境私益损害必然可以通过诉讼的途径进行司法救济。同时，在关涉公共性的区域环境议题中，亦应看到行政机关基于公共环境职责所衍生的行政救济途径，如行政复议机制等。

在救济制度的构建层面，首先，应建立行政救济制度，确立区域性环境私益损害的行政救济优先原则，即将行政机关的自我纠错设置为司法诉讼的前置程序。现代风险社会中环境问题具有科技性、公共性、多样性等复杂特征，加之区域性环境问题的生成机理、因果关系及责任确定等问题更是具有高度的专业技术依赖性，行政机关比司法机关有着更好的技术、信息以及事实认定能力。[1] 因此，将行政救济设置为司法的前置性程序，能够有效节约纠纷解决的社会成本。当某一地区的特定主体如排污企业认为区域性环境治理行为或措施侵害其权利时，应当首先借助包括行政复议等行政救济机制进行前置性的纠纷调处。其次，赋予遭受损害的私主体明确的司法诉权，允许其在穷尽行政救济途径之后，提起环境行政告诉。在合法性审查的基础上发挥司法权对行政权行使的监督和制约作用。"司法权以判断为本质内容，是判断权。"[2] 法官在个案裁判中尊重政府机关对环境问题作出的专业判断和处理，仅于现行法律框架内，以法律原则和规则为裁判尺度，对政府作为进行"合法性审查和裁决"。当政府错误履行或怠于履行环境监管职责时，法官应通过诉讼的程序审慎介入，确保已经穷尽政府机关的自我纠错机制（如行政复议），从而防止司法权代替行政权进行环境决策的越权现象出现。[3] 在案件管辖方面，结合《中共中央关于全面推进依法治国若干重大问题的决定》提出的"探索设立跨行政区划的人民法院和人民检察院，最高人民法院设立巡回法庭，审理跨行政区域重大行政和民商事案件"的改革趋势，应从人民法院的跨区域性机构设置及其权责配置等方面，加快建立跨行政区司法救济机制，2019 年中国共产党第十九届中央委员会第四次全体会议也提出，优化司法职权配置，推动实行审判权和执行权相分离的体制改革试点，

---

[1] 宋华琳.论行政规则对司法的规范效应——以技术标准为中心的初步观察[J].中国法学,2006(6):124.
[2] 孙笑侠.司法权的本质是判断权——司法权与行政权的十大区别[J].法学,1998(8):43.
[3] 王明远.论我国环境公益诉讼的发展方向：基于行政权与司法权关系理论的分析[J].中国法学,2016(1):64.

最高人民法院设立巡回法庭，探索设立跨行政区划的人民法院和人民检察院，探索建立检察机关提起公益诉讼制度。而其中，跨区域的法院和检察院是四中全会针对司法体制改革的一项重大举措。可以预见，跨行政区法院及最高法巡回法庭的设置将在区域性环境纠纷案件的审理方面发挥重要的司法救济和监督制约作用。综上，区域性环境侵权救济制度的完善应坚持行政救济优先，司法诉讼围绕行政行为的合法性审查进行终局裁判的构建思路。

　　第二，完善公众参与区域环境治理的制度保障。在当前环境保护主要依靠政府的治理格局下，政府部门应当以更为积极主动的姿态引导社会公众参与到治理中，并通过完善的程序设置以保障社会公众能够切实行使参与权。从现有制度基础来看，2015 年中共十八届五中全会提出，按照"人人参与、人人尽力、人人享有"的要求，"作出更有效的制度安排，构建全民共建共享的社会治理格局"。2017 年 6 月 9 日国务院法制办公室发布了《重大行政决策程序暂行条例（征求意见稿）》，明确规定了政府治理过程中的重大行政决策必须广泛征求和听取公众意见，并就政府与公众交换意见的程序性机制，如信息发布、互动交流、后续处理、公开反馈等，进行了较为完备的规定。2019 年中国共产党第十九届中央委员会第四次全体会议也提出，要完善党委领导、公众参与、法治保障、科技支撑的社会治理体系。党的二十大报告中也明确提出，要完善社会治理体系。健全共建共治共享的社会治理制度，提升社会治理效能。在国外立法方面，联合国欧洲经济委员会通过并于 2001 年生效的《奥胡斯公约》（*Aarhus Convention*）特别强调了公众参与环境决策及获取环境信息的权利。在环境议题下，国家权力、民众权利与环境治理之间的关系得以凸显，生态环境成为公众参与社会治理的重要方向。[1] 无论是美国萨克斯教授提出的"环境公共财产论"，还是日本学者主张的"环境共有的法理"，

---

[1]　秦鹏．环境公民身份：形成逻辑、理论意蕴与法治价值［J］．法学评论，2012，30（3）：79.

均意图阐释环境资源的社会共同所有的公共属性。环境议题的公共性品格要求只有广泛地、多层次地引入社会参与才能谋求区域环境治理的正当性和可接受性。由此，应在治理理念层面，围绕政府间横纵向协同治理安排和具体治理措施，全面构建促进公众参与的制度渠道。

　　未来我国区域环境治理中的公众参与制度应围绕以下几点予以完善。首先，树立政府主导下，多元主体参与共治的环境治理理念。在多元主体参与共治的理念指引下，容许并肯认社会公众透过立法与行政程序适度参与环境决策的程序性权利，以及个人或环保团体为环境价值而诉诸法院的司法保障。其次，针对区域环境事务，探索在政府间横纵向协同治理制度安排中以各种形式拓展公众参与渠道。在区域环境合作组织的设立及运行方面，可以借鉴美国臭氧传输评估组的做法，除州和地方政府的环保官员以外，广泛邀请环保团体、商业机构、学术机构和市民参与决策活动。逐步提高区域环境治理机构的"代表性"，在区域环境协调组织的成员构成上，广泛吸纳人大代表、专家学者、非政府组织代表、企业代表及民众代表，并在工作章程中对各利益主体的权、责、利作出界定。同时，在区域性环保合作协议起草、缔结、履行等运行过程中，畅通利益相关主体的利益诉求表达渠道，使得政府作出的区域性环境治理安排真正体现公共关怀。再次，在具体协同治理过程中公开相关信息并设置公众参与环节。诚如学者所言，"由于社会参与具有监督覆盖面广、时间上的连续性等优点，可以有效弥补环境监管视野不足和现场监管的非连续等弊端"[1]。在未来立法中，应逐步完善区域环境信息公开机制。在区域环境质量监测、污染源监测中注重对公众环境知情权的保护。在区域环境影响评价中引入全程性公众参与评价和监督机制。在联合执法、跨区域执法、交叉执法活动中引入公众监督程序，保证执法活动的公正性。可以说，完善的公众参与制度设计对保障公众的环境参与权，约束并监督政府环境治理权力的运行，以及弥补传统权威式治理缺陷具有重要意义。

---

[1]　常纪文．修改《大气污染防治法》加强雾霾联防联控的思考［J］．发展研究，2015（8）：7.

第六章　结　语

　　区域环境治理的基本内涵是以跨越行政区的"区域"（生态区）为治理单元，各级政府通过公权力的"聚合行使"与"协同发力"，以实现区域环境事务的良善之治。在此意义上，区域环境治理是一个关涉不同行政区地方政府之间横向合作治理关系，以及中央政府纵向统一治理关系的复杂议题。这一过程还同时预设了政府治理活动的外部监督关系和权利保障关系。目前，我国区域环境治理法律制度仍未跳脱出传统辖区式和纵向权威式治理理念的束缚，面临着诸如纵向权威治理效果难以持续、横向协同机制缺失、区域环境治理机构处境尴尬、环境治理目标导向偏差和区域环境治理责任机制弱化等制度困局。作为一门面向社会实践的学问，环境法学亦应在社会变革的浪潮下适时作出调整与改变，以契合不断发展的区域环境治理实践。

　　首先，基于生态系统的整体性、传导性和环境要素的流动性特征，区域环境治理突破了传统上以行政区为行权疆界、依行政层级逐层配置和运行政府公权力的"辖区治理"范畴，转而以生态关联重构政府间的环境关系。研究表明，传统辖区式治理模式具有各自为政的碎片化特征，难以因应环境问题的整体性。辖区治理本质上沿循纵向科层式的权威传导方式，无法兼顾不具有隶属关系的地方政府间的横向协同问题，同时其压服式的权威逻辑亦难以适应于分权改革后地方政府独特的价值偏好及其对中央政令之"非正式抵抗"力量。区域环境事务以生态关联重构政府间的环境关系，并对相关政府的治理活动施以"协同发力"的刚性要求。因此，应从一种相互协同，而不是相互孤立或单一压服的角度，分析和解释政府环境治理行为，修正政府间环境治理关系。

其次，区域环境治理法律制度的革新集中围绕对传统环境治理方式及其衍生的任务目标、行权逻辑、责任形态等问题的修正而展开。当前制约我国区域环境治理进程的核心在于"辖区式"的传统治理理念与模式。这在制度困局上表现为：中央政府自上而下的纵向治理以各项约束性指标的落实与执行为主要手段，未能跳脱出命令式纵向传导和任务指标层层分解的"辖区治理"逻辑；对纵向治理模式的片面强调一定程度上导致忽视横向协同机制的建立，同时缺乏对不同地区间利益的衡平与统合；在环境治理目标设置和责任承担机制上，沿循以行政区为单元的管控指标和"属地式"责任承担方式。

再次，在理论层面，重新审视区域环境治理中不同主体间的多重法律关系。研究发现，以政府间协同治理为视角，目前区域环境治理实践主要围绕三重法律关系展开：中央政府（上级政府）与地方政府（下级政府）间的纵向协同关系；地方政府间的横向协同关系；政府与社会公众间的外部监督关系。进一步地，三重法律关系背后蕴含了"权威""利益"和"权利"三项决定区域环境治理成败的关键要素。其一，中央政府与地方政府的纵向协同关系具有"两重性"特点，其同时包含纵向命令和上下级对话两方面，但均以"权威"要素作为核心驱动机制。其二，地方政府间横向关系以提供内生激励和衡平机制的"利益"要素为核心。其三，政府与社会公众间的外部关系以彰显公众参与和救济机制的"权利"要素为核心。从根本上说，传统治理困局的深层根由在于制度设计上对"权威"要素的过度强调及其对"利益"和"权利"要素的关注不足。

作为在理论上的重设与修正，本书以单一权威要素的"自运行"状态作为比照，凸显了"利益"要素和"权利"要素在区域环境治理中的制度价值。进一步揭示出，"权威"要素的内在局限和缺陷无法在自我修正中予以妥善解决，其症结在于没有对其他关键要素的运行创设空间，从而不能有效地针对地区间利益失衡和政府治理活动的合法性质疑作出妥善回应。据此，"权威"要素应当接受"利益"要素和"权利"要素的交互性检视。在区域环境治理法律制度的未来完善上，应以"利益"和"权利"要素作为对"权威"要素的必要修正。

最后，在法治中国的现实语境中，应当通过具有"回应型"的区域环境治理法律制度的构建，以确保政府区域环境治理行为走向制度化、规范化的常态协同。在总体思路上，应于法律原则层面确立区域平等原则以彰显利益衡平和地区公平；确立中央权威与地方合作相结合原则，以有效统合纵向与横向治理关系；确立公众参与原则以彰显权力监督与权利保障。在具体制度完善层面，区域环境治理法律制度应当包括以下框架性内容：第一，创设政府间协同治理关系的法律制度，包括建立多层次的区域环境治理组织机构，以组织机构的职权设定及其有效运行直接推进统一治理；完善区域环境保护合作协议制度，以协议机制的运行促成并约束治理行为的协调统一。第二，为协同治理关系提供利益激励和责任约束的法律制度，包括完善区域生态补偿制度，通过受益方与付出方之间的利益平衡和协调，激发协同治理的内在动力；引入区域环境责任，为政府之于区域环境事务的治理提供相适应的责任承担方式，以法律责任的威慑性实现行为约束。第三，以权力监督促进权利保障，建立多渠道的权利救济机制并逐步完善政府主导下的渐进式公众参与制度。

总言之，区域环境治理法律制度的长效运行须突破传统辖区治理及单一纵向权威治理理念的桎梏，在"区域"（生态区）范围内重塑不同层级、不同地域政府主体间的环境治理关系，以实现中央政府（上级政府）和地方政府（下级政府）之间、横向地方政府之间的"协同发力"。据此，区域环境治理不应片面强调"权威"要素的短期治理效果，它必须有效兼顾地区间的利益衡平以及权力的监督和权利的保障。本书从政府间协同治理的视角切入，对区域环境治理法律制度所进行的相关研究仍只是一种粗线条的、框架性的初步研究与阐述。作为一项牵动多方地区利益、涉及多重法律关系、蕴含多项要素机理的全新环境治理方式，区域环境治理法律制度的完善仍有大量问题留待进一步探讨。

主要参考文献

（一）著作类

［1］E. 博登海默. 法理学：法律哲学与法律方法［M］. 邓正来，译. 北京：中国政法大学出版社，2004.

［2］R. 哈特向. 地理学性质的透视［M］. 黎樵，译，北京：商务印书馆，1963.

［3］阿马蒂亚·森. 以自由看待发展［M］. 任赜，于真，译. 北京：中国人民大学出版社，2012.

［4］埃莉诺·奥斯特罗姆. 公共事物的治理之道：集体行动制度的演进［M］. 余逊达，陈旭东，译. 上海：上海译文出版社，2012.

［5］爱蒂丝·布朗·魏伊丝. 公平地对待未来人类：国际法、共同遗产与世代间衡平［M］. 汪劲，于方，王鑫海，译. 北京：法律出版社，2000.

［6］奥托·迈耶. 德国行政法［M］. 刘飞，译. 北京：商务印书馆，2013.

［7］巴里·康芒纳. 封闭的循环：自然、人和技术［M］. 侯文蕙，译. 长春：吉林人民出版社，1997.

［8］薄贵利. 集权分权与国家兴衰［M］. 北京：经济科学出版社，2001.

［9］蔡守秋. 生态文明建设的法律和制度［M］. 北京：中国法制出版社，2017.

［10］陈瑞莲，任敏，等. 中国流域治理研究报告［M］. 上海：格致出版社，2011.

［11］戴斯·贾丁斯.环境伦理学：环境哲学导论［M］.林官明，杨爱民，译.北京：北京大学出版社，2002.

［12］邓正来.国家与社会：中国市民社会研究［M］.北京：北京大学出版社，2008.

［13］丁煌.西方公共行政管理理论精要［M］.北京：中国人民大学出版社，2005.

［14］弗朗西斯·福山.国家构建：21 世纪的国家治理与世界秩序［M］.黄胜强，许铭原，译.北京：中国社会科学出版社，2007.

［15］关保英.比较行政法学［M］.北京：法律出版社，2014.

［16］哈特穆特·毛雷尔.行政法学总论［M］.高家伟，译.北京：法律出版社，2000.

［17］何渊.区域性行政协议研究［M］.北京：法律出版社，2009.

［18］赫尔曼·哈肯.协同学：大自然构成的奥秘［M］.凌复华，译.上海：上海译文出版社，2005.

［19］胡佳.区域环境治理中的地方政府协作研究［M］.北京：人民出版社，2015.

［20］霍布斯.利维坦［M］.黎思复，黎延弼，译.北京：商务印书馆，1985.

［21］凯尔森.法与国家的一般理论［M］.沈宗灵，译.北京：中国大百科全书出版社，1996.

［22］康德.法的形而上学原理［M］.沈叔平，译.北京：商务印书馆，2008.

［23］理查德·B.斯图尔特.美国行政法的重构［M］.沈岿，译.北京：商务印书馆，2011.

［24］路易斯·亨金，阿尔伯特·J.罗森塔尔.宪政与权利：美国宪法的域外影响［M］.郑戈，赵晓力，强世功，译.上海：生活·读

书·新知三联书店，1996.

［25］罗伯特·阿列克西.法律论证理论——作为法律证立理论的理性论辩理论［M］.舒国滢，译.北京：中国法制出版社，2002.

［26］丹尼斯·劳埃德.法理学［M］.许章润，译.北京：法律出版社，2007.

［27］罗纳德·德沃金.身披法袍的正义［M］.周林刚，翟志勇，译.北京：北京大学出版社，2010.

［28］罗斯科·庞德.通过法律的社会控制［M］.沈宗灵，译.北京：商务印书馆，2010.

［29］吕志奎.区域治理中政府间协作的法律制度：美国州际协议研究［M］.北京：中国社会科学出版社，2015.

［30］吕忠梅.环境法导论［M］.北京：北京大学出版社，2015.

［31］吕忠梅.环境法新视野［M］.北京：中国政法大学出版社，2000.

［32］迈克尔·塔格特.行政法的范围［M］.金自宁，译.北京：中国人民大学出版社，2006.

［33］欧根·埃利希.法社会学原理［M］.舒国滢，译.北京：中国大百科全书出版社，2009.

［34］塞缪尔·P.亨廷顿.变化社会中的政治秩序［M］.王冠华，刘为，等，译.上海：上海人民出版社，2008.

［35］沈宗灵.现代西方法理学［M］.北京：北京大学出版社，1992.

［36］斯蒂芬·贝利.地方政府经济学：理论与实践［M］.左昌盛，周雪莲，常志霄，等，译.北京：北京大学出版社，2006.

［37］斯蒂芬·芒泽.财产理论［M］.彭诚信，译.北京：北京大学出版社，2006.

［38］苏斯彬.竞争性行政区经济与区域合作模式重构：基于长

三角地区的实践和探索［M］.杭州：浙江大学出版社，2016.

［39］孙笑侠，夏立安.法理学导论［M］.北京：高等教育出版社，2004.

［40］汤姆·G.帕尔默.实现自由：自由意志主义的理论、历史与实践［M］.景朝亮，译.北京：法律出版社，2011.

［41］托马斯·R·戴伊.理解公共政策［M］.谢明，译.北京：中国人民大学出版社，2011.

［42］魏德士.法理学［M］.丁晓春，吴越，译.北京：法律出版社，2005.

［43］谢庆奎.当代中国政府［M］.沈阳：辽宁人民出版社，1991.

［44］徐祥民.环境法学［M］.北京：北京大学出版社，2005.

［45］薛晓源，周战超.全球化与风险社会［M］.北京：社会科学文献出版社，2005.

［46］亚当·斯密.国民财富的性质和原因的研究（下卷）［M］.郭大力，王亚南，译.北京：商务印书馆，1974.

［47］盐野宏.行政组织法［M］.杨建顺，译.北京：北京大学出版社，2008.

［48］杨建顺.日本行政法通论［M］.北京：中国法制出版社，1998.

［49］亚图·考夫曼.类推与"事物本质"——兼论类型理论［M］，吴从周，译.台北：学林文化事业有限公司，1999.

［50］叶必丰，何渊，李煜兴，等.行政协议：区域政府间合作机制研究［M］.北京：法律出版社，2010.

［51］叶俊荣.环境政策与法律［M］.北京：中国政法大学出版社，2003.

［52］约翰·奥斯丁.法理学的范围［M］.刘星，译.北京：中

国法制出版社，2002．

[53] 张千帆．国家主权与地方自治：中央与地方关系的法治化 [M]．北京：中国民主法制出版社，2012．

[54] 张文显．法理学 [M]．2 版．北京：高等教育出版社，2007．

[55] 张文显．法哲学范畴研究 [M]．北京：中国政法大学出版社，2001．

[56] 章剑生．现代行政法总论 [M]．北京：法律出版社，2014．

[57] 赵胜才．论区域环境法律 [M]．北京：光明日报出版社，2009．

[58] 郑玉波．法学绪论 [M]．台北：三民书局，1981．

[59] 佐佐木毅，金泰昌．地球环境与公共性 [M]．韩立新，李欣荣，等，译．北京：人民出版社，2009．

（二）论文类

[1] 安树伟．中国区域经济学发展三十年 [J]．学术界，2008（5）：263-277．

[2] 鲍勃．杰索普，程浩．治理与元治理：必要的反思性、必要的多样性和必要的反讽性 [J]．国外理论动态，2014（5）：14-22．

[3] 鲍勃．杰索普，漆燕．治理的兴起及其失败的风险：以经济发展为例的论述 [J]．国际社会科学杂志，1999，16（1）：31-48．

[4] 鲍宗豪，赵晓红．以"文明发展"解构"增长主义" [J]．上海交通大学学报（哲学社会科学版），2014，22（04）：96-104．

[5] 蔡拓．全球治理与国家治理：当代中国两大战略考量 [J]．中国社会科学，2016，No.246（06）：5-14．

[6] 蔡守秋．从环境权到国家环境保护义务和环境公益诉讼 [J]．现代法学，2013，35（6）：3-21．

［7］蔡之兵，张可云.区域的概念、区域经济学研究范式与学科体系［J］.区域经济评论，2014（6）：5-12.

［8］曹娜，王伟，王大壮，等.疫情期间北京市大气污染特征及潜在源区分析［J］.北京工业大学学报，2022，48（11）：1168-1174.

［9］曹正汉，史晋川.中国地方政府应对市场化改革的策略：抓住经济发展的主动权——理论假说与案例研究［J］.社会学研究，2009，24（4）：1-27.

［10］常纪文.修改《大气污染防治法》加强雾霾联防联控的思考［J］.发展研究，2015（8）：4-10.

［11］陈海嵩.国家环境保护义务的溯源与展开［J］.法学研究，2014，36（03）：62-81.

［12］陈瑞莲.论区域公共管理研究的缘起与发展［J］.政治学研究，2003（4）：75-84.

［13］陈瑞莲.论区域公共管理的制度创新［J］.中山大学学报（社会科学版），2005（05）：61-67+126.

［14］陈向阳.环境库兹涅茨曲线的理论与实证研究［J］.中国经济问题，2015（3）：51-62.

［15］陈贻健.区域性复合环境污染防治法律对策研究：以霾污染为样本［J］.法学杂志，2016，37（12）：78-87.

［16］陈云波，徐峻，何友江，等.北京市冬季典型重污染时段PM2.5污染来源模式解析［J］.环境科学研究，2016，29（5）：627-636.

［17］陈志敏.国家治理、全球治理与世界秩序建构［J］.中国社会科学，2016（06）：14-21.

［18］崔晶，宋红美.城镇化进程中地方政府治理策略转换的逻辑［J］.政治学研究，2015（02）：55-68.

［19］杜辉．论制度逻辑框架下环境治理模式之转换［J］．法商研究，2013，30（1）：69-76.

［20］范如国．复杂网络结构范型下的社会治理协同创新［J］.中国社会科学，2014（04）：98-120+206.

［21］方新军．权利概念的历史［J］.法学研究，2007，29（4）：69-95.

［22］方瑜，欧阳志云，郑华，等．中国人口分布的自然成因［J］.应用生态学报，2012，23（12）：3488-3495.

［23］傅强，朱浩．中央政府主导下的地方政府竞争机制：解释中国经济增长的制度视角［J］.公共管理学报，2013，10（1）：19-30.

［24］高建华．论区域公共管理的研究缘起及治理特征［J］.前沿，2010（19）：177-180.

［25］高利红．论财政体制与我国环境法的实施责任——以丹江口市为例［J］.法学杂志，2016，37（03）：8-18.

［26］公丕祥．还是区域法治概念好些：也与张彪博士、周叶中教授讨论［J］.南京师大学报（社会科学版），2016（1）：5-24.

［27］巩固．政府激励视角下的《环境保护法》修改［J］.法学，2013（1）：52-65.

［28］关保英．行政法治的时代精神解读［J］.政法论坛，2017，35（01）：46-60.

［29］关海庭．中国共产党的政治动员述论［J］.中共党史资料，2009（2）：150-158.

［30］郭武．论中国第二代环境法的形成和发展趋势［J］.法商研究，2017，34（1）：85-95.

［31］韩英夫，黄锡生．论用能权的法理属性及其立法探索［J］.理论与改革，2017（4）：159-169.

［32］韩志红，付大学．地方政府之间合作的制度化协调：区域政府的法治化路径［J］．北方法学，2009，3（2）：121-132.

［33］何立波．周恩来为新中国环保事业奠基［J］．党史博览，2010（5）：16-19.

［34］何渊．论区域法律治理中的地方自主权——以区域合作协议为例［J］．现代法学，2016，38（01）：49-62.

［35］侯赟慧，刘志彪，岳中刚．长三角区域经济一体化进程的社会网络分析［J］．中国软科学，2009（12）：90-101.

［36］胡中华．关于完善环境区域协同治理制度的思考［J］．法学论坛，2020，35（5）：29-37.

［37］黄爱宝．区域环境治理中的三大矛盾及其破解［J］．南京工业大学学报（社会科学版），2011，10（2）：50-56.

［38］黄斌欢，杨浩勃，姚茂华．权力重构、社会生产与生态环境的协同治理［J］．中国人口·资源与环境，2015，25（2）：105-110.

［39］黄策，王雯，刘蓉．中国地区间跨界污染治理的两阶段多边补偿机制研究［J］．中国人口·资源与环境，2017，27（3）：138-145.

［40］黄伟如．跨区划公共经济管理的理论与体制构建思考［J］．理论月刊，2010（7）：90-92.

［41］黄竹胜，练琪．完善政府合作，促进北部湾经济区的发展［J］．法制与经济，2010（10）：124-125.

［42］贾小雷．纠纷与治理：自然资源收益分配 政府间协调机制的完善：以水资源费为例［J］．中国矿业大学学报（社会科学版），2019，21（3）47-58.

［43］荆学民，苏颖．中国政治传播研究的学术路径与现实维度［J］．中国社会科学，2014（2）：79-95.

［44］李瑞，李清，徐健，等．秋冬季区域性大气污染过程对长三角北部典型城市的影响［J］．环境科学，2020，41（04）：1520-1534.

［45］李瑞林，骆华松．区域经济一体化：内涵、效应与实现途径［J］．经济问题探索，2007（1）：52-57.

［46］李璇，聂滕，齐珺，等．2013年1月北京市PM2.5区域来源解析［J］．环境科学，2015，36（4）：1148-1153.

［47］练宏．弱排名激励的社会学分析——以环保部门为例［J］．中国社会科学，2016（01）：82-99+205.

［48］林来梵．规范宪法的条件和宪法规范的变动［J］．法学研究，1999，21（2）：32-45.

［49］刘雪莲，姚璐．国家治理的全球治理意义［J］．中国社会科学，2016（06）：29-35.

［50］刘艳军，刘静．河流与城镇体系结构形成的关联特征及空间表现［J］．地域研究与开发，2016，35（1）：10-14.

［51］鹿斌，周定财．国内协同治理问题研究述评与展望［J］．行政论坛，2014，21（01）：84-89.

［52］骆天纬．区域法治发展的理论逻辑：以地方政府竞争为中心的分析［D］．南京：南京师范大学，2016.

［53］吕忠梅．生态文明建设的法治思考［J］．法学杂志，2014，35（05）：10-21.

［54］马万里．经济理性视域下的地方政府行为变异解析［J］．天津社会科学，2016（04）：99-103.

［55］马先标．区域经济政策若干基本理论要素研究［J］．区域经济评论，2016（01）：14-23.

［56］苗长虹．从区域地理学到新区域主义：20世纪西方地理学区域主义的发展脉络［J］．经济地理，2005，25（5）：593-599.

［57］宁森，孙亚梅，杨金田.国内外区域大气污染联防联控管理模式分析［J］.环境与可持续发展，2012，37（5）：11-18.

［58］彭涛.司法权与行政权的冲突处理规则［J］.法律科学（西北政法大学学报），2016，34（6）：36-43.

［59］彭彦强.区域经济一体化、地方政府合作与行政权协调［J］.经济体制改革，2009（6）：138-141.

［60］秦鹏.环境公民身份：形成逻辑、理论意蕴与法治价值［J］.法学评论，2012，30（3）：78-88.

［61］全毅.全球区域经济一体化发展趋势及中国的对策［J］.经济学家，2015（01）：94-104.

［62］全永波.海洋环境跨区域治理的逻辑基础与制度供给［J］.中国行政管理，2017（01）：19-23.

［63］任博.基于MAX-DOAS的长三角典型城市大气污染物时空分布、来源及相互作用研究［D］.合肥：中国科学技术大学，2022.

［64］任敏.我国流域公共治理的碎片化现象及成因分析［J］.武汉大学学报（哲学社会科学版），2008（04）：580-584.

［65］商红日.国家与政府：概念的再界定——兼论国家与政府的区别［J］.北方论丛，2001（3）：39-45.

［66］沈立人，戴园晨.我国"诸侯经济"的形成及其弊端和根源［J］.经济研究，1990，25（3）：12-19.

［67］施从美.长三角区域环境治理视域下的生态文明建设［J］.社会科学，2010（05）：13-20+187.

［68］史丹，马丽梅.京津冀协同发展的空间演进历程：基于环境规制视角［J］.当代财经，2017（4）：3-13.

［69］史丹，王俊杰.基于生态足迹的中国生态压力与生态效率测度与评价［J］.中国工业经济，2016（05）：5-21.

［70］史玉成.环境利益、环境权利与环境权力的分层建构： 基于法益分析方法的思考［J］.法商研究，2013，30（5）：47-57.

［71］唐在富.中央政府与地方政府在土地调控中的博弈分析：诠释宏观调控中政府间关系协调的一种新尝试［J］.当代财经，2007（8）：24-29.

［72］田培杰.协同治理：理论研究框架与分析模型［D］.上海：上海交通大学，2013.

［73］汪劲.中国环境法治失灵的因素分析——析执政因素对我国环境法治的影响［J］.上海交通大学学报（哲学社会科学版），2012，20（01）：23-33.

［74］王春业.自组织理论视角下的区域立法协作［J］.法商研究，2015，32（6）：3-12.

［75］王芳.冲突与合作： 跨界环境风险治理的难题与对策： 以长三角地区为例［J］.中国地质大学学报（社会科学版），2014，14（5）：78-85.

［76］王文丁，陈焕盛，吴其重，等.珠三角冬季PM2.5重污染区域输送特征数值模拟研究［J］.环境科学学报，2016，36（8）：2741-2751.

［77］肖爱，李峻.协同法治： 区域环境治理的法理依归［J］.吉首大学学报（社会科学版），2014，35（3）： 8-16.

［78］辛向阳.邓小平"南方谈话"的重要论断与当代中国发展［J］.当代世界与社会主义，2012（01）：22-27.

［79］熊梅.地理学区域研究与区域历史地理学的取向［J］.地理科学进展，2013，32（08）：1296-1304.

［80］徐晨光，王海峰.中央与地方关系视阈下地方政府治理模式重塑的政治逻辑［J］.政治学研究，2013（4）： 30-39.

［81］徐键.分权改革背景下的地方财政自主权［J］.法学研究，

2012，34（3）：43-58.

［82］徐祥民. 环境质量目标主义： 关于环境法直接规制目标的思考［J］. 中国法学，2015（6）： 116-135.

［83］徐以祥，刘海波. 生态文明与我国环境法律责任立法的完善［J］. 法学杂志，2014，35（07）： 30-37.

［84］徐轶杰. 新中国环境保护区域协作初探——以官厅水库水源保护工作为例［J］. 当代中国史研究，2015，22（06）： 69-81+127-128.

［85］荀丽丽，包智明. 政府动员型环境政策及其地方实践： 关于内蒙古 S 旗生态移民的社会学分析［J］. 中国社会科学，2007（5）： 114-128.

［86］杨妍，孙涛. 跨区域环境治理与地方政府合作机制研究［J］. 中国行政管理，2009（1）： 66-69.

［87］叶必丰. 区域合作的现有法律依据研究［J］. 现代法学，2016，38（02）： 30-42.

［88］殷晓元. 中国共产党政治传播研究［D］. 长沙： 湖南师范大学，2011.

［89］余耀军，刘超. 淮河流域水污染治理的困境与对策［J］. 科技与法律，2005，4（4）： 111-115.

［90］张成福，李昊城，边晓慧. 跨域治理： 模式、机制与困境［J］. 中国行政管理，2012（3）： 102-109.

［91］张恒德，吕梦瑶，张碧辉，等. 2014 年 2 月下旬京津冀持续重污染过程的静稳天气及传输条件分析［J］. 环境科学学报，2016，36（12）： 4340-4351.

［92］张华. "绿色悖论"之谜： 地方政府竞争视角的解读［J］. 财经研究，2014，40（12）： 114-127.

［93］张紧跟. 区域公共管理制度创新分析： 以珠江三角洲为例

［J］. 政治学研究，2010（3）：63–75.

［94］张启兵. 安徽全力推进新安江生态补偿［J］. 环境保护，2012，40（24）58–59.

［95］张文彬，张理芃，张可云. 中国环境规制强度省际竞争形态及其演变：基于两区制空间 Durbin 固定效应模型的分析［J］. 管理世界，2010（12）：34–44.

［96］张晓彬，于渤. 基于社会因素视角的北京市 PM_（2.5）灰色关联分析研究［J］. 环境保护，2020，48（14）：60–66.

［97］张长东，顾昕. 从国家法团主义到社会法团主义——中国市场转型过程中国家与行业协会关系的演变［J］. 东岳论丛，2015，36（02）：5–13.

［98］章文光，覃朝霞. 地方政府经济行为变异问题研究［J］. 北京师范大学学报（社会科学版），2010（3）：122–127.

［99］赵玉，徐鸿，邹晓明. 环境污染与治理的空间效应研究［J］. 干旱区资源与环境，2015（7）：6.

［100］周黎安. 行政发包制［J］. 社会，2014，34（06）：1–38.

［101］周雪光，练宏. 政府内部上下级部门间谈判的一个分析模型：以环境政策实施为例［J］. 中国社会科学，2011（5）：80–96.

［102］周雪光，艾云. 多重逻辑下的制度变迁：一个分析框架［J］. 中国社会科学，2010（04）：132–150+223.

［103］王昌森. 关于构建环境规划法的思考［D］. 青岛：中国海洋大学，2014：22.

［104］韩博天，奥利佛·麦尔敦，石磊. 规划：中国政策过程的核心机制［J］. 开放时代，2013（06）：8–31.

［105］秦小建. 立法赋权、决策控制与地方治理的法治转型［J］. 法学，2017（6）：79.

［106］张治江.生态建设：京津冀协同发展亟须突破的瓶颈［J］.中国党政干部论坛，2014（11）：69-71.

（三）其他类

［1］刘世昕.奥运北京空气质量保障措施获国家批复［N］.中国青年报，2007-11-02（07）.

［2］王玲.奥运期间北京若遇极端天气将进一步限制机动车行驶［N］.经济日报，2008-08-01（004）.

［3］孙春牛.地方立法别搞"景观化"［N］.人民日报，2013-09-30（05）.

［4］刘国才.如何应对跨界区域环境问题［N］.中国环境报，2014-03-18（02）.

［5］赵晓娜，农海默.多省份取消贫困县 GDP 考核 ［N］.南方日报，2014-08-14（A15）.

［6］赵杰，张鹰.斥资 500 亿 内蒙古建北方绿色生态屏障［N］.中国经济时报，2016-07-15（A06）.

［7］江帆，晏利扬.长三角联手水气同治［N］.中国环境报，2016-12-12（002）.

［8］顾阳.先布"棋盘"后落"棋子"——国家发改委有关负责人解读《省级空间规划试点方案》［N］.经济日报，2017-01-10（06）.

［9］习近平.共同构建人类命运共同体：在联合国日内瓦总部的演讲（2017年1月18日，日内瓦）［N］.人民日报，2017-01-20（2）.

［10］王尔德.京津冀将开展跨地区环保机构试点拟设独立机构［N］.21世纪经济报道，2017-05-25（06）.

［11］马维辉.跨境污染案件频发京津冀跨地区环保机构要来了［N］.华夏时报，2017-05-29（005）.

［12］许云峰.长三角大气污染防治协作机制正式启动——近期

目标：推动长三角区域 2017 年 PM2.5 浓度比 2012 年下降 20%［N］.都市快报，2014-01-09（A14）.

［13］李佩嘉 . 切尔诺贝利事故影响全球 20 亿人，危害持续 800年［EB/OL］.（2023-01-23）［2023-04-05］. 解 放 网 .http：//www.zztongyun.com/article/ 俄罗斯切尔诺贝利核电站爆炸 .

（四）外文类

［1］Bevir M. Governance： a very short introduction［M］.Oxford： Oxford University Press， 2012.

［2］Acharya A. The end of American world order［M］.Cambridge， UK： Polity Press， 2014.

［3］Newman M E J. The structure and function of complex networks［J］. SIAM Review， 2003， 45（2）： 167－256.

［4］Tobler W R. A computer movie simulating urban growth in theDetroit region［J］. Economic Geography， 1970， 46： 234.

［5］Sigman H. International spillovers and water quality in rivers：do countries free ride?［J］. American Economic Review， 2002， 92（4）：1152-1159.

［6］Brueckner J K. Strategic interaction among governments： anoverview of empirical studies［J］. International Regional Science Review，2003， 26（2）： 175-188.